MEIN LEBEN NACH DEM TOD

BERNHARD VON CLAIRVAUX BERICHTET

PIERRE LE TROGNON

Pierre Le Trognon
Mein Leben nach dem Tod, Bernhard von Clairvaux berichtet
1. Auflage 2018

Bibliografische Information der Deutschen Nationalbibliothek
Die Deutsche Nationalbibliothek verzeichnet diese Publikation in der Deutschen Nationalbibliografie; detaillierte bibliografische Daten sind im Internet über www.dnb.de abrufbar.

Herstellung und Verlag:
Leoniden Verlag, Ebnat-Kappel, Schweiz
ISBN 978-3-9522922-1-4

INHALT

DANK

Dieses Buch wäre nie entstanden ohne all die Worte, Sätze und Absätze, die ich Bernhard von Clairvaux (Bernard de Clairvaux) und Rudolf Steiner zu verdanken habe. Und es wäre nie fertig geworden ohne die Beiträge von Friedrich Schiller, Johann Wolfgang von Goethe, Joseph Karl Benedikt Freiherr von Eichendorff, Annette von Droste-Hülshoff, Guillaume de Saint Thierry, Arnaud de Bonneval, Geoffreoy d'Auxerre, Dante Alighieri und Régine Pernoud.

Ich danke ihnen allen von ganzem Herzen. Natürlich liegt die Verantwortung für das, was ich aus ihren Beiträgen gemacht habe, ganz bei mir.

1—DIE WELT DER BILDER

20. August 1153

Heute hat mein Leib mich verlassen. Ich habe ihn unter mir liegen sehen, diesen ausgemergelten schwachen Leib, der mich all die Jahre, ach Jahrzehnte, nur widerwillig getragen hat. Nun liege ich in unendlicher Ruhe. Nun liege ich endlich in jenem Frieden, der alle Sinne übersteigt. Mein Leib ist weitergezogen. Er hat sich fortbewegt, fort von mir. Er ist nach unten gesunken. Und nicht nur mein Leib, auch das Krankenzimmer, die Brüder sind nach unten gesunken. Das Kloster ist nach unten gesunken, bald schon ist das blaue Himmelsgewölbe über mir gewesen und die Erde ist weiter gesunken. Weiter und weiter ist sie gesunken. Und dann ist es mir gewesen wie einem Küken, das seine Eierschale zerbricht, die es bisher umschlossen hat und sie nun von aussen statt von innen ansieht. Und diese Eierschale ist das mächtige blaue Himmelsgewölbe. Jetzt bin ich ausserhalb dieses blauen Gewölbes. Ich sehe es von aussen an, und weiter und weiter sinkt die Erde und wird zu einer blauen Kugel, die unter mir zusammenschrumpft. Die Erde hat mich verlassen. Die Erde ist weitergezogen und ich bin stehen geblieben.

So lange hatte ich den Moment des Todes voll Freude erwartet, doch nun ergreift mich Wehmut. Zusammengeschrumpft wie zu einem Stern ist mir die weite Erde, die mir soeben noch das Leben, den Inhalt meines Bewusstseins gegeben hat. Ja, mein Leib hat mich verlassen. So unwillig er mich auch getragen hat, sooft er mir fast nicht erlaubt hat, dorthin zu gehen, wohin es mich zog, er hat mich doch getragen. Nun ist er fort, ausser mir. Ich habe keine Augen mehr, um zu sehen, ich habe keine Ohren mehr, um zu hören. Das Lager, das mich eben noch hart gedrückt hat – ich spüre es nicht mehr. Nun richte ich meinen Blick nicht mehr auf das, was gesehen wird, sondern auf das, was nicht gesehen wird; das Sichtbare ist vergänglich, das Unsichtbare aber ewig.

Von meinem Leib ist mir nur noch mein Wille geblieben, dieser Wille, dem der Leib so oft so ungern gefolgt war. Mein Wille ist jetzt mein neuer und mein einziger Leib. Und dieser Leib erglüht in Wärme und strahlt in die Weltenweiten. Ich weiss nicht, wo ich bin. Ich weiss nur, dass die Welt dort unten fort ist. Die Welt hat mich verlassen, sie zieht weiter ohne mich. Ich konnte sie auf ihrem Weg nicht mehr begleiten. Darum hat sie mich verlassen. Alles, was ich in der Welt erlebt habe, alles was ich von den Menschen erfahren habe, es hat mich nun verlassen und ich bin in einer ruhigeren Welt.

Wie oft habe ich diesen Tag herbeigesehnt. Wie oft habe ich mich nach dem glücklichen, dem wirklich heiteren Tag gesehnt, an dem mich Christus, der helle Mittag, erleuchten sollte. Wie oft habe ich den Tod herbeigesehnt. Wie lange war mein Geist im schwachen Fleisch schon bereit. Wie oft habe ich zum Heiland gebetet, dass er mein Ende nicht aufschieben, sondern behüten möge. Wie lange habe ich schon gefühlt, dass ich langsam dahinschwinde und mich fast nicht mehr auf der Erde halten kann.

Und wie lange hat mich die Krankheit nun schon gequält, wie lange habe ich unsägliche Schmerzen gelitten in meinem schwachen Körper. Wie lange habe ich Hunger gelitten, weil mein entzündeter Leib jede Nahrung mir verweigerte. Wie lange schon haben mich die geschwollenen Beine geschmerzt. Wie oft schon habe ich Erlösung erfleht von diesem Leib des Todes.

Lange, lange habe ich diesen Tag herbeigesehnt. Lange schon habe ich mich gefreut auf den guten Tod. Lange habe ich ihn erwartet, den guten Tod, der mir nie Schrecken bereitet hat. Nimmt er doch das Leben an sich, ohne es wegzunehmen. Nimmt er es an sich, doch nur auf Zeit, um es zur Zeit wieder herzustellen, damit es ohne Zeit daure. Wie habe ich ihm entgegengefiebert mit einem Lächeln auf den Lippen.

Die Nachricht, dass ich in den letzten Zügen lag, hatten die Brüder unter den Nachbarn unseres Klosters verbreitet. Und viele waren gekommen, nicht nur Äbte unseres Ordens, sondern auch Bischöfe. Der Schall der Holztafel und vier Glockenschläge hatten mein nahes Ende verkündet und die Brüder zusammengerufen. Sie hatten eine Matte auf den Boden gelegt. Sie hatten ein Kreuz aus Asche darauf geschlagen. Weihwasser hatten sie versprüht und mich auf die Matte gelegt. Psalmen hatten sie gesungen. Keiner hatte zu Gott gebetet, mein Leben noch zu verlängern.

Wie hatte ich auf diesen Übergang gewartet, mit Seufzern verlangt, in tiefer Meditation gesehen. Einen glücklichen Übergang von der Mühsal zur Erfrischung, von der Erwartung zur Belohnung, vom Kampf zum Sieg, vom Tod zum Leben, vom Glauben zum Wissen, von der Pilgerschaft in die Heimat, von der Welt zum Vater.

Wie oft war ich in meinem Sinnen und meinen Meditationen gewesen und hatte nicht meines Körpers noch der Aussenwelt geachtet. Wie oft war ich in spirituellen Höhen und Welten gewandelt, hatte nachgedacht über das Wesen der Sünde und das Wesen der Liebe. Und mein Leib und die Welt um mich herum hatten nicht existiert. In Begriffen hatte ich gelebt und in der Liebe Gottes. Aber doch war ich in der Hülle des Leibes gefangen gewesen. Dieser Hülle des Todes.

Ich bin gestorben und nun ist der Tod lebendige Tatsache. Das ist das schönste, vollkommenste Ereignis, das ich je erlebt habe. Das ist der Beweis, dass immerdar der Geist den Sieg über das Ungeistige davonträgt, dass immerdar der Geist das Leben ist, das unvergängliche, das nie versiegende Leben. Das ist der Beweis, dass es keinen Tod gibt in Wirklichkeit. Der Tod ist ein Schein.

Und mein Gefühl gegenüber dem Leben ist nun anders, seit mein Leib mich verlassen hat. Solange ich in meinem Leib gewesen war, hatte ich immer das Gefühl gehabt, das Leben sei mir von aussen gegeben. Aus den wärmenden Strahlen der Sonne, aus der Kühle des klaren, fliessenden Wassers der Aube, aus den goldenen Ähren auf dem Feld hatte ich die Lebenskraft kommen spüren. Dankbar, aber passiv, hatte ich sie aufgenommen.

Und kaum sehe ich, wie die Welt mich verlässt, da beginne ich auch schon zu spüren, wie aus meinem Inneren heraus die Kraft des Belebens zu sprudeln beginnt. Ich belebe mich nun von innen heraus selber. Nicht die Welt belebt mich. Ich belebe die Welt.

Jetzt ändert die Erdenkugel ihre Farbe. Sie ist nicht mehr Blau wie das Firmament, sondern beginnt rötlich zu erglimmen und feurig zu leuchten. Glimmend und glitzernd kommt es mir entgegen wie von einem feurigen Stern. Und was mir entgegenkommt, ist erstrahlende kosmische Weisheit.

Diese strahlende Weisheit, sie betäubt mich. Es ist mir, als sei ich von Bewusstsein umströmt und umstrahlt wie von gleissendem Sonnenlicht. Und ich kann diese Helle nicht ertragen. Ich habe keine Augen mehr und doch ist mir, als müsste ich die Augen schliessen. Ich weiss nicht, wo ich bin und wer ich bin. Bewusstsein ist in mir und ausser mir. Und was ich bisher für das Licht meines Geistes und meines Bewusstseins gehalten habe, ist nun eine schwache Kerzenflamme, kaum sichtbar im gleissenden Geisteslicht um mich herum. Und so wie man nur durch ein dunkles Tuch in die gleissende Sonne schauen kann, so muss ich mir dieses gleissende Geisteslicht abdämpfen.

Auf der Erde unten hatte ich die Weisheit angestrengt gesucht. Ich hatte sie gefunden und hatte mir ein wenig Weisheit erworben. Ich hatte ein wenig Weisheit in mich aufgenommen. Nun bin ich ganz drinnen im Licht der Weisheit. Und die Weisheit, in der ich drinnen bin, überwältigt mich. Geht es mir nun wie dem Regentropfen, der in den Ozean fällt und vom Ozean verschluckt wird? Das will ich nicht, denn ich bin ich. Auf der Erde unten musste ich gegen das kämpfen, was mich zu überwältigen drohte. Ich musste gegen die fleischliche Lust kämpfen, ich musste gegen den Jähzorn kämpfen. Aber wie kann ich gegen die Weisheit kämpfen, wenn ich doch selber Weisheit bin. Wie kann ich gegen das Wasser kämpfen, wenn ich doch selber Wasser bin. Wie kann ich gegen das Licht kämpfen, wenn ich doch selber Licht bin. Und doch wird mich die Weisheit weiter überwältigen, wenn ich nichts dagegen tun kann. Ich habe die Welt verloren. Nun drohe ich, mich selbst zu verlieren. Und Kampf ist nicht der Weg. Es gibt nur einen Weg. Ich muss die Weisheit in mir mit der Weisheit ausser mir verbinden. Ich muss ich bleiben, obwohl ich aus dem gleichen Stoff bin, der alles um mich herum ist. Ich muss zum Weber werden. Ich muss alles, was ich mir selber während meines Lebens an Weisheit einverwoben habe, der Welt um mich herum einverweben. Dann bin ich nicht der Tropfen, der im Ozean seine Existenz verliert. Dann bin ich nicht der Lichtstrahl, der im gleissenden Licht der Sonne aufgeht und untergeht. Dann bin ich der feine, doch stets erkennbare Faden im unendlichen Gewebe des Geistes. So beginne ich zu weben und zu weben. Dadurch dämpft sich mir die ungeheure Lichtüberfülle um mich herum ab, und ich fange an, Verständnis zu haben für dasjenige, was im allgemeinen Weltenlicht die Welt durchwebt und durchseelt und durchgeistet.

Und in den Teilen, die ich schon genügend abgedämpft habe, wird mir dieses Strahlen zu einem Bild. Es ist seltsam: Das Bild erscheint draussen vor dem glühenden, glimmenden Erdenstern. Und gleichzeitig habe ich das Gefühl, dass ich das Gewebe dieses Bildes von innen heraus erzeuge, dass ich es geradezu selber webe.

Im Kloster

Ich lasse meinen Blick schweifen über das Bild und mein Blick fällt auf das Dormitorium. Wir alle dürfen es nur mit über den Kopf gezogener Kapuze betreten. Tagsüber und nachts herrscht hier absolutes Stillschweigen. Auch Zeichensprache ist nicht erlaubt. Im Dormitorium ruht man. Nur zum Umziehen dürfen wir uns hinsetzen und dabei dürfen unsere Körper nie nackt zu sehen sein. So schreibt es die Regel vor. Im Augenblick schlafen alle in ihren Betten, die links und rechts des Mittelganges stehen. Die

Mönche schlafen voll bekleidet und gegürtet. Nur ihre Messer haben sie abgelegt, um sich im Schlaf nicht zu verletzen. Die Jüngeren sind zwischen den Älteren verteilt. Fenster verlaufen entlang der gesamten Ost- und Westwand. Es ist dunkle Nacht. Kein Licht dringt herein. Der Sakristan steht auf, er zündet die Lampen im Dormitorium an und in der Kirche.

Die kleine Glocke des Sakristans neben dem Dormitorium erschallt und ruft uns zu den Vigilien. Sie ruft uns mitten in der Nacht zum ersten Gottesdienst des Tages. Sie ruft uns Psalm 119 zu: „Mitten in der Nacht stehe ich auf, um dich zu preisen." Auch ich schlafe angekleidet und umgürtet mit dem Gürtel. So bin ich wie alle anderen auch stets bereit, auf das Zeichen hin ohne Zögern zum Gottesdienst zu eilen. Wir erheben uns und eilen die Nachttreppe hinab, die aus dem Dormitorium direkt in die Kirche führt. Wir eilen in Ernst und Bescheidenheit. Unser Tagewerk beginnt, und unser Tagewerk ist das Lob Gottes. Wir singen „Herr, öffne meine Lippen, damit mein Mund dein Lob verkünde". Wir singen mit klaren, tiefen Stimmen das Lob Gottes. Wir singen Psalmen, wir singen Hymnen. Unser Gesang steigt auf in die Höhe, er füllt den Raum der Kirche ganz. Er streicht über die Wände. Er streichelt die Ohren. Den Trauernden lindert er die Trauer, den Zornigen besänftigt er den Zorn und allen dringt er tief in die Herzen und pflanzt dort die Wahrheit Gottes ein.

Ich spreche den Segen. Nun setzen sich alle Mönche auf ihre Bänke. Der Vorleser liest aus der Bibel. Wir singen wieder. Wir singen Psalmen zum Lobe Gottes. Wir loben ihn und wir preisen ihn. Schliesslich erhebe ich mich. Nun bitten wir den Herrn um Erbarmen: „Kyrie Eleison" singen wir im Wechselgesang. „Herr, erbarme dich". Damit sind die Vigilien beendet.

Es bleibt nur wenig Zeit, die natürlichen Bedürfnisse zu befriedigen. Der Morgen graut. Schon ruft uns der Sakristan. Er ruft zu den Laudes. Er ruft zum zweiten Gottesdienst des Tages.

Mein Blick wandert weiter zum nächsten Bild. Vier Gottesdienste haben wir heute schon gefeiert. Nun ist die Zeit der lectio divina. Wir lesen die Heilige Schrift. Die Heilige Schrift ist der Brunnen Jakobs, aus dem man Wasser heraufzieht und es dann im Gebet austeilt. Wir lesen nicht, weil wir Wissen erlangen wollen. Wir lesen, um den Geschmack des Textes auszukosten. Wir nehmen die Worte in den Mund. Wir sprechen sie aus mit leiser Stimme. Der Raum ist erfüllt von unserem Lesen wie vom Summen der Bienen. Am Anfang war das Wort und das Wort ward Fleisch und lebte mitten unter uns. Nun lebt es in mir. Ich bin erfüllt vom Wort. Ich kann es nicht sehen, doch es hat mich erhellt. Ich kann es nicht hören, doch es hat mich erhört. Ich kann es nicht einatmen, weil es sich nicht mit Luft vermischt, sondern mit dem Geist, und doch belebt es mich. Ich kann es nicht essen, und doch labt es mich. Ich kann es nicht trinken, und doch erfrischt es mich. Es lässt sich nicht berühren, und doch berührt es mich. Es ist in mir und erfüllt mich ganz. Ich will darin leben und es in mir leben lassen. Ich will von Tag zu Tag darin vollkommener werden und darin verharren bis zum letzten Tag.

Zur Schule

Ich lasse meine Blicke schweifen über all diese flutenden Bilder. Sie fluten auf und ab und sie sind alle gleichzeitig da vor meinem Auge. An einem Bild bleibt mein Blick hängen. Dort bin ich auf dem Weg über die Hügel durch Wiesen und Felder zur Klosterschule in Saint-Vorles. Ruhig, gehorsam und schüchtern bin ich. Langsam doch zielstrebig gehe ich zur Schule. Das lange, lose Chorhemd mit den weiten Ärmeln, reicht mir bis zu den Füssen. Ich bin noch keine zehn Jahre alt.

Weltliches Leben

Ein anderes Bild fällt mir ins Auge. Ich ziehe an der Spitze eines Trupps mit meinen Kumpanen auf Abenteuer. Wir tragen Hemd und Hose unter unseren Reisemänteln. Ab und zu blitzen unsere kräftigen Männerbeine durch die Schlitze der Hosen. Wir ziehen durch den dunklen Wald auf eine ferne Burg zu. Fast können wir die Burgfräulein sehen, die dort sehnsüchtig auf uns warten, gekleidet in walnussbraunes Leinen, weisse Hauben auf dem Kopf, die alles Haar züchtig bedecken, ein besticktes Beutelchen am Gürtel und ein Rosenkranz mit Perlen aus Rinderknochen.

Weiter wandert mein Blick und weiter webe ich am Gewebe meiner Erinnerungen. Ein Trupp Vaganten ist auf der heimischen Burg zu Fontaines eingetroffen. Sie singen Loblieder auf die Schönheit der Frauen. Ich lausche begeistert den Texten. Ich habe sie selber verfasst. Dort stehe ich mittelgross und eher zierlich gebaut und doch hochgewachsen wirkend. Ein angenehmes Gesicht, blondes Haar, rötlicher Bartansatz. Und nicht nur die Vaganten, die ganze grosse Welt der Möglichkeiten steht vor mir. Ein guter Ritter könnte ich werden, waffenstarrend auf seinem Ross sitzend, tapfer und wild in der Schlacht. Ein Mönch könnte ich sein in seiner Kutte in einem stillen Kloster alle Tage Vergebung erbittend für die Sünden der Welt. Als Kleriker könnte ich leben und im Dienste weltlicher oder geistlicher Fürsten deren Güter verwalten. Als Höfling könnte ich beim Herzog von Burgund oder beim König von Frankreich mit feinen Manieren die feinen Speisen geniessen. Als Troubadour könnte ich durch die Welt ziehen und an den Höfen singen. Als Eremit könnte ich im wilden Wald einsam leben. Als Einsiedler könnte ich die Ruinen eines zerstörten Klosters neu beleben. Als Wanderprediger könnte über die staubigen Strassen ziehen. Die Welt der Möglichkeiten ist so gross. Ich sehe sie jetzt vor mir, wie ich sie damals vor mir sah.

Ich schaue weiter. Dort liege ich in einem eiskalten Teich. Nur der Kopf schaut heraus. Die Kälte des Wassers ergreift meinen Körper mit eiskalten Händen und durchdringt ihn langsam, aber unerbittlich. Mit eisig kalten Nadeln sticht sie ihn. Ich harre unerbittlich wie die Kälte aus. In meinen Augen kündigt sich die nahende Ohnmacht an. Ich harre weiter aus. Das Fieber fleischlicher Lust soll völlig in mir erfrieren. Das ist die Rache an meinen eigenen begehrlichen Blicken auf eine junge, schöne Frau. Diese Begierde, sie soll zu Eis erstarren und zersplittern.

Wie in einem grossen Bild steht mein eben abgelaufenes Leben vor mir. Doch es ist nicht ein einzelnes Bild. Es sind eine Unmenge Bilder. Ich schaue immer einzelne Bilder an und doch ist immer das Ganze da. Ausnahmslos alle Bilder zeigen mein Leben von meinem eigenen Gesichtspunkt aus. Sie zeigen das, was ich damals im Leben gesehen habe. Ich sehe besonders alles dasjenige, woran ich beteiligt war. Überall stehe ich im Mittelpunkt.

Weiter wandert mein Blick. Dort liege ich im Bett und schlafe ruhig. Ein nacktes Mädchen schleicht zu mir und schlüpft unter meine Decke. Als ich es bemerke, trete ich ihm schweigend in aller Gemütsruhe den Platz ab, den ich im Bett eingenommen hatte, drehe mich auf die andere Seite und schlafe ruhig weiter. Das Mädchen liegt da, es harrt aus und wartet, dass mich die Begierde ergreift. Doch ich bleibe ruhig und unbewegt. Da liebkost sie mich und streichelt und kitzelt mich sanft mit ihrer schlanken, nackten Hand. Ich aber bleibe unbeweglich. Da überkommt schliesslich doch auch dieses schamloseste aller Mädchen die Scham. Sie erstarrt ganz wirr vor Schrecken und Staunen. Sie lässt von mir ab, erhebt sich, steigt aus dem Bett und ergreift die Flucht.

Mein Blick zieht weiter. Dort bin ich mit einigen Gefährten bei einer Edelfrau zu Gast. Schön ist sie, und schön bin auch ich. Ich schaue sie an. In ihren Augen brennt die Sehnsucht, brennt die Begierde, lodert das Verlangen. Die Nacht bricht herein und wir wollen zu Bett gehen. Schon bin ich auf dem Weg zum Schlafsaal der Gäste, wo alle Gefährten zusammen schlafen. Da führt sie mich in ein anderes Schlafgemach. Sie hat mir ein eigenes Bett in einem eigenen Zimmer herrichten lassen. Ich lege mich zu Bett und schlafe ruhig ein. Im Dunkel der Nacht wache ich auf. Da steht die Frau vor mir mit einer Kerze in der Hand. Das flackernde Licht fällt auf ihr vor Begierde flammendes Gesicht, auf ihre schöne Gestalt. Ich schaue sie an, schaue mit Wohlgefallen auf die lockende Gestalt. Doch dann trifft mich mit einem harten Schlag die Erkenntnis. Das ist der Teufel. Er ist leibhaftig gekommen, mitten in der Nacht, und will mich versuchen. Laut schreie ich „Räuber, Räuber". Auf diesen Ruf hin flieht das Weib, das ganze Hauswesen aber erwacht und erhebt sich. Licht wird gemacht, alles sucht den Räuber, doch nirgends können wir ihn finden. So geht jeder wieder zu Bett, und es wird wieder still im Schloss. Es ist wieder dunkel wie zuvor, und alles ruht. Wieder wache ich auf im Dunkel der Nacht. Da steht die Frau vor mir mit einer Laterne in der Hand. Noch klarer ist ihre Gestalt. Noch weicher sind ihre fliessenden Bewegungen. Feucht glänzen ihre Lippen. Verheissung steht in ihren Augen. Klarer, viel klarer als vorher sehe ich alles im Licht der Laterne. Doch ich bin gewarnt. Sehe ich auch eine schöne Frauengestalt verheissungsvoll hell vor mir stehen, so ist es doch der Fürst der Finsternis, der dort steht. Noch lauter als zuvor rufe ich „Räuber, Räuber". Und wieder erwacht das Schloss zum Leben. Wieder werden überall Lichter angezündet. Wieder ist Getrappel auf allen Gängen. Wieder wird in jeden Winkel geleuchtet. Wieder wird keine Spur des Räubers gefunden. So ziehen wieder Ruhe und Dunkel im Schloss ein. Alles schläft. In der dunkelsten Nacht erwache ich wieder. Vor mir steht eine Gestalt mit einer Fackel in der Hand. Es lodert die Flamme der Fackel und in ihrem Schein sehe ich die Edelfrau stehen. Es lodert der Wahnsinn der Begierde in ihr. Sie schreitet lockend auf mich zu und schon droht auch mich die Flamme der Begierde zu entzünden. Näher und näher kommt die Frau. Im rötlichen Schein der Fackel erstrahlt die zarte weisse Haut ihrer Hand. Der Ärmel fällt zurück und entblösst den anmutigen Arm. Das Licht tanzt auf ihrer Haut und lädt mich ein zu kommen. Es tanzt auf ihrem Gesicht. Sie öffnet leicht die Lippen. Schon erhebe ich mich und will ihr entgegenkommen. Doch da, im letzten Moment, trifft mich der Strahl der Erkenntnis. Wieder rufe ich „Räuber, Räuber". Wieder erheben sich Stimmen im Schloss. Wieder sucht alles nach dem Räuber. Wieder wird er nicht gefunden. Nun tritt Ruhe ein für den Rest der Nacht. Kein Räuber stört die Stille mehr. Als wir anderen Tages wieder auf der Reise sind, machen die Gefährten mir Vorwürfe und wollen wissen, mit was für Räubern ich es denn in der vergangenen Nacht zu tun gehabt habe. Da kann ich nur eines antworten: „Wahrhaftig, es war ein Räuber da. Was ich Kostbarstes in meinem Leben habe, die Keuschheit, diesen unvergleichlichen Schatz mir zu rauben, darauf hatte es der Räuber abgesehen."

Ich besinne mich. In meinem Leben auf der Erde war ich in meinem Körper gewesen und hatte auf die Welt herausgeschaut. Nun hat mein irdischer Leib mich verlassen. Nun habe ich keinen irdischen Leib mehr. Nun ist mein Leib das ganze Himmelreich. Verschwunden sind alle Schmerzen. Vor mir sehe ich das gewaltige Gewebe von Bildern. Das Gewebe ist mein eigenes Leben. Ich schaue auf mein eigenes Leben. Ich schaue nicht mehr aus meinem Körper auf die Welt. Nun schaue ich aus der Welt auf meinen abgelegten Körper. Den Unterschied zwischen mir und der Welt gibt es nicht mehr. Aussen und innen unterscheiden sich nicht mehr und doch bin ich, der ich bin. Ich bin in der Welt und ich schaue auf mich.

In der Hölle

Schon schaue ich auf das nächste Bild aus meinem Leben. Dort reite ich allein durch einen dunklen Wald. Da nähert sich mir der Herr, mein Gott. Er hebt mich heraus aus der Dunkelheit des Waldes und setzt mich am Rand der Hölle ab. Ganz nahe vor mir sehe ich den Rand eines Abgrunds. Schmerz lebt dort unten und endloser Jammer dringt zu mir herauf wie fernes Donnergrollen. Ich schaue hinab, doch auf nichts kann ich meine Blicke heften. So düster, so tief, so neblig ist der Schlund der Erde, dass ich nichts zu unterscheiden vermag. Da schaue ich links und schaue rechts, und um mich herum stehen ganze Scharen von Geistern. Dort stehen sie dicht gedrängt. Ich sehe die Geister von Kindern. Ich sehe Frauen und Männer. Hier gibt es kein lautes Jammern und doch erzittert die Luft von Seufzern. Und diese Seufzer rühren her von Leiden ohne Marter. Das, spricht der Herr zu mir, sind keine Sünder. Doch lebten sie ohne Taufe und ohne Glauben. Sie haben nichts Böses getan. Doch hatten sie auch keinen Glauben. Darum sind sie auf immer verloren und leiden nun ohne Hoffnung in ewigem Sehnen.

Und der Herr führt mich weiter durch die dichtgedrängten Geister wie durch einen Wald und tiefer hinab. Er führt mich hinab zu den Pforten der Hölle und durch sie hindurch trete ich ein in eine dunkle Höhle, wo der Wind brüllt und wütende Stürme im Kampfe gegeneinander peitschen. Ein tosender, höllischer, nimmer ruhender Wirbelwind reisst jäh die Geister der Sünder mit sich in die Lüfte und führt sie fort, schwingt sie hin und her über dem Abgrund, schüttelt sie wütend und ihr Klagen und Schreien und Jammern geht unter im Tosen des Windes. Keine Hoffnung kann sie jemals trösten, Hoffnung auf Ruhe nicht und auch nicht Hoffnung auf weniger Leiden. Das sind die Seelen der Sünder, die der Fleischeslust sich ergeben haben. Nun werden sie nicht von der Lust, sondern von der düsteren Luft ewig aufgepeitscht.

Und weiter führt mich der Herr in das Reich des ewigen, kalten, flucherfüllten Regens. Ohne Unterlass ergiessen sich hier unreines Wasser, Schnee und schwerer Hagel durch der Lüfte Finsternis, und Stank entsteigt der Erde, auf der die Sünder überschwemmt vom Wasser liegen. Über ihnen steht das schreckliche und wütige Untier Cerberus, der Höllenhund, der die Menge der Elenden aus drei Kehlen dunkel grollend anbellt. Rot sind seine Augen, schwarz sein Bart und triefend sein riesiger Bauch. Mit den Klauen seiner Pfoten krallt er die Geister, zerfleischt sie, vierteilt sie und wirft sie in seine gewaltigen Schlünde. Die Geister unter seinen Füssen heulen, sie wollten eher taub sein als weiter dieses Gedröhne des Lindwurms ertragen. Hier liegen in Qualen vereint die Sünder, die ewige Strafe erleiden für Stolz und Neid und Habsucht. Sie alle leiden gleiche Strafe für gleiche Schuld.

Und weiter führt mich der Herr. Ich sehe die Geister der Sünder sich in endlosem Kreise drehen. Unter lauten Geheule wälzen sie Lasten mit den Brüsten und stossen aneinander und fluchen und schreien und branden und brechen aneinander wie die Fluten des aufgewühlten Meeres sich aneinander brechen, vorwärts und rückwärts stossend und brüllend. Das sind all jene, die ihr ruhmloses Leben mit grenzenlosem Geiz oder grenzenloser Verschwendung besudelten. Das brachte sie in diese Kämpfe, in denen sie nun ewig aufeinanderstossen.

Und weiter führt mich der Herr bis über einen Quell, der kocht und brodelt und sich dann in einen Bach, der ihm entspringt, ergiesst. Wir folgen dem Bach, dessen Wasser viel dunkler noch als Purpur ist, und von der grauen Flut begleitet gelangen wir tiefer und tiefer auf diesem Pfad des Grausens zu einem Sumpf. Und ich sehe schlammbedecktes Volk in diesem Pfuhl. Alle sind sie nackt und mit erbosten Gesichtern schlagen aufeinander ein mit den Händen, mit den Köpfen, den Brüsten und den Füssen. Voll Wut reissen sie sich gegenseitig mit blossen Zähnen Fleischfetzen aus der Haut. Und unter dem Wasser des Sumpfes sehe ich Elende, die ewig seufzen, dass Blasen an die Oberfläche treiben und wortlose Lieder in ihren Kehlen gurgeln in den schwarzen Schlamm. Jähzorn und Verdrossenheit brachten sie hierher.

Und weiter führt mich der Herr um den Pfuhl herum zum Fusse eines Turmes mit einer glühenden Spitze. Er steht am Rande einer Stadt, in der ein rotes Feuer ewig tost. Aus dem Höllenfeuer klingen Stimmen voll Zorn und Wut und Gebrüll. Und oben auf dem hohen Turme sehe ich die drei höllischen Furien stehen, blutgefärbt. Weibliche Gebärden und weibliche Körper haben sie. Giftgrüne Schlangen sind ihre Gürtel. Blindschleichen und Echsen ihre Haare, die sich um ihre grausigen Schläfen schlingen. Sie schreien und weinen und reissen sich die Brüste auf mit blossen Händen, dass ich vor Furcht fast ohnmächtig werde. Da fällt mein Blick auf einen Friedhof mit tausenden und abertausenden von Gräbern. Zwischen den Särgen züngeln Flammen. Die Deckel der Särge sind geöffnet und heraus klingt Jammern und Wehklagen. Hier liegen sie, die auf der Welt Genuss nur gesucht und Gott geleugnet haben, als tote Seelen auf ewig in ihren Särgen.

Und weiter führt mich der Herr über einen schroffen Bergsturz in ein tiefes Tal. Tief unten im Tal fliesst ein kochend roter Blutstrom. In dem kriechen die ewig Verfluchten, die Mord und Gewalt im Leben übten. Am Rande des Blutstroms halten mit Pfeil und Bogen bewaffnete Zentauren Wache. Das sind Wesen mit dem Leib eines Pferdes und da, wo beim Pferd der Hals beginnt, beginnt bei ihnen der Leib eines Menschen. Die Verfluchten versuchen verzweifelt dem Fluss zu entkommen, doch immer, wenn es einem gelingt, den Fluten zu entsteigen, treiben die Zentauren ihn wieder hinein in den roten Strom.

Und weiter führt mich der Herr zu einem Dornenwald voll trostlos öder

Bäume und Sträucher. Ganz still ist es hier, totenstill. Doch da streife ich im Vorbeigehen einen Ast, er bricht und ein Blutstrom schiesst aus ihm hervor. Eine grauenvolle, schmerzerfüllte Stimme beklagt den Mord, den sie an sich selbst verübte.

Und weiter führt mich der Herr zum tiefsten Grund der Hölle. In einer öden Wüste mit glühendem Sand laufen schreiend die Seelen der Sünder, gejagt von Flammenzungen, die aus den Himmeln zucken. Kuppler und Verführer werden von Dämonen mit Peitschenhieben gequält. Dirnen und Schmeichler waten im Kot und verprügeln sich gegenseitig. Sünder stecken kopfüber in steinernen Becken, so dass nur noch ihre Beine von den Knien an hervorragen. An ihren Füssen nagt das Feuer. Andere büssen in einem Teich voll kochendem Pech und werden von einer Schar von Teufeln mit Bratspiessen immer wieder untergetaucht. In einem grässlichen Graben winden sich fürchterliche Schlangen um die Diebe und Räuber. Die Schlangen fesseln sie mit ihren Leibern wie mit Stricken und zerfressen sie. Plötzlich flammen sie auf und zerfallen zu Asche. Doch schon erstehen sie neu aus der Asche, winden sich weiter um die Sünder. Daneben liegen Sünder mit verstümmelten Gliedern. Sie haben klaffenden Wunden, die langsam verheilen. Doch kaum schliessen sich die Wunden, werden sie von einem Teufel mit scharfem Schwert immer wieder neu aufgerissen. Neben ihnen liegen die Geister der Fälscher, die an ekelhaften Krankheiten leiden. Gestank von angefaulten Gliedern weht herauf. Zwei Büsser sitzen Rücken an Rücken, von Kopf bis Fuss mit Krätze bedeckt, die sie mit spitzen Fingernägeln abkratzen.

Ich wende mich ab von diesem grausigen Geschehen. Das, was ich da gesehen habe, hatte auf der Erde in meinem Innern gelebt. Ich bin draussen in der Welt und schaue auf mein Innerstes, auf meine Erinnerungen. Wie anders war das in meinem Leben auf der Erde gewesen. Dort war ich entweder in meinem Körper gewesen und hatte auf die Welt geschaut, auf das Kloster, auf die Brüder, auf den blühenden Apfelbaum. Oder ich war in mir, in meinen Gedanken gewesen und die Welt hatte gar nicht existiert für mich. Wie oft hatte ich mich unten auf der Erde in Gedanken verloren.

Zu mir gekommen war ich immer dann, wenn das Leben sozusagen meinen Leib anstiess, wenn das Pferd, auf dem ich sass, sich aufbäumte. Dann kam ich zu mir selber. Nun komme ich zu mir selbst im Anschauen meiner selbst, im Anschauen meines letzten Lebens.

Entschluss

Wieder schaue ich ein Bild genauer an. Dort sehe ich mich hoch zu Ross auf dem Weg nach Grancey zu meinen Brüdern, die dort als Vasallen des Herzogs von Burgund die Burg belagern. Ich bin auf dem Weg zu Kampf und Sieg. Auf halber Strecke steht eine kleine Kirche am Wegesrand. Ich biege ab zur Kirche, steige ab und kurz darauf knie ich vor dem Altar, bete mit hoch erhobenen Armen und breche in Tränen aus. „Mönch will ich sein, gewiss will ich Gott dienen“, rufe ich aus.

Es ist eines eigentümlich an all diesen Bildern. Sie zeigen mein Leben, und sie zeigen es so, dass alle Erlebnisse, die ich beim Gang durch die Welt gemacht habe, gestrichen sind. Alle die Freuden und Schmerzen, die sich an die Bilder des Lebens heften, sind bei dieser Rückerinnerung nicht vorhanden. Ich stehe diesem Erinnerungstableau ebenso objektiv gegenüber wie einem Gemälde. Sogar, wenn ich mich selber sehe, wie ich traurig, wie ich von Schmerzen erfüllt bin, so sehe ich mich objektiv an. Ich kann wohl meine Traurigkeit nachfühlen, doch empfinde ich nicht unmittelbar den Schmerz, den ich gehabt habe.

21. August 1153

Der Leib unten auf der Erde, der nun nichts mehr mit mir zu tun hat, er zieht die Menschen an. Die Menschen Deutschlands, die Menschen Frankreichs haben mich wie einen Propheten, wie einen Apostel angesehen. Zu Hunderten, zu Tausenden stehen sie nun da zum letzten Lebewohl. So viele bitten um Linderung ihrer Krankheiten. So viele tragen einen kleinen Gegenstand in der Hand, eine Kerze, einen Zinnbecher, ein kleines hölzernes Kreuz. So viele stehen dort vor meinem leeren Leib, starren ihn an voll Hoffnung, voll Trauer und berühren ihn sanft mit ihrer Kerze, ihrem Zinnbecher, ihrem kleinen hölzernen Kreuz. Dann ziehen sie von dannen mit ihrer Reliquie.

Auf der Erde wusste ich mit Gewissheit: Die Welt war da draussen und ich erfühlte mich in den Grenzen meiner Haut. Das ist nun nicht mehr so. Dort liegt mein Leib. Er ist mir fremd geworden. Er ist nun da draussen.

Ich schaue wieder auf das gewaltige Bild vor mir. Ich schaue auf das Bild meines eigenen Erdenlebens. Es ist alles auf einmal da. Es ist alles, was sich in meinem Erdenleben nacheinander abgespielt hat, gleichzeitig vor meinen Augen. Die Zeit ist zum Raum geworden. Was vergangen war, ist gegenwärtig. Die Zeit ist zum Raum geworden, zu einem Raum jedoch, der wie ein Bild ist. Ein Bild steht da. Ich habe zwar noch eine Art Raumgefühl, doch ist es mehr ein Gefühl als eine Wahrnehmung. Denn diesem Raum, den ich jetzt erlebe, fehlt die dritte Dimension. Ich erlebe nirgends eine dritte Dimension, sondern überall den Raum nur in zwei Dimensionen. Ich bin zum Maler geworden, nicht zum Bildhauer. Ich bin zur zweiten Dimension zurückgekehrt, die dritte hat sich aufgehoben. Und noch etwas hat sich aufgehoben: Wie auf etwas Drittes ausserhalb meiner selbst schaue ich auf mein vergangenes Leben. Ich überschaue alles und sehe doch jede kleinste Einzelheit. Ich schaue von aussen und sehe doch, wie ich dieses Erdenleben von innen heraus durchgemacht habe. Es ist mein Leben, aber ich bin nicht mehr darin als Akteur. Ich bin nun nicht mehr in meinem Erdenleben. Ich bin Zuschauer meines Erdenlebens.

In Châtillon

Ein neues Bild erfasst meine Aufmerksamkeit. Dort leben wir in unserem Anwesen in Châtillon. Dreissig sind wir an der Zahl. Wie die Gemeinschaft der Apostel bilden auch wir eine Gemeinschaft. Unser Leben soll dem Herrn geweiht sein. Dort sitzen meine Brüder André und Gérard am gemeinsamen Tisch. Onkel Gaudry steht unter der Tür. Hugues von Macon, ein Angehöriger des hohen Adels, arbeitet im Garten.

Alle diese Bilder sind wie ein tagelanges Traumerleben. Und es scheint mir, als ob die Bilder mit jedem Augenblick ein wenig grösser werden.

Vor Cîteaux

Schon schaue ich auf das nächste Bild. Unsere Schar lagert vor den Toren des Klosters Cîteaux. Einsam und ärmlich steht es auf einer Lichtung in der Ödnis des wüsten Waldes. Dort drinnen leben die Brüder des neuen Ordens. Alle verehren ihre heilige Lebensführung. Und alle fliehen ihre Strenge. Denn die Brüder befolgen die Regel des heiligen Benoît mit flammender Strenge. Sie halten sich an jeden einzelnen Buchstaben der Regel. Sie befolgen sie so vollkommen buchstäblich wie die Juden das mosaische Gesetz. Wir fliehen ihre Strenge nicht, sondern wir suchen sie. Wir möchten leben wie sie. Wir möchten mit ihnen leben. Vier Tage schon warten wir dort auf Einlass. Regen haben wir ertragen und Wind und ungerechte Behandlung durch die Brüder.

Ich schaue auf die Bilder. Es sind die Bilder meiner Erinnerungen, und doch unterscheiden sie sich von den Erinnerungen, wie ich sie auf der Erde kannte. In den Erinnerungsbildern, die ich auf der Erde gehabt hatte, hatte ich das Gefühl gehabt, ich würde das erleben, was von aussen an mich herangekommen war. In den Erinnerungen auf der Erde hatte hauptsächlich das gelebt, was von aussen an Vorstellungen der Welt herangekommen war, was ich erfahren hatte an Lust, Schmerz, was mir die anderen Menschen Gutes und Böses angetan hatten, wie die anderen Menschen an mich herangetreten waren. Hier ist das anders. In diesen Bildern erlebe ich anders. In den Erinnerungen auf der Erde erlebte ich sozusagen von draussen nach drinnen. Da erlebte ich, wie die Menschen an mich herangekommen sind, was sie getan haben und dergleichen. In diesem Lebenstableau aber erlebe ich sozusagen von drinnen nach draussen, wie ich selbst den ersten Blick nach einem Menschen gerichtet habe, was ich getan habe, um seine Liebe zu erwerben, was ich empfunden habe.

In Clairvaux

Mein Blick fällt auf unser kleines Kloster. Dort steht es von festen hölzernen Palisaden umgeben, damit wir nicht die Blicke und Besuche der Weltmenschen erleiden müssen. Auch wilde Tiere und Raubgesindel halten sie fern.

Eng zusammengedrängt sitzen wir beim Essen am roh gezimmerten Tisch im Speisesaal, der neben der Küche liegt. Der Boden ist aus gestampftem Lehm. Wir essen schweigend. Es gibt Wurzelgemüse, Grütze und Bohnen. Dazu Brot aus Gerste, Hirse und Spelt und Salat aus Buchenblättern. Ein einziges Tier steht im Stall. Es ist ein grauer Esel, der meinen armen, schwachen Leib tragen muss. Hier haben wir die Kirche Gottes gepflanzt mit unserem Blut, unserer Arbeit und unserer Mühe. Hunger und Durst waren so oft unsere Nahrung. Kälte und Blösse waren immer wieder unsere Kleidung. Verfolgung, Schmach und vielfache Bedrängnis waren wieder und wieder unsere Wohnungen. An diesem Ort leben wir in strenger Ordnung und stetem tiefem Schweigen. Wir erheben unsere Stimmen nur zum Singen der Psalmen, zum Lesen der heiligen Texte und für die wenigen knappen Worte, die zur Organisation der Arbeit nötig sind.

Dort schlafen die Brüder auf ihren engen Lagern aus Stroh und Spreu im Schlafsaal, dem Dormitorium. Die Betten haben hochgezogene Ränder und sehen fast aus wie Truhen ohne Deckel, gerade breit genug um sich im Schlaf zu drehen. Das Dormitorium liegt im ersten Stock oberhalb des Speisesaals. Dort bleibt kaum Platz für weitere Schläfer.

Am Rande der Treppe liegt meine kleine Schlafkammer und daneben der winzige Raum, der mir als Bibliothek und Schreibzimmer dient.

Dort sitzen wir zwölf eng aneinandergedrängt im Chorgestühl der winzigen Kirche. Sie ist aus Holz, wie alles hier.

Ich schaue die Bilder an. Es sind ja nicht nur Bilder. Es ist Erleben in der Erinnerung. Aber in der Erinnerung auf der Erde habe ich das erlebt, was sich von aussen nach innen entwickelt hat. Hier erlebe ich das, was sich von innen nach aussen entwickelt. Ich sehe die Bilder zwar nacheinander an. Sie sind aber alle gleichzeitig da. Ich erlebe alles in unmittelbarer Gegenwart. Es kommt nicht eines nach dem anderen, wie in der Erinnerung auf der Erde. Es ist alles jetzt da. Es steht alles da, wie in einem Raum. Und dieser Raum hat nur zwei Dimensionen. Die Erinnerungen kommen mir auch nicht wie auf der Erde. Ich bin nicht passiv und die Erinnerungen kommen mir. Ich bin aktiv. Ich mache die Erinnerungen, ich webe das Gewebe der Erinnerungen. Ich lebe intensiver als auf der Erde. Ich entwickle Kräfte, die nun aus mir herausstrahlen. Ich entwickle sie an der Erinnerung und in der Erinnerung.

Robert de Châtillon

Auf ein anderes Bild hefte ich meinen Blick. Ich stehe im Kapitelsaal. Alle Brüder sitzen auf ihren Plätzen. Vor mir steht mein geliebter Vetter Robert. Seine Eltern haben ihn ins Kloster Cluny gegeben, als er vier Jahre alt war. Dort sollte er Mönch werden. Keiner hat ihn um seine Meinung gefragt. Aber sein Vater hatte ein bindendes Gelöbnis ausgesprochen: „Und damit diese Übergabe unerschütterlich bleibe, verspreche ich unter Eid vor Gott und seinen Engeln, dass ich ihn niemals, weder selbst, noch durch eine Mittelsperson, noch auf irgendeine Weise durch mein Vermögen, irgendeine Gelegenheit zum Austritt geben werde.“ So hatte sein Vater gelobt und ihn an Gott geopfert. Dieses Opfer konnte kein Kind rückgängig machen. Robert musste Mönch werden und sein Leben lang Mönch bleiben. In Cluny sollte er für die

Seelen seiner Eltern beten. Doch ich habe ihn den Cluniazensern entrissen. Mir ist er willig gefolgt aus dem Wohlleben ins wahre Leben. Als Erwachsener hat er das selbst entschieden. Vier Jahre lebt er nun schon mit uns. Vier Jahre, in denen er den Kampf gegen die Sünde nicht gewonnen hat. Ich muss ihn erziehen an seines Vaters statt. Ich muss handeln an ihm wie ein liebender Vater. Ich muss handeln in der Nachfolge des Apostels Paulus. Wen der Herr liebt, den erzieht er auch. Er trifft mit seinen Schlägen gerade denjenigen, den er als seinen Sohn annimmt. So sagt es auch die Schrift: Schlage deinen Sohn mit der Rute und du wirst seine Seele vor dem Tod retten. Und ist diese Erziehung auch eine Betrübnis im Augenblick, so gewährt sie doch denen, die durch ihre Schule gegangen sind, die friedensvolle Frucht der Gerechtigkeit. Ach, geliebter Robert, du bedarfst so sehr dieser friedensvollen Frucht. Lieben tun wir unsere Brüder und streng ist unsere Liebe, streng verfolgen wir die Anweisungen des heiligen Saint Benoît. Ich bin der Abt und ich muss handeln an Robert wie ein weiser Arzt an einem, der an der Sünde krank ist. Habe ich nicht zuerst die lindernden Umschläge und Salben der Ermahnung angewendet, dann die Arzneien der Heiligen Schrift? War nicht alles vergeblich? Der gute Arzt setzt das Brenneisen an, um den Fluss schädlicher Säfte endgültig zu stoppen. Mit dem Brenneisen brennt er gefährliche Geschwüre weg. Und wie ein guter Arzt das Brenneisen muss der gute Vater Rutenschläge anwenden, um das eklige Geschwür der Sünde zu entfernen. Willig legt sich Robert auf den kalten Boden. Willig entblösst er seinen nackten Rücken. Willig erträgt er die Rutenschläge. Hart treffen sie ihn wieder und wieder. Hart treffen sie ihn im Augenblick, doch süsse Frucht werden sie ihm werden in der Zukunft. Wir beten für ihn und seine arme Seele. Möge er den Armen des Teufels entrissen werden. Wenn das gelingt, wird er die Freuden des Himmelreichs kosten für immer. Wenn es nicht gelingt, wird er Höllenqualen erleiden in Ewigkeit. Möge es nur gelingen. Möge ihm die Haselrute den Weg weisen.

Arbeit in Clairvaux

Mein Blick fällt auf den Durchgang zwischen dem Parlatorium und dem Saal der Mönche. Er ist kaum zu erkennen im ersten Licht des frühen Morgengrauens. Durch diesen Durchgang gelangt man vom Kreuzgang durch den Osttrakt hindurch direkt auf die dahinter liegenden Gärten und Felder. Ich stehe hier mit den anderen Mönchen, um meine Arbeitsgeräte in Empfang zu nehmen. Dann ziehen wir auf die Felder, Spaten und Hacken über den Schultern. Lieblich blühen die Frühlingsblumen auf den Wiesen, die Vögel singen ihre Morgenkantaten, die Wälder sind mit schönen, grünenden Gehölzen bewachsen. In der Ferne schimmert der silberne Strom der Aube und wir atmen tief die frische, kühle Morgenluft ein.

Weiter schweift mein Blick. Ich sehe mir zu, wie ich im Kloster arbeite. Dort sehe ich mich, wie ich gebückt im gelben Kornfeld stehe und mit der gezähnten Sichel mähe. Daneben sehe ich mich in der Küche stehen und das Geschirr abwaschen. Schliesslich sehe ich mich etwas weiter im Bild, wie ich die Räume mit dem Besen fege. Ich bin stets begeistert und mit Verve an der Arbeit. Aber in diesen wenigen Arbeiten erschöpfen sich meine Tätigkeiten schon. Anderes kann ich kaum tun mit meinem schwachen Leib und meinen ungeschickten Händen.

Gründung von Fontenay

Dieses Bild zeigt Mönche, die das Kloster verlassen. Mein Vetter Geoffroy de La Roche-Vanneau verlässt zusammen mit zwölf Brüdern das Kloster. Er trägt den Stab des Abtes in der Hand. Ich sehe sie mit Freude und mit Wehmut ziehen, denn Geoffroy ist mit mir zusammen in Cîteaux eingetreten. Sie gehen nach Fontenay. Mein Onkel, Reinard de Montbard, hat uns das Land geschenkt.

Humbeline vor dem Kloster

Ein neues Bild steht vor mir. Meine Schwester Humbeline steht vor dem Kloster. Sie will mich besuchen. Sie steht dort vor dem Pförtnerhaus und begehrt Einlass. Sie ist eine adlige Dame und steht dort mit stolzem Gefolge im standesgemässen Prunk. Hemd und Rock sind eng geschnitten, was ihre Körperform betont, doch die Arme werden von weiten Ärmeln bedeckt. Ein goldbestickter Gürtel zeugt von ihrem Wohlstand. Natürlich ist an einen Besuch nicht zu denken. Frauen dürfen Männerkloster nicht betreten. Ich weigere mich aber auch, hinauszugehen und sie zu sehen. Ich verwünsche und verfluche sie als Netzwerk des Teufels auf Seelenfang. Unser Bruder André überbringt die Nachricht. Sie bricht in Tränen aus.

Ich habe meine Schwester verflucht und beschimpft. Ich habe ihr Böses angetan. Das sehe ich im Bild. Ich sehe es auch ein. Aber es schmerzt nicht. Ich sehe meine eigenen Erinnerungen, aber ich habe die Gefühle eines unbeteiligten Dritten.

Gottesdienst in Clairvaux

Ich wende mich dem nächsten Bild zu. Dort knien wir vor dem Altar des Höchsten. Wir knien auf dem harten, kalten Boden und schlagen uns die Hände auf die Brust. Unsere Wangen sind von Tränen befleckt und die Kirche erschallt vom Stöhnen und Seufzen der Brüder. Mit Bitten und frommen Gebeten überhäufen wir den Altar, von geistlichen Gesängen hallen die heiligen Hallen wider.

Gründung von Foigny

Wieder sehe ich Mönche das Kloster verlassen. Mein Vetter Renaud zieht aus mit zwölf Brüdern, um Foigny zu gründen. Er war in der Welt reich und geehrt, aber vor vier Jahren hat er all dem Reichtum und der Ehre Abschied gesagt und ist zu uns nach Clairvaux gekommen. Nun rühmt er sich der Armut Christi und pflanzt die Kirche Gottes mit seinem Blut, seiner Arbeit und seiner Mühe, in Hunger und Durst, in Kälte und Blösse.

Begegnung mit Guillaume de Saint-Thierry

Dort steht Guillaume de Saint-Thierry an meinem Krankenlager. Gerade wurden wir einander vorgestellt. Er ist aus Reims gekommen, wo er vor wenigen Wochen erst zum Abt des Benediktinerklosters ernannt wurde. Er beugt sich über mich. Seine Augen strahlen Güte und Freundlichkeit aus.

Konvent in Cîteaux

Etienne Harding hat uns zum Generalkapitel nach Cîteaux gerufen. Dort sitzen wir im Kapitelsaal. Viele treue Freunde und Verwandte sehe ich: Roger aus Trois-Fontaines, Obizon aus La Ferté, Arnauld aus Morimond, mein Vetter Geoffroy de La Roche-Vanneau aus Fontenay, mein treuer Freund Hugues de Vitry aus Pontigny. 10 Äbte sind wir nun.

Etienne Harding spricht zu uns: „Unsere Gemeinschaft wächst und dieses Wachstum soll gut geregelt geschehen. Wir wollen wachsen wie ein Baum. An der Basis steht der Stamm. Das ist die Abtei von Cîteaux. Aus diesem Stamm sind schon vier Zweige gesprossen. Das sind die Abteien La Ferté, Pontigny, Morimond und Clairvaux. Schon hat Clairvaux selber mit Trois-Fontaines ein Tochterkloster gegründet und Pontigny eines mit Bourras. Nun ist es an der Zeit unser Wachstum in Gemeinschaft gut zu regeln. Es soll ein Wachstum in Eigenständigkeit und Einheit sein. Vor allem wollen wir Abhängigkeiten vermeiden. Darum soll es keine Abgaben der Tochterklöster an die Mütterklöster geben. Nun sind die Verhältnisse in einem Dokument geregelt. Allein die Liebe und das Wohl der Seelen in göttlichen und menschlichen Dingen soll unser Ziel sein. Darum nennen wir unser Dokument Carta Caritatis, das Papier der Wohltätigkeit. Auf immer sollen die Abteien in Einheit verbunden sein. Alle Mönche sollen in allen Häusern nach denselben Regeln leben. Und alle sollen die Regel des heiligen Saint Benoit im gleichen Sinne verstehen und nicht ein Jota von diesem Verständnis abweichen. Alle sollen Armut, Askese und Gehorsam im gleichen Sinne verstehen und leben. Alle sollen die gleichen liturgischen Bücher nutzen. Einmal pro Jahr soll der Abt des Mutterklosters seine Töchterklöster besuchen. Und einmal pro Jahr sollen sich alle Äbte zu einem Generalkapitel zusammenkommen so wie jetzt. So schaffen wir Einheit in der Eigenständigkeit.

Auf immer wollen wir in Einheit verbunden bleiben. Also müssen auch unsere Gebäude auf immer erhalten bleiben. Sie müssen aus Stein sein, den es seit Ewigkeiten gibt, und der noch in Ewigkeiten sein wird. Und sie müssen mit der grössten Handwerkskunst gebaut werden, denn nur was mit der grössten Sorgfalt aus den besten Materialien gebaut wird, besteht am längsten.

Die Stände sollen auch hinter Klostermauern nicht vermischt werden. Darum unterscheiden wir Chormönche und Laienbrüder. Die Chormönche sind von adliger Herkunft und gebildet. Sie beten und arbeiten, aber dem Gebet wird mehr Raum gegeben. Auch Laien soll es möglich sein, sich dem weltlichen Leben abzuwenden und sich dem geistlichen Leben zuzuwenden. Auch Laien sollen ins Kloster eintreten können. Auch sie verpflichten sich zu Armut, Gehorsam und Keuschheit. Die Laienbrüder beten und arbeiten wie die Chormönche, aber der Arbeit wird mehr Raum gegeben. Die Chormönche führen sie durch Liturgiefeier und Predigt zum Geist. Zum Herrn sollen sie im Geiste aufsteigen. Zu Chormönchen aufsteigen können sie aber nicht. Sie sollen auch keine Gebetbücher lesen. Es soll eine strikte Trennung von Laienbrüdern und Chormönchen aufrechterhalten werden. Sie sitzen getrennt in der Kirche, sie essen getrennt und sie schlafen getrennt. Die Mauern unserer Klöster sollen diese Trennung sicherstellen.

Unsere Abteien haben eine Kirche. Der Altarraum und der vordere Teil sind den Chormönchen vorbehalten. Der hintere Teil ist für die Laienbrüder. Beide Teile sind durch eine Abschrankung getrennt. Unsere Kirchen haben zwei Türen, eine für die Chormönche und eine für die Laienbrüder."

So sehe ich vor mir das Bild unseres ersten Generalkapitels. Es ist ein Bild meines Lebens. Ich sehe alle Bilder meines Lebens. Ich sehe sie alle gleichzeitig. Und ich fühle ganz deutlich: Das ist ein Stück meines Selbstes. Ja, es ist dieses Lebenstableau überhaupt meine Welt. Ich überschaue das, was ich durchlebt habe, in diesem grossen Lebenspanorama. Das bin ich und das ist meine Welt. Dahinter entsinkt mir das irdische Dasein, und es presst sich aus diesem entsinkenden irdischen Dasein das heraus, was ich seit meiner Geburt innerhalb dieses irdischen Daseins erlebt habe, und das läuft ab vor mir.

Erstes Wunder

Das nächste Bild zeigt mich am Bett von Josbert de La Ferté. Er liegt schon drei Tage bewusstlos danieder. Sein Sohn hat mich geholt. Er steht in Tränen da, von der Angst geschüttelt, dass sein Vater sterben müsste, ohne Beichte und ohne das letzte Abendmahl. Ich stehe in Zweifel. Josbert hat Clairvaux viele Güter vermacht. Er hat aber auch den Kirchen viele Güter geraubt. Er hat die Armen unterdrückt. Ich spüre aber auch die grosse Verzweiflung seiner Verwandten und ich spüre ihren Wunsch, ich möge ihn der Hölle entreissen. Dort stehe ich am Bett und ich stehe in Zweifel. Da ergreift mich die Barmherzigkeit Gottes. Sie hüllt mich völlig ein und ich knie nieder. Worte strömen aus meinem Mund. Worte, die ich nicht bewusst vorher formuliert habe: „Euch ist bekannt, dass dieser Mensch in sehr vielen Stücken die Kirche bedrängt, Arme bedrückt und Gott beleidigt hat. Wenn ihr euch mir verpflichtet, dass alle den Kirchen geraubten Güter zurückerstattet werden und die frechen Gewohnheiten, Arme zu unterdrücken, aufgegeben werden, wird er die Sprache wiedererlangen, seine Frevel beichten und andächtig die Sakramente empfangen.“ Alles wird mir von den Angehörigen versprochen. Ich knie nieder und bete still. Dann reise ich wieder nach Clairvaux und bringe dem Herrn das unsterbliche Opfer, das Abendmahl, dar. Noch während der heiligen Messe trifft ein Bote ein. Er meldet, Josbert könne schon wieder sprechen und bittet mich inständig, eilig zu ihm zu kommen. Als ich beim Kranken erscheine, beichtet dieser unter Tränen und Seufzern seine Sünden. Ich spende ihm die göttlichen Sakramente. Er verfügt, dass alle meine Forderungen sofort erfüllt werden sollen, trifft noch Anordnungen für sein Haus und vermacht Almosen. Nach wenigen Tagen haucht er endlich in guter Hoffnung auf Gottes Barmherzigkeit seine Seele aus.

Die Synode von Troyes

Wieder steht ein anderes Bild vor mir. Die Synode in Troyes beginnt. Es ist Winter, ein milder, regenreicher Winter. Ich habe die drei Tagesreisen hierher auf mich genommen, kaum von einer schweren Krankheit genesen, noch sehr schwach von der wütenden Hitze des Fiebers und erschöpft vom Schwitzen. Ich wollte nicht kommen. Warum sollte ich auch? Habe ich mich doch als Mönch von der Welt abgewendet. Doch meine Freunde haben mich gedrängt, zu kommen. Speziell mein Freund Graf Hugues de Champagne, wollte unbedingt, dass ich hierher komme. Er ist ein Tempelritter geworden und hier geht es um die Sache der Tempelritter. Schliesslich hat mir Kardinalbischof Mathieu von Albano befohlen zu kommen. Er ist Gesandter des Papstes und er ist Bischof. Den Bischöfen habe ich zu gehorchen. So hat mich also mein Gehorsam hierher geführt.

Hugues de Paganis spricht: „Es ist mir eine grosse Ehre, hier zu stehen vor der Versammlung der Grossen aus Kirche und Welt. Heute stehe ich hier vor euch. Und ich stehe als Ritter vor euch. Meine Burg liegt weniger als eine Tagesreise von hier entfernt. Vor neun Jahren aber stand ich zusammen mit acht Gefährten vor dem Patriarchen von Jerusalem. Alle waren wir Ritter von edlem Geblüt. Zur Rettung unserer Seele wollten wir aber auch Mönche sein. Vor dem Patriarchen haben wir die drei monastischen Gelübde abgelegt. Armut, Gehorsam und Keuschheit haben wir gelobt. So wollten wir für unsere Sünden büssen. Noch immer sind wir eine kleine Gemeinschaft. Vierundzwanzig Ritter sind wir nun und wir leben nach der Regel des heiligen Augustinus. Wir wollen aber ein grosse, segensreiche Gemeinschaft werden, die mit dem Schwert für das Christentum kämpft. Dazu benötigen wir eine eigene Regel. Darum haben wir Bernhard von Clairvaux gebeten, uns eine Regel zu verfassen. Wir benötigen aber nicht nur die Regel. Wir benötigen auch Land und Geld und vor allem Mitstreiter in unserer Gemeinschaft."

Schon vor drei Jahren hat mich der König von Jerusalem, Balduin II., um Unterstützung für die Templer gebeten. Templer werden sie allgemein genannt, weil sie ihr erstes Quartier beim Tempel Salomos in Jerusalem bezogen haben. Oft habe ich mit Hugues gesprochen. Er hat mir die Sitten und Gebräuche der Tempelritter geschildert. Nun ist aus den Sitten und Gebräuchen eine Ordensregel geworden. Viele Brüder aus vielen Klöstern waren an der Formulierung dieser Regel beteiligt. Nun soll sie hier in Troyes besprochen und verabschiedet werden.

Es erhebt sich Etienne Harding, der Abt von Cîteaux. „Wie so vielen anderen hier gefällt auch mir das Vorhaben der neuen Ritterschaft. Wir alle sind von edlem Geblüt doch als Mönchen ist es uns verboten, das Schwert zu schwingen. Umso mehr begrüssen wir es, wenn nun eine Regel entstehen soll, in der die beiden herausragenden Ordnungen vereinigt werden sollen, die klösterliche Ordnung des Geistes und die ritterliche Ordnung des Fleisches."

Ein anderer spricht: „Vergesst nicht, wie dringend nötig ein Schutz der Pilger im Heiligen Land ist. Vergesst nicht, dass die Herrschaft der tyrannischen Heiden dort bekämpft werden muss. Ihre Moscheen sind Teufelshäuser. Dort leben nicht Menschen. Dort leben Dämonen, die es zu vernichten gilt. Wir benötigen starke Kämpfer, die den Fürsten der Finsternis verscheuchen und seine Anhänger, diese Söhne des Unglaubens, zersprengen und ausrotten."

Ich wünsche von Herzen, dass die Mönchsritter an Zahl wachsen und sich weit verbreiten. Denn die anderen Ritter treibt allzu oft Habgier und Bosheit. Ihre Pferde kleiden sie in Gold und Seide, sie schmücken sie mit Silber und Edelsteinen. Und selber lassen sie sich die Haare lang wachsen wie Frauen und tragen in überquellendem Luxus wallende Gewänder mit weiten Ärmeln. Auch ihr eigentliches Handwerk ist Sünde. Sünde ist es, den Gegner zu töten und Sünde ist es in einem ungerechten Kampf zu sterben. Wie anders ist es für die Tempelritter, die in die Schlacht für ihren Herrn Jesus Christus ziehen. Sie leisten einen wahrhaft heiligen und sicheren Kriegsdienst. Ein Ritter Christi tötet in Sicherheit und in noch grösserer Sicherheit stirbt er. Wenn er stirbt, nützt er sich selber, denn er stirbt als Märtyrer im Kampf. Wenn er aber tötet, so ist das keine Sünde, sondern er steht im Dienste Gottes und vollstreckt das Urteil an dem, der Böses tut. Wer einen Übeltäter umbringt, ist nicht ein Menschenmörder, sondern ein Mörder der Bosheit und Rächer Christi. Der Tod, den er verursacht, ist Christi Gewinn.

Die Mönchsritter kämpfen nach innen und nach aussen gegen den Teufel. Als wahre Mönche kämpfen sie nach innen gegen ihr eigenes Fleisch. Sie verabscheuen Schach und Würfelspiel, lehnen die Jagd ab, sie vergnügen sich nicht mit der Falknerei, wie sie sonst geübt wird. Schauspieler, Magier, Märchenerzähler, spassige Lieder und Possen verabscheuen sie als Eitelkeiten und dumme Lügen. Niemals sind sie gekämmt, selten gewaschen, vielmehr borstig, vom Staub beschmutzt und gebräunt durch das Tragen der Rüstung und die Hitze.

Als wahre Ritter kämpfen sie nach aussen gegen die Ungläubigen in ihren Teufelshäusern, gegen die Anhänger des Fürsten der Finsternis, gegen die Söhne des Unglaubens. Sie wollen sie zersprengen und ausrotten. Furchtlos stürzen sie sich auf die Gegner. So sind sie also in wunderbarer, einzigartiger Weise sanfter als Lämmer und wilder als Löwen. Wahre Mönchsritter sind sie.

Ein mächtiges, lebendiges, intensiv lebendiges, nicht mit dumpfem Traumbewusstsein, sondern mit deutlichem Bewusstsein durchzogenes

Bilderpanorama steht vor mir. Und ich sehe nicht bloss Bilder, sondern alles lebt wieder auf. Jedes einzelne Gespräch, das ich mit Menschen gehabt habe: Ich höre es wieder; alles das, was ich mit Menschen zusammen erfahren habe, was ich ausgetauscht habe an Empfindungen mit ihnen: Ich erfahre es wieder. Es ist alles flutendes Leben, ist ein einziger Lebensreichtum, der vor mir ganz zusammengedrängt ist.

Kirchenspaltung

Schon webe ich an einem neuen Bild. Ich sitze in meiner Schreibstube vom Kummer gezeichnet. Gerade habe ich einen Brief meines Freundes Aymery de La Châtre erhalten. Er ist Kanzler des Papstes in Rom und berichtet ungeheuerliche Vorgänge. Papst Honorius ist gestorben und in aller Eile haben die gerade in Rom anwesenden Kardinäle Gregor Papareschi zum Papst Innozenz II. gewählt. Doch nur wenig später hat eine andere Gruppe von Kardinälen Petrus Pierleoni zum Gegenpapst gewählt. Er gehört zur mächtigsten Familie Roms. Er nennt sich jetzt Anaklet II. Die Pierleonis waren ursprünglich Juden. Erst vor weniger als hundert Jahren haben sie sich zum Christentum bekannt. Nun haben wir zwei Päpste, und es ist zum Bürgerkrieg in Rom gekommen. Die beiden mächtigsten Familien der Stadt haben gegeneinander gekämpft. Die Frangipani mit Innozenz II. gegen die Pierleonis mit Anaklet II. Entsetzliches ist geschehen. Es soll zu Betrug, Gewalt, Bestechung und Kirchenschändung gekommen sein. Wie man hört, haben die Pierleonis goldene Kruzifixe Glied um Glied zerstückeln lassen und zu Geld gemacht. Es naht das Ende der Zeiten. Es naht der Antichrist. Schon greift die Bestie aus der Apokalypse, die mit ihrem Maul permanent Blasphemien ausstösst, nach dem Platz des Papstes und das ist doch der Thron Petri. Das ist die Bestie, die Krieg mit den Heiligen führt.

Pierre Le Trognon

Die Schafe in Clairvaux

Weiter webe ich an den Bildern. Dort grasen die Schafe friedlich auf den Wiesen um die Grange, die wir schon wenige Jahre nach unserer Ankunft in Clairvaux gegründet haben. Über tausend sind es nun. Wir essen ihr Fleisch nicht. Das Fleisch der Schafe geben wir den Armen, aber willig nehmen wir ihre Haut, damit wir Pergament daraus machen können. Und wir passen gut auf sie auf, damit das Pergament auch schön wird. Vor Blutergüssen, Insektenstichen, Hautkrankheiten und Narben wollen wir sie bewahren.

Dort liegen die rohen Häute in einem Becken. Unser liebes Wasser macht sich an die Arbeit. Fröhlich fliesst es in das Becken und reinigt die Häute. Blut, Dung und Dreck nimmt es von den Häuten und trägt alles Schmutzige mit sich fort, als es das Becken wieder verlässt.

Weiter schweift mein Blick zu einem anderen steinernen Becken. Dort ruhen die Häute tagelang in ihrem Bad aus Ätzkalk. Gerade kommt Bruder Jean vorbei und rührt das Bad mit einem langen Stecken um.

Etwas weiter entfernt arbeitet Bruder Xavier in der Werkstatt. Er steht über die Haut gebeugt. Mit dem gebogenen Messer, das Griffe an beiden Seiten hat, kratzt er sorgfältig die Haut auf der Innenseite ab. Er wendet die Haut und nimmt sich die Aussenseite vor.

Bruder Geoffroy hat eine Haut von Xavier bekommen. Schön sauber und glatt ist sie überall. Nun muss sie auch noch schön gleichmässig dick werden. Er spannt sie straff wie ein Trommelfell auf einen hölzernen Rahmen. Dann nimmt er das Mondeisen zu Hand. Sorgfältig kratzt er damit die Haut von beiden Seiten ab. So wird die Schafhaut endlich zum Pergament.

Weiter schweift mein Blick von der Arbeit der Laienbrüder zur Arbeit der Chormönche. Bruder Scriptor streicht das Pergament mit einem Eberzahn glatt.

Im Scriptorium ist Bruder Illuminator über das Pergament gebeugt. Er malt eine Initiale. Ein grosses I malt er mit feinem Pinsel. Das I wird mit feinen Ornamenten geschmückt. Harmonische Linien sind es, die dem Geist helfen, sich nach innen zu orientieren und sich zu zentrieren. Denn die Gotteswelt ist für das Auge unsichtbar. Wir finden sie nicht im Durchsuchen der sichtbaren Welt, sondern in uns selbst.

Mein Blick fällt auf ein P in einem alten Text. Die Rundung des P ist geformt aus einem Bock, einem Drachen und einem bartgesichtigen Schwein. An der Basis des P reitet ein Zwerg auf einem aufgezäumten Mann. Da wimmelt es von höllischen Wesen, die nicht Mensch und nicht Tier sind. So ein Wesen mit Tierkopf, Menschenarmen, Hundebeinen und Drachenkopfschwanz durchsticht mit einer Lanze gerade eine andere Missgestalt aus menschlichem Unterleib und tierischem Oberkörper. Gegen ihn kämpft ein grünes Männchen mit Löwenbeinen. Das alles in einem einzigen P. Kein Wunder, dass unseren Mönchen des Nachts der Fürst der Finsternis erscheint mit seinen Scharen schreckenerregender Gestalten. In ihren nächtlichen Fantasien erscheint er so. Welcher Geist kann das ertragen, diese Wildheit und finstere Enormität. Kein Wunder dass unsere Mönche darob schreiend erwachen, so heftig erschüttert, dass sie den ganzen Tag noch nicht zu Verstand kommen und sich selbst in den Mauern unseres Klosters kaum sicher fühlen? Diese Bilder müssen verschwinden aus unseren heiligen Büchern.

Der Brunnen

Im nächsten Bild meines Gewebes stehe ich am Brunnen gegenüber der Tür zum Speisesaal und benetze die Hände meiner Gäste mit Wasser. Dann beten wir gemeinsam „Herr, wir haben deine Liebe in diesem Tempel empfangen“. Dieses Wasser, es ist Zeichen der Reinheit des Herren und unseres Glaubens. Wir haben es an der Quelle weit oberhalb des Klosters gefasst und in einem eigenen Kanal hierher geleitet.

Pierre Le Trognon

Reisen mit dem Papst

Ich sitze in einer Kutsche. Gerade rumpelt sie auf der Brücke über die vereisende Seine. Schon lange habe ich das heimische Kloster nicht gesehen. Papst Innozenz II. reist durch Nordfrankreich und lässt es nicht zu, dass ich mich von ihm trenne. Mit den Kardinälen muss ich an den öffentlichen Versammlungen teilnehmen. Ach, mein Herr und Gott, wie hat sich dein Urteil über mich getäuscht, dass du versuchtest, mich zum Mönch zu machen. Einen Mann, der für die Welt notwendig ist, ohne den die Bischöfe ihre Aufgaben nicht machen können. Auch im privaten werde ich insgeheim bei allen Angelegenheiten konsultiert.

In Lüttich bei König Lothar

Der deutsche König Lothar III. steht inmitten der geistlichen und weltlichen Grossen seines Reiches vor dem Dom von Lüttich. Als der Papst sich nähert, eilt er sofort heran, führt das Pferd des Papstes am Zügel wie ein Reitknecht und hält dem Gast den Steigbügel. Oh, wie überdeutlich zeigt er ihm damit seinen Gehorsam.

Schon zeigt ein Bild Synode und Hoftag in Lüttich. König Lothar gelobt feierlich, mit seinem ganzen Heer den Papst zu unterstützen und auf den Thron des heiligen Petrus zurückzuführen.

All diese Bilder geben mir eine völlige Überschau, die immer eigentlich gleichzeitig vor mir ist, über das, was ich im Erdenleben durchgemacht habe. Jetzt steht das alles gleichzeitig vor meinem seelischen Auge, und jetzt ist das alles in mir drinnen. Ich bin die ganze Welt. Welt und ich, beide fliessen zusammen, und die Welt ist eben das, was ich auf der Erde erlebt habe.

In Rouen

In allem Prunk trifft der König von England, Heinrich I., den Papst und sichert ihm seine Unterstützung zu. Der Papst hat keinen festen Sitz und zieht von Stadt zu Stadt, von Konvent zu Konvent. Und ich ziehe mit ihm, weil ich muss.

In Clairvaux

Der Papst steht in unserem Kloster. Er steht dort und Tränen rinnen über sein Gesicht angesichts unserer Armut und Demut.

Alles, was sich in meinem Leben abgespielt hat, ist gleichzeitig um mich herum. Ich lebe durch Tage innerhalb meines Erlebens. In mächtigen Bildern ist gleichzeitig das Ereignis da, welches ich eben noch erlebt habe in den letzten Zeiten vor meinem Tod. Und gleichzeitig ist dasjenige da, was ich erlebt habe in der Kindheit. Es ist ein Gewebe, das aus Leben geflochten ist. Alles, was ich da sehe, ist reines Leben. Vor allen Dingen empfinde ich das, was da um mich herum ist, als lebendig. Es lebt und webt alles darinnen. Dann empfinde ich es als geistig tönend, geistig leuchtend, auch als geistig wärmend.

Das Konzil von Reims

Ich sitze in der Kathedrale. Es ist Kirchenversammlung in Reims. Welch ein Glanz, welch eine Macht ist hier versammelt. Zweihundertdreiundsechzig Bischöfe sitzen dort mit ihrem Gefolge. Die goldenen Kreuze auf ihren Bischofsmützen glänzen in den Strahlen der Sonne, die durch die hohen Fenster scheint. Sie werden noch überstrahlt von Gold und Purpur der dreizehn Erzbischöfe. Die Könige von Frankreich, Deutschland, England, Aragon und Kastilien sind gekommen. Sie alle haben unserem Papst

Innozenz II. ihren Gehorsam bekräftigt. Gestern war ein Tag der Trauer. Gestern wurde die Leichenrede für den königlichen Prinzen Philippe gehalten. Philippe ist einem Unfall erlegen. Er war nach einem Ausritt mit seinen Kameraden auf dem Rückweg zum Schloss. Plötzlich brach ein Schwein aus dem Wald hervor und rannte Philippes Pferd zwischen die Beine. Das Pferd scheute und warf den Kronprinzen ab, der doch so ein hervorragender Reiter war. Sekunden später war er tot. Drei Tage später wurde er in der Gruft von Saint-Denis beigesetzt. Heute schauen wir in die Zukunft. Heute ist ein Festtag. Dort vorne vor dem Altar kniet sein Bruder, der junge Louis. Er ist erst neun Jahre alt. Gerade wird ihm die Krone auf das Haupt gesetzt. Damit ist er zum Nachfolger des herrschenden Königs Louis VI. bestimmt. Das Volk nennt ihn „den dicken König". Dann nimmt das Kind mit dem Zepter in der Hand die Huldigung der Vasallen des Königs entgegen, die ihm Treue schwören.

Ich schaue mich um. Da steht Bruder Jacques. Ich habe mit ihm im Kloster zusammengelebt. Ich habe mit ihm gesprochen. Indem ich mit ihm gesprochen habe, haben sich seine Gedanken meinen Gedanken mitgeteilt. Ich habe Liebe von ihm empfangen, ich habe seine ganze Seele auf mich wirken lassen und all das innerlich durchlebt. Ich habe mit ihm mitgelebt. Er hat gelebt und ich habe gelebt und ich habe etwas an ihm erlebt. Und da ist dieser Moment vor zwanzig Jahren. Da steht der Freund vor mir, wie er damals vor mir gestanden hat. Da steht er vor mir, so frisch und herzhaft wie damals.

22. August 1153

In den frühen Morgenstunden haben die Brüder meinen Körper vor dem Marienaltar der Klosterkirche begraben. Sie haben ihn mit den Kleidern meines Freundes Malachie bekleidet. Eine Kapsel voller Reliquien des Apostels Thaddäus haben sie ihm auf die Brust gelegt. Schliesslich haben sie ein Pergament mit ins Grab gegeben. Es ist beschrieben mit einem Vers aus dem Lied der Lieder, das mich im Leben so lange begleitet hat:

Ein Myrrhenbüschel ist mein Geliebter, zwischen meinen Brüsten wird er weilen.

Nun ist das, was die Erde meinem Leib gegeben hat, der Erde zurückgegeben. Nun sinkt es in die Erde und in die Verwesung. Die Brüder haben meinem Leib die Reliquien und das Pergament mitgegeben. Und ich gebe ihm meine innere Wärme, meine geistige Wärme mit. Sie soll bei der Erde bleiben. Alles andere, alles Geistige des physischen Leibes will ich hinaustragen in den ganzen Weltenraum, in den ganzen Kosmos. Es ist mir, als wäre schon im Moment meines Todes in Blitzesschnelle alles, was aus allen geistigen Kräften meinen Leib gebildet hat, aus diesem Leib gewichen. All die Baukräfte, die meinen physischen Leib gebildet haben, sollen sich nun ausdehnen ins Unendliche und mir den Ort bereiten, an dem ich nun leben werde.

Alles was ich im Leben erlebt habe, selbst die kleinsten Ereignisse, steht da vor mir in diesem grossen Tableau. Dabei habe ich wieder das intensive innerliche Gefühl: Die Erde, auf der ich bisher gestanden habe, bewegt sich weiter, ich selbst aber bleibe zurück. Ich beginne, stillzustehen. Ich gehe mit der räumlichen Bewegung der Erde nicht weiter mit. Und während das Gefühl in mir lebt, breitet sich das Lebenstableau weiter aus.

Meine Erlebnisse waren früher mein Inneres gewesen. Sie hatten zu mir gehört. Nun sind sie aussen. Die Bilder meiner Erlebnisse werden grösser und grösser und weben sich ein in die geistige Welt, in die ich jetzt eingetreten bin. Wenn sie auch mehr und mehr zu einem dünnen Faden werden im Gewebe der Welt, so sehe ich sie doch vor mir.

Kaiserkrönung in Rom

Ich schaue auf das Bild der Kaiserkrönung in Rom. In der Basilika San Giovanni knien König Lothar und seine Gattin Richenza vor dem Papst.

Sie haben ihm unverbrüchliche Treue geschworen. Nun erhalten sie die kaiserlichen Insignien: Innozenz II. setzt Lothar die schwere achteckige Reichskrone aufs Haupt. Er überreicht ihm feierlich das kaiserliche Schwert und das Zepter. Noch im April konnten wir geschützt von Lothars Heer kampflos im Lateran einziehen. Anaklet hat sich in der Engelsburg verschanzt und uns den Petersdom verwehrt. Roger II. von Sizilien hat ihm ein Heer normannischer Krieger geschickt, die ihn schützen.

Beendigung des Schismas in Angoulême

Das nächste Bild führt mich in die Kirche von Angoulême. Soeben habe ich die heilige Messe gefeiert. Der Graf Wilhelm X. von Aquitanien steht draussen. Er darf das Kirchenschiff nicht betreten. Er ist exkommuniziert. Der Graf ist immer noch auf der Seite von Anaklet. Nun dringt er in die Kirche ein, die Waffe in der Hand. Ich sehe mich. Ich lege die Hostie, den Leib des Herrn, auf einen Hostienteller. Ich sehe mich und doch nicht mich. Einer, der gewaltiger ist als ich, steht dort. Nun ergreife ich den Hostienteller und nehme in mit mir. Und flammenden Antlitzes, flammenden Auges, nicht bittend, sondern drohend gehe ich den Grafen mit schrecklichen Worten an. „Wir haben dich gebeten, du hast uns verachtet. Deine Diener haben dich angefleht, du hast sie missachtet. Siehe, nun kommt zu dir der Sohn der Jungfrau, der Haupt und Herr der Kirche ist, die du verfolgst. Hier ist dein Richter, dem deine Seele einmal in die Hände fallen wird. Wirst du wohl auch ihn verschmähen? Wirst du auch ihn wie seine Diener mit Verachtung strafen?" Ich schreite wie ein Sturmwind auf den Grafen zu mit dem allerheiligsten Leib des Herrn in den Händen. Da erschrickt der Graf. Er erbleicht. Die Angst fasst ihn hart an und schüttelt ihn grausam. Er sinkt an allen Gliedern zitternd vornüber zu Boden. Seine Ritter richten ihn auf. Er stürzt abermals vornüber, spricht kein Wort, achtet auf niemanden. Er stösst tiefe Seufzer aus und sein Speichel trieft über seinen Bart. Ich trete auf ihn zu, stosse ihn mit dem Fuss an und gebiete ihm, sich zu erheben, sich auf die Beine zu stellen und Gottes Spruch entgegenzunehmen. „Hier ist der Bischof von Poitiers, den du von seiner Kathedralkirche vertrieben hast. Geh hin und versöhne dich mit ihm. Mit heiligem Friedenskusse besiegle deinen Treuevertrag mit ihm und führe ihn persönlich zurück an seinen Bischofssitz. Leiste Gott Sühne und gib ihm Ehre für Schmach und führe in deinem gesamten Herrschaftsgebiet die Getrennten und Entzweiten zu Liebe und Eintracht zurück. Unterwirf dich dem Papst Innozenz, und wie die ganze Kirche ihm gehorcht, so gehorche auch du diesem von Gott erwählten Hohepriester." Der Graf hört zu, er steht dort besiegt von der Macht des Heiligen Geistes und von der Gegenwart Gottes. Er wagt kein Wort und sagt kein Wort. Doch schreitet er gleich auf den Bischof zu, nimmt ihn mit dem Friedenskuss auf und führt ihn zu seinem Bischofssitz zurück. So ist nun der ganzen Kirche von Aquitanien der Frieden zurückgegeben.

In Bamberg

Ich sitze am Hof zu Bamberg in vertraulichem Gespräch mit der frommen Kaiserin Richenza. Ihr rundes Gesicht strahlt vor Zufriedenheit. So weit nach Osten bin ich in meinem ganzen Leben nicht mehr gereist. Papst Innozenz hat mich hierher geschickt, um Frieden zu stiften. Und ich konnte meinen Auftrag mit Gottes Hilfe erfüllen. Endlich ist der Friede in Deutschland wieder hergestellt. Gerade ist Herzog Friedrich der Staufer barfuss vor Lothars Thron getreten, hat sich auf die Knie geworfen und um Verzeihung gebeten. Auch Friedrichs Bruder, der sich in Schwaben zum Gegenkönig ernannt hat, hat seinen Widerstand aufgegeben.

In Pisa

Ich sitze in meinem bescheidenen Haus in Pisa. Der Papst hat mich zum Konzil im Dom gerufen. Nach den Geschäften des Tages folgt nun in

Demut die Arbeit der Nacht. Eine grosse Menschenmenge ist vor meinem Haus versammelt. Sie alle erhoffen Heilung von mir. Zwei Priester wachen vor meiner Schwelle. Sie lassen immer einen herein, wenn ein anderer herauskommt. Ich sitze in grosser Ruhe, bin ich doch das Werkzeug Gottes zur Heilung der Menschen, die hier um Heilung bitten.

In Mailand

Die Bilder wogen auf und ab. Nun zeigt mich eines auf dem Weg nach Mailand. Der Papst hat mich geschickt. Ich soll der Stadt Frieden bringen. Mit mir sind der päpstliche Gesandte Mathieu von Albano, Kardinal Guido von Pisa, Bischof Geoffroy von Chartres, mein Bruder Gérard, mein treuer Freund Renaud. Er war Abt und ist als einfacher Mönch nach Clairvaux zurückgekommen, um in meiner Nähe zu sein. Die halbe Stadt kommt uns entgegen, um uns feierlich zu begrüssen. Und nicht nur das. Die einen werfen sich nieder, um meine Füsse zu küssen, die anderen versuchen nur, mich zu berühren und einige versuchen gar, eine Faser aus meinem Umhang zu ziehen, um sie als heilige Reliquie mit nach Hause zu nehmen. Wie soll ich schwacher, schmächtiger Mann mich der Menge erwehren? Glücklicherweise sind starke Begleiter in meiner Nähe. Ich gelange endlich in die Stadt und folge dem Begehren der Gläubigen. Mit innigem Gebet, mit geweihtem Wasser und Brot, das ich verteile, reinige ich die Stadt nach und nach von den Dämonen, die sich während ihrer Zugehörigkeit zum Gegenpapst hier in Scharen versammelt hatten. Wie oft muss ich Teufel aus Besessenen austreiben. Und wie dankt es mir die Stadt. Männer und Frauen lassen sich die langen Haare kurz schneiden. Sie lassen ihre kostbaren Gewänder im Schrank und legen nun schlichte Kleider an. Aus dem Dom haben sie alles Gold und Silber und alle Kostbarkeiten weggeschlossen, damit er ein wenig unseren schlichten Zisterzen nacheifere. Alles Nötige zur Gründung einer Zisterze vor den Toren der Stadt wollen sie uns schenken. Einen Botenengel nennen mich einige. Und eine Botschaft bringe ich auch: Die Römische Kirche ist sehr mild und gleichzeitig sehr mächtig. Missbraucht nicht ihre Milde, damit ihr nicht von ihrer Macht zermalmt werdet. Die Fülle der Macht über sämtliche Kirchen des Erdkreises wurde dem Apostolischen Stuhl geschenkt. Wer sich also dieser Macht widersetzt, widersetzt sich dem Gebot Gottes. Der Papst erhöht und erniedrigt nach seinem Gutdünken. Er zwingt die höchsten Würdenträger beliebig oft vor sein Gericht. Er bestraft jeden Widerstand.

Ich sehe das Bild und ich spüre, wie hinter dem Bild der glimmende Erdenstern, meine ganze alte Welt, verbirgt. Ich fühle, wie sich der Erdenstern von mir entfernt. Und ich fühle mich eins werden mit der neuen Welt um mich herum und doch ich selber bleiben. Vor meinen Blick tritt ein weiteres Bild. Ich schaue hin und es ist nicht ein Bild. Es sind unendlich viele wogende, webende Bilder, vielsagend, vielbedeutend. Ich schaue sie an und ich sehe, dass diese Bilder mein gerade beendetes Leben zeigen. Sie zeigen mein gerade abgeschlossenes Erleben auf der Erde. Sie fluten auf und ab. Sie verweben sich ineinander. Sie sind Bild und sie sind Leben. Mein verflossenes Leben. Und ich fühle ganz deutlich: Bis dahin schaust du; dein Leben webt sich ab, flutet ab. Und jenseits dieses flutenden Lebens verlässt dich der Schauplatz, auf dem du bisher gestanden hast.

Das neue Clairvaux

Endlich zeigt mich das Bild wieder in meinem geliebten Clairvaux. Mein Prior Geoffroy bedrängt mich: „Du bist ein Menschenfischer und viele Seelen sind zu uns gekommen. Zweihundert Chormönche leben nun hier und dreihundert Laienbrüder. Täglich werden es mehr. In den Werkstätten haben wir keinen Platz mehr für die Novizen, und die Kirche genügt nicht einmal mehr für die Chormönche allein. Weiter talabwärts an der Aube liegt eine weite Ebene. Dort sollten wir das Kloster neu bauen. Dort ist Raum genug für alle Bedürfnisse des Klosters: für Wiesen, Wirtschaftsgebäude,

Pflanzungen, Weingärten. Und wenn der Wald als natürliche Umzäunung auch fehlt, so können wir doch leicht eine Mauer aus Steinen bauen, denn Steine gibt es dort genug." Ach, das will mir gar nicht gefallen und ich gebe zu bedenken: „ Mit wie viel Schweiss und Kosten haben wir bereits steinerne Häuser erbaut, mit welch gewaltigen Anstrengungen haben wir durch alle Werkstätten Wasserleitungen gezogen. Wenn wir das alles wieder zusammenschlagen, werden die Weltleute schlimm von uns denken. Sie werden uns für wankelmütig und leichtsinnig halten. Sie werden meinen, übermässiger Reichtum verdrehe uns den Kopf. Und dabei sind wir doch arm." Da erwidert mir der Bruder Geoffroy:„Da nun aber Gott seine Herde Tat für Tag vermehrt, so muss man entweder die Leute, die er schickt, abweisen, oder man muss für Wohnung sorgen, um sie darin aufnehmen zu können. Kein Zweifel: Der da für die Bewohner sorgt, sorgt auch für ihre Wohnungen." So stimme ich endlich dem Plane zu.

In Saint Denis, Rede mit Aliénor

Ich schaue auf die Abtei von Saint-Denis. Ich schaue auf die neue prächtige Kathedrale. Hier herrscht Suger, der kleine, schmächtige Abt mit dem grossen Einfluss in Kirche und Welt. Hier herrscht seine Vorstellung von Klosterleben. Sie zeigt sich schon draussen vor den Toren des Klosters. Karren mit Mehlsäcken sehe ich zwischen Türmen von Weinfässern und Bergen von Gemüse. Die Strasse von Paris ist voller Menschen. Pilger, Mönche in ihren Kutten, königliche Polizei. Ich schaue auf die in die Höhe strebende Kathedrale mit ihren unerhört hohen, schlanken Bögen. Ich schaue auf den Prunk der Kirche. Und mir kommen die Worte meines alten Freundes Suger in den Sinn: „Das Heiligtum erstrahlt in seinem Glanz, und es erglänzt in seinem Glanz das Werk, das ein neues Licht überflutet." Ja, das tut es. Durch farbige Glasfenster dringen die Strahlen der Sonne in die Kathedrale und fallen auf die grossen Kronleuchter, die goldgeschmiedeten Kruzifixe, die zwanzig Altäre. Im Mittelpunkt erglänzt der Hauptaltar in unbeschreiblicher Pracht. Dort steht ein sechs Meter hohes goldenes Kruzifix auf einem Sockel von Goldbronze. Es funkelt von Perlen und Edelsteinen. Es ist der Geist Sugers, der hier funkelt. Er meint, wir müssten Gott Gold und Edelsteinen opfern. Er meint, dass der Glanz des Goldes den stumpfen Geist zum Wahren erhebt. Er beruft sich auf den Herrn, der Moses befohlen hat, sein Heiligtum mit Gold und Silber, mit Purpur und Pelzen zu errichten. Ja, er glaubt sogar, die Heiligen würden vom Himmel herab eingreifen, damit auch genügend Kostbarkeiten zur Verfügung stehen. Es mag sein, dass die stumpfen Geister der Menschen von Welt, den Glanz der Kirche benötigen, um den Geist zu Gott zu erheben. Es mag sein, dass die stumpfen Geister Bilder und Skulpturen benötigen, um wenigstens den Widerglanz Gottes zu sehen. Doch nicht die Mönche, diese engelgleichen Menschen. Das Höchste wohnt nicht in von Menschen gemachten Stätten. Dem Höchsten erbaut man den Tempel in seiner eigenen Seele. Es mag ja der Glanz den Blick zum Höchsten führen. Aber mit Sicherheit wird er auch die Sinne fesseln und die Begehrlichkeit wecken. Das ist der Schmutz, der durch die Fenster der Sinne in die Seele dringt. Die unsichtbare Gotteswelt finden wir nicht im Durchsuchen der sichtbaren Welt, sondern in uns selber. Die Mönche benötigen die Bilder nicht. Gott ist Wort geworden und nicht Bild. Darum soll man Gott mit Worten vermitteln. Für die Mönche sind Bilder Gefahr. Sie lenken den Blick nach aussen, dort wo Gott nicht ist. Der Blick soll nach innen gehen und dort Gott finden. Suger sieht das nicht. Das zeigt der Anblick der Abtei.

Ach, Suger, als kleines, reines Kind schon bist du von deinen Eltern ins Kloster gegeben worden, damit du dort ein Leben lang für ihre armen Seelen beten solltest, ein unauflösliches Gelübde haben sie über dich abgelegt, Abt des Königsklosters Saint-Denis bist du geworden, und bist doch so viele Jahre im Herzen und im Gebaren ein Adliger geblieben. Habe ich dich nicht einst mit 60 Pferden im Gefolge vorbeiziehen sehen? Als ich das sah, musste ich nicht an den Vater eines Klosters, an den Lenker der Seelen, sondern an den Herrn einer Burg, an den Fürsten eines Landes denken. Als ob du in den Krieg zögest oder durch die Wüste, schlepptest du deinen ganzen prunkvollen Hausrat mit. Und tatsächlich hast du ja mehrfach ungeachtet deines Standes königliche Truppen ins Feld geführt. Enger Getreuer und Vertrauter von König Louis VI. warst du. So wurdest du zum Krieger des Königs. Dabei hättest du ein Krieger Gottes sein sollen. Wie ein Heerführer hättest du im Kampf stehen sollen. Tapfer hättest du hindurchlaufen sollen zwischen den blutigen Schwertern und mitten durch die Schlachtreihen hierhin und dorthin. Mit deinem Ruf und Schwert hättest du die Gegner erschrecken sollen und die Deinen ermutigen. Das hätte aber der Kampf des Geistes gegen die Sinne sein sollen. Das hätte der Kampf der Reinheit der Seele gegen die Begierde des Fleisches werden sollen. Du hast den Unterschied zwischen Kloster und Welt nicht mehr gesehen. Und so füllte sich sogar der Kreuzgang des Klosters mit Soldaten. Geschäfte wurden dort abgeschlossen, und man konnte das Geschrei der Feilschenden und Streitenden bis nach draussen hören. Manchmal stand der Kreuzgang sogar Frauen offen. Doch endlich hast du mit Gottes Hilfe dein Leben und das des Klosters geändert. Nun ist man dort frei für Gott und auf Enthaltsamkeit bedacht. Nun lebt man dort in beständigem Schweigen fern von jedem Lärm weltlicher Geschäfte. In klösterlicher Zucht ist man mit heiligen Lesungen beschäftigt. Aber die Armut, die schliesslich für dich persönlich und deine Mönche gegolten hat, hat nie für das Königskloster gegolten. Stets wolltest du es durch Einkünfte reicher, durch Bauwerke grösser, durch Zierrat schöner machen. Du meintest, umso höher du deine Kirche bautest, umso höher würdest du auch selbst zu einer Behausung Gottes im Heiligen Geist erbaut. Darum strebt deine neue Kirche so in die Höhe.

Mein Blick fällt wieder auf die Kathedrale. Heute werden die Reliquien des heiligen Saint Dionysius gefeiert. Die riesige Kirche kann die Menschenmassen, die gekommen sind, nicht fassen. Mehrere hundert Mönche stehen vorne beim Altar und stimmen den Chorgesang an. Die Menge der Gläubigen antwortet im Wechselgesang. Gerade schicken sich die Bischöfe an, die Schreine mit den heiligen Leichnamen, den Reliquien des heiligen Dionysius und seiner Gefährten, zu holen. Da erhebt sich König Louis von seinem Platz, stürmt nach vorne und verlangt, den silbernen Reliquienschrein des heiligen Dionysius auf seinen eigenen Schultern zu tragen. Er ist der König, doch gleicht er mehr einem Mönch als einem König. Ich sehe keine seidene Tunika, keinen hermelinbesetzten Mantel. Dort steht Louis in einfachen Sandalen, bekleidet mit einem grauen Büssergewand. Er steht dort wie ein armer Pilger inmitten der prachtvoll gekleideten Bischöfe mit ihren goldbestickten Mitren. Er steht dort wie ein Eremit vor seinen in leuchtendem Rot und Gelb gekleideten Rittern.

Ach Louis, der Frieden Frankreichs liegt in deiner Hand. Zum ersten Mal habe ich dich damals auf dem Konzil in Reims gesehen. Da warst du noch ein Kind, da warst du keine zehn Jahre alt, und doch huldigten dir die Vasallen des Königs, denn du solltest einmal Nachfolger des Königs werden. Eben noch warst du ein eifriger Schüler in der Abtei von Saint-Denis gewesen. Deine Frömmigkeit hatte selbst die Mönche erstaunt. Du selbst wolltest eines Tages als Mönch zwischen Mönchen das Lob des Herren singen. Dein Leben war Gebet und Studium gewidmet. Mit Psalmensingen und Grammatik hattest du deine Tage verbracht. Das hast du auch nach dem Konzil weiter getan. Brav hast du in der königlichen Abtei studiert. Mit sechzehn hast du die Abtei wieder verlassen, um eine schöne Frau zu heiraten und zwei Reiche zu vereinigen. Mit Suger und einem prächtigen Gefolge sassest du tagelang im Sattel auf der Reise nach Bordeaux zum Schloss l'Ombrière. Dort wurdest du mit Aliénor von Aquitanien verheiratet. Sie war ein Jahr jünger als du und strahlend schön. Welch ein Gegensatz zur Klosterschule war das. Welch ein Gegensatz zum Norden Frankreichs war das. Am Hochzeitsfest bist du eingetaucht in die überschäumende Begeisterung der Menge, die so anders war, als die Menschen in der Ile de France und der Champagne. So offen und so leichtgeschürzt waren sie. So laut und so lebhaft gingen sie miteinander um, so unverständlich war dir ihre Sprache. Sie sprachen provenzalisch und das Hochzeitsfest war ein Fest südlicher Heiterkeit. Reichlich Wein wurde kredenzt, unablässig erklangen die Lieder der Troubadoure, Tamburine schlugen den Takt und dieser wurde aufgenommen von den klatschenden Händen der Gäste. Inmitten all dieser Begeisterung sassest du, ein etwas schmächtiger und linkischer, aber sympathischer Jüngling. Tagelang dauerte das Fest, während oben im Norden an der Seine dein Vater mit dem Tode rang. Lange vor eurer Abreise hatte er sich mit Suger beraten und die Zukunft seines Reiches geregelt. Deine Vermählung mit Aliénor war vor allem die Vermählung der Lilie, in der sich Frankreichs Norden erkennt, mit dem Ölzweig, in dem sich das südliche Aquitanien spiegelt. So seid ihr nach den Tagen des Feierns nach Norden aufgebrochen. In Poitiers wurde eure Verbindung in der Kathedrale von Saint-Pierre bestätigt. Dort habt ihr die Herzogskrone von Aquitanien entgegengenommen. Dort haben euch die Vasallen die Treue gelobt. Wieder gab es ein rauschendes Fest, das tagelang dauerte. Ihr sasst im Saal des Herzogspalastes inmitten des Trubels des Festes, inmitten des Stimmengewirrs, inmitten des Hin und Her der Pagen, die eifrig Speisen anrichteten und Wein einschenkten. Ein junges Paar wart ihr, voll Freude und Jugendfrische. Ihr erfreutet euch an den Darbietungen der Spielleute und lauschtet den Gesängen der Troubadoure. Wie hatten die wenigen Tage mit Aliénor dich schon verändert, ihr Hang zur Poesie, ihr Frohsinn, ihre Respektlosigkeit. Ich sehe es deutlich vor mir. Und mein Blick fällt auf Suger. Der getreue Suger sitzt neben euch am Nachbartisch. Da tritt ein Bote hinzu und redet leise mit ihm. Suger erbleicht und blickt euch beide an. Er blickt auf das strahlende Paar am Nebentisch. Er zögert kurz, dann erhebt er sich, schreitet auf dich zu und beugt das Knie vor dir, dem neuen König von Frankreich. Die Festlichkeiten wurden abgebrochen und ihr zogt unverzüglich nach Paris. Auf der ganzen Strecke strömten die Menschen herbei, um euch, dem König und der Königin, zuzujubeln. Doch mit Aliénor hast du nicht nur Frohsinn, Poesie und Lebenslust nach Paris gebracht. Mit ihr sind auch Koketterie, Aufruhr gegen die Ordnung und Wirrnis in den Palast auf der Ile-de-la-Cité und in ganz Frankreich eingezogen. Du hast dich vom schüchternen Jüngling zum selbstbewussten, entschlossenen Mann gewandelt. Entschlossen warst du, aber entschlossen zu nichts Gutem. Das erste Mal musste ich zwei Jahre später eingreifen. Du warst kaum achtzehn und lehntest dich schon gegen die Kirche auf. Mein Cousin Geoffroy wurde zum Bischof von Langres gewählt. So lange Jahre war er mir als Prior in Clairvaux unentbehrlich gewesen. Mit Wehmut liess ich ihn ziehen. Du aber hast ihm die Anerkennung verweigert. In diesem Fall hast du schliesslich doch noch Einsicht gezeigt und bist meinem Rat und den ehernen Regeln gefolgt. Doch bald warst du in offenem Aufruhr gegen alle kirchlichen Autoritäten. Auch mit deiner eigenen Mutter hattest du dich zerstritten und der gute, weise Suger erschien nicht mehr im königlichen Palast. Wer sollte da noch raten? Wie oft bist du nun einfach den Launen von Aliénor gefolgt. Du bist auf Kriegszüge nach Aquitanien ausgezogen, nur weil sie es wollte. Du hast Widerstand brutal niedergeschlagen. Und es wurde immer schlimmer. Schon brachte sie ihre jüngere Schwester Pétronille nach Paris. Die wusste nichts Besseres zu tun, als sich in den Seneschall Raoul zu verlieben. Raoul hätte ihr Vater sein können. Überdies war er mit der Nichte des mächtigen Grafen der Champagne verheiratet. Da hast du drei Bischöfe erfolgreich unter Druck gesetzt und die unauflösbare Ehe wurde für ungültig erklärt. Pétronille konnte Raoul heiraten. Die beiden Frauen triumphierten. Ein Paar hatte sich verbunden, aber zwei Reiche hatten sich entzweit. Schon bald reagierte die Kirche. Das jungverheiratete Paar und die allzu gefälligen Bischöfe wurden exkommuniziert. Doch das hat deinen Furor nur verstärkt. Wieder bist du in den Krieg gezogen. Du selber hast das Heer gegen die Stadt Vitry-en-Perthois geführt. Du selbst hast die Soldaten in die engen Gässchen bis ins Herz der Stadt eindringen lassen. Du hast ihnen nicht Einhalt geboten, als sie zu beissenden Bestien wurden. Dort erscheint das Bild vor meinen Augen. Du stehst als junger Feldherr auf den Hügeln von La Fourche und beobachtest das Vordringen deiner Truppen. Die Nacht bricht herein und Feuer brandet auf. Deine Soldaten haben Feuer an die Stadt gelegt. Der Lärm des Feuers und das Schreien der Menschen dringen zu dir herauf. Da züngelt es schon rot aus dem Turm der Kirche. Das Gebälk bricht zusammen und begräbt alle Bürger der Stadt unter sich in Flammen. Sie alle hatten Schutz gesucht unter dem geweihten Dach der Kirche. Mit dem

Gebälk brechen endlich auch dein Stolz und dein Furor zusammen. Dort stehst du auf dem Hügel und schaust auf das, was du angerichtet hast. Du stehst erstarrt und totenbleich. Deine Zähne schlagen aufeinander. Deine Leute müssen dich fortführen und dich in dein Zelt legen. Tagelang liegst du im Zelt, verweigerst jede Nahrung und sprichst mit niemandem. Dort erreicht dich mein Brief: „Angesichts der Gewalttaten, die ihr unaufhörlich begeht, fange ich an zu bereuen, dass ich euer Unrecht bisher immer der Unerfahrenheit eurer Jugend zuschrieb. Von jetzt an bin ich entschlossen, nach meinen schwachen Kräften, die ganze Wahrheit zu sagen. Ich werde es also laut verkünden: Mord habt ihr auf Mord gehäuft, Brände angelegt, Kirchen zerstört. Ihr treibt die Armen aus ihren Behausungen und lasst euch mit Entführern und Räubern ein. Ich sage euch, ihr werdet nicht lange ungestraft bleiben. Ich muss hart mit euch sprechen, weil ich für euch ein noch härteres Strafgericht fürchte." Das war der Beginn deiner zweiten Wandlung zurück in die Arme der Kirche.

Weiter fällt mein Blick in einen Nebenraum der Abtei. Dort sitzt mir Aliénor von Aquitanien, die Gemahlin von König Louis, gegenüber. Ihre Familie ist mir nicht unbekannt. Vor Jahren musste ich ihrem Vater Graf Wilhelm, in der Kirche von Angoulême mit Macht entgegentreten und Einhalt gebieten. Nun sitzt mir seine Tochter gegenüber in ihrer ganzen jugendlichen, sehr irdischen, sehr fleischlichen Schönheit. Vor zwei Jahren ist sie zwanzig geworden. Die Troubadoure preisen ihre Schönheit landauf und landab. Sie schwärmen von ihrem Haar, das schöner ist als Gold, von ihren lachenden graublauen Augen, dem lieblichen roten Mund, der schlanken Gestalt und der weissen, makellosen Haut. Ich sehe nur eine Seele in Sorge. Aliénor hat mich um ein Gespräch gebeten. Der Kummer steht ihr ins Gesicht geschrieben. Angespannt umklammern ihre Hände die Lehne ihres Stuhls. Sie beginnt zu sprechen. In gesetzter Rede spricht sie von dem, was sie so lange nun schon quält. Seit fast sieben Jahren ist sie mit dem König verheiratet. Doch ist noch kein einziges Kind dieser Verbindung entsprungen. Alle Hoffnung hat sie verloren, jemals ein Kind zu bekommen. Alle Hoffnung hat sie verloren, jemals die Anforderung des

Königs, ja, des ganzen Reiches, nach einem Kind erfüllen zu können. Nun hofft sie auf die Gnade Gottes. Nun hofft sie auf meinen Rat. Nun hofft sie auf ein Wunder. Schliesslich schreibt ja auch die Königin von England die Geburt ihres Sohnes nur meiner Hilfe zu. Mein Rat ist kurz: „Sucht doch dem Königreich Frieden zu geben, und Gott in seiner Barmherzigkeit wird Euch gewähren, worum ihr ihn bittet."

Friede in Frankreich

Ein neues Bild tritt in den Lichtkegel meiner Aufmerksamkeit. Ich sehe mich selber zwischen Louis, dem König von Frankreich, und Theobald, dem Grafen der Champagne, sitzen. In allen Gesichtern steht tiefer Ernst und ebenso tiefe Erleichterung. Endlich sind die Friedensverhandlungen gelungen. Endlich herrscht Friede in Frankreich.

Ein neuer Papst

Wieder sehe ich mich in Clairvaux. Ich knie vor dem Altar und weine. Ich weine vor Gott um meinen Sohn Bernhard Paganelli. Tränen rinnen mir unentwegt aus den Augen, doch mein Gesicht erglänzt in tiefer Zärtlichkeit. Ich beweine meinen Sohn Bernhard. Eben war er noch Abt der Zisterze San Vincenzo bei Rom. Nun ist er Papst Eugen III. Er war auf dem rechten Weg gewesen. Er war vor den Sorgen der Welt geflohen und hatte sich selbst begraben im Kloster San Vincenzo. Er war auf dem Weg zum Heil. Wer hat ihn aus dem Kloster gerissen? Wer hat ihn in den Papstpalast geschleppt? Wer hat ihm das angetan? Nun liegt eine Last auf ihm, die sogar den Engeln Furcht einflössen könnte. Wird er von dieser Last erdrückt werden? Oh Herr, lass ihn die Last sicher tragen. Von nun an ist mein Antlitz auf den Papst in Rom gerichtet und ich weiss, dass das Antlitz des Papstes auf Clairvaux gerichtet ist.

Die Tagestreppe hinauf

Es ist früher Nachmittag. Ich steige schweigend die Tagestreppe, die neben dem Kapitelsaal liegt, hinauf zum Dormitorium. Die Kapuze habe ich über den Kopf gezogen. Ich durchquere das Dormitorium. An seinem äussersten Ende liegt die Latrine direkt über dem Kanal. Eine Tür führt hinein und eine führt hinaus. Auf dem inneren Fenster zwischen den beiden Türen brennt nachts eine kleine Lampe. Ach, nur zu gut kenne ich diesen Weg. Nur unter grossen Schmerzen nehme ich Nahrung auf und gebe sie wieder ab.

Vor der Predigt zum Kreuzzug

Ich stehe draussen im Garten von Clairvaux und blicke zum nächtlichen Himmel hinauf. Dort oben zieht ein Komet seine Bahn. Er zieht schon seit Wochen über den Himmel, heller fast als der Mond. Wovon kündet er? Was wird er uns bringen? König Louis hat zu Weihnachten die Grossen seines Landes in Bourges versammelt. Er möchte ins Heilige Land in den Krieg ziehen. Aus Liebe soll das geschehen. Aus Liebe zu den Mitchristen, die dort den Ungläubigen gegenüber stehen. Es soll auch aus Dankbarkeit geschehen. Aus Dankbarkeit für das Werk des Erlösers. Auch Papst Eugen denkt an einen Kreuzzug ins Heilige Land. Mögen die Ritter ins Heilige Land ziehen. Die Mönche ziehen ins eigene Innere. Dort liegt das himmlische Jerusalem. Und das wahre irdische Jerusalem liegt hier in Clairvaux. Wir brauchen keine Klöster im Heiligen Land. Auch Kreuzzüge sind nicht unsere Sache.

Im Kapitelsaal

Mein Blick fällt auf den Kapitelsaal neben der Sakristei von Clairvaux. Es ist früh am Morgen. Die Sonne schickt ihre Strahlen durch drei grosse Fenster. Gerade hat der Sakristan die Glocke geläutet, um die Chormönche zusammenzurufen. Einer nach dem anderen treten sie durch das weite, türlose Bogenportal vom Kreuzgang in den Saal. Sie treten ein in schweigender Prozession in der Reihenfolge ihres Eintritts in das Kloster, und begeben sich auf ihre Plätze. Sie verbeugen sich nach Osten vor Christus. Dann verbeugen sie sich zur Mitte vor der Gemeinschaft. Es ist die erste ausdrückliche Begrüssung der Mitbrüder an diesem Tag. Alle setzen sich. Ich habe meinen Platz in der Mitte der Ostwand. Rechts von mir sitzt der Prior und links von mir der Subprior. Die Wände entlang sitzen alle anderen. Der Vorleser steht auf, tritt an das Lesepult in der Mitte des Raumes und verbeugt sich, um den Segen zu empfangen. Es ist der 21. März, der Tag des heiligen Saint Benoit. Der Vorleser liest dessen Geschichte aus dem Martyrologium vor. Dann beten wir zusammen mit erhobenen Stimmen „Kostbar ist in den Augen des Herrn der Tod seiner Heiligen". Nun liest der Vorleser das erste Kapitel aus der Regel von Saint Benoit. Wir lesen jeden Tag einen Abschnitt. Immer am 21. März fangen wir wieder mit dem ersten Kapitel an. Danach erhebe ich mich und gebe einige Erläuterungen zur Regel. Die Zeit vergeht mir schnell und schon habe ich, wie so oft, meine Zeit überschritten und wir sind schon in der Zeit, die eigentlich für die Handarbeit vorgesehen ist. Wie immer gedenken wir der Verstorbenen unserer Gemeinschaft und ich lese den Psalm: Meine Seele wartet auf den Herrn mehr als die Wächter auf den Morgen.

Das Bild wogt davon und ein anderes taucht auch. Es ist wieder Versammlung im Kapitelsaal. Alle sind anwesend. Jean schreibt gerade Namen auf die tabula, das grosse Holzbrett mit der vertieften Fläche, die mit Wachs ausgefüllt und geglättet ist. Pierre, Geoffroy und Michel sind für die Arbeit in der Küche eingeteilt. Das Amt des Kochs wechselt reihum wöchentlich und endet immer samstags.

Vor meinem Blick taucht die Kirche auf. Gerade ist das sonntägliche Morgenoffizium beendet. Pierre, Geoffroy und Michel werfen sich vor der Gemeinschaft nieder und bitten diese um ihr Gebet. „Oh Gott, komm uns zu Hilfe, eile uns zu helfen." Dreimal wiederholen sie den Satz, dann erhalten sie den Segen und treten ihren Dienst als Kochdiener an.

Einverständnis zum Kreuzzug

Dort steht der Bote des Papstes. Er wartet auf Antwort. Der Papst hat mir geschrieben. Er hat mich gebeten, in allen Landen für den Kreuzzug zu predigen. Ich übergebe ihm einen Brief. Resignation ist mir ins Gesicht geschrieben. Ich bin jetzt mehr als 55 Jahre alt. Ich bin kränklich und schwach. Ich habe den Papst schon zu Beginn des Winters wissen lassen, dass meine Kräfte kaum ausreichen, das zu tragen, was mir aufgebürdet ist. Ich habe ihn wissen lassen, dass ich endlich im Kloster bleiben möchte. Doch es hat nichts genützt. Mehrfach hat mich König Louis aufgefordert, den Kreuzzug zu predigen. Mehrfach hat mich Papst Eugen aufgefordert, das zu tun. Ich kann nicht länger Widerstand leisten. Nun habe ich den Widerstand aufgegeben. Im Brief steht: „Ihr habt befohlen. Ich gehorche."

Predigen für den Kreuzzug

Nun zieht eine Vielzahl von Bildern vor meinem Auge vorbei. Bilder von Ypern, von Brügge, von Lüttich, von Affligheim, von Worms, von Mainz, Frankfurt, Freiburg, Basel, Konstanz, Speyer, Köln, Aachen. Ein Bild schiebt sich vor das andere, und ein Bild gleicht dem anderen: Ich sehe mich vor tausenden von Menschen auf der Kanzel stehen und den Kreuzzug predigen.

Tod des Malachie in Clairvaux

Ich stehe am Bett des Malachie. Er ist vor zwei Wochen aus dem fernsten Irland zu uns gekommen. Welch froher Festtag war bei seiner Ankunft bei uns angebrochen. Das war der Tag, den der Herr geschenkt. Da frohlockten wir in festlicher Freude. Wie flink und munter war ich ihm entgegengeeilt, trotz der Schwäche meiner zitternden Glieder. Mit welcher Freude hatte ich ihn geküsst. Welch festliche Tage habe ich dann mit ihm verlebt. Nun kämpft er mit dem Tod. Kaum kann er seine Glieder rühren. Doch er erhebt sich von seinem Lager, erhebt seine heiligen Hände über mein Haupt und segnet mich.

Das Wasser in Clairvaux

Dort sehe ich die Wasser des roten Baches wie sie uns im Kloster zu Hilfe kommen. Zuerst eilen sie zur Mühle und stürzen sich über ihr gewaltiges Wasserrad. Sie füllen die hölzernen Schalen bis diese überfliessen und langsam sich nach unten senken. Schon beginnt sich das Mühlrad zu drehen. Bald dreht sich auch der schwere Mühlstein im Innern der Mühle und unter seinem Gewicht zerbrechen die Weizenkörner, werden fein und feiner gemahlen und hinausgetragen auf die Siebe, die sich mit des Wassers Hilfe fleissig rütteln. Das feine Mehl lassen sie hindurch und die Kleie behalten sie auf sich. Doch das Wasser eilt weiter. Schon ist es in der Brauerei und ergiesst sich in die Kessel, in denen das Bier für die Mönche gebraut werden soll. So hat es gut für Speis und Trank der Mönche gesorgt. Nun sorgt es für ihre Kleidung. Es eilt zu den Walkmühlen, es hebt und senkt die schweren Stampfbalken, die die Stoffe im Becken stampfen und erspart so den Brüdern schwere Mühsal. Kaum ist die Arbeit beendet, strebt es schäumend weiter und hilft in der Gerberei beim Gerben des Leders. Noch immer hat es nicht genug für uns getan. Es teilt sich auf, fliesst durch viele schmale Kanäle und Rinnen für viele kleine Dienstbarkeiten. Schliesslich spült es beim Verlassen des Klosters auch noch unseren Abfall mit sich fort und lässt alles reinlich zurück.

Pierre Le Trognon

Tod Sugers

Ich sitze und diktiere. Tränen stehen mir in den Augen. Das Ende Sugers naht. Wie gern würde ich sofort nach Saint-Denis aufbrechen und seinen Segen empfangen. Ach Suger, seit ich ihn das erste Mal gesehen habe, habe ich ihn geliebt und ich werde ihn ohne Ende lieben. Auch wenn ich fürchte, ihn auf dieser Welt nie mehr zu sehen, eines weiss ich mit aller Gewissheit meines Herzens: Ihn, den so sehr geliebten kann ich nicht verlieren in alle Ewigkeit. Er geht mir nicht verloren, sondern nur voraus. Ich übergebe dem Boten meinen Brief an Suger. Ein Tüchlein und von mir gesegnetes Brot gebe ich dem Brief mit.

Es ist mir ganz seltsam zumute. Das Bild zeigt mein Leben. Das ist meine Erinnerung. Doch das Eigentümliche dieses Bildes ist, dass ich keinerlei Schmerz empfinde. Das ist eine Erinnerung, es ist aber eine Erinnerung ohne Gefühle. Ich stehe so vor diesem Bild, wie ich vor einem Gemälde stehen würde, das an einer Wand hängt. Dort stehen alle diese Menschen, dort stehe ich im Augenblick grösster Trauer. Wir sind alle von Trauer erfüllt. Ich sehe ihnen an, dass sie traurig sind. Ich sehe mir an, dass ich traurig bin. Ich kann diese Traurigkeit nachfühlen, wie ich die Traurigkeit eines Menschen auf einem Bild nachfühlen kann. Aber ich empfinde nicht unmittelbar den Schmerz, den ich damals gehabt habe. Ich stehe all dem wie ein sehr einfühlsamer, aber im Grunde unbeteiligter Dritter gegenüber.

Alle meine Erinnerungen stehen da in grossen, gewaltigen Bildern vor mir. Jede kleine, selbst kleinste Begebenheit zieht in Bildern an mir vorüber. Ich erlebe es, wie man Bilder erlebt. Während des Lebens auf der Erde war jedes Ereignis mit Lust und Schmerz, mit Freude und Leid verbunden. Nun aber sehe ich mein ganzes verflossenes Dasein wie die Bilder an, die einem Fremden gehören. Ich schaue ein trauriges Ereignis an und habe Mitgefühl und finde es traurig. Ich schaue ein freudiges Ereignis an und freue mich mit. In diesem Anschauen bin ich nicht ohne Gefühl, aber es ist nur Mitgefühl, wie man es für einen Mitmenschen hat. Es ist ohne die

Empfindungen, ohne die Gefühle, die ich selber damals auf der Erde hatte. Ja, es sind nicht meine Gefühle von damals. Es ist mein Mitgefühl beim Anschauen der Bilder. Und dieses Mitgefühl ist immer durchzogen von einem herrlichen Glücksgefühl. Da schaue ich Bilder tiefsten Schmerzes an, habe auch Mitgefühl für den Schmerz und als Unterton, als Grundton im Ganzen ein herrliches Glücksgefühl.

Ein letzter Blick auf die Abtei

Mein Blick fällt auf die Abtei. Dort leben nun einige hundert Mönche. Im Zentrum liegt der quadratische Kreuzgang und in dessen Mitte der Klostergarten mit dem Brunnen. Westlich des Kreuzganges liegt die Kirche, gross, aber schlicht. Keinerlei Verzierung, keine Statuen lenken von der Versenkung ab. Keine Farben ziehen den Geist nach aussen. Alles führt nach innen. Alles führt zu innerem Frieden und wohltuender Ruhe. Die Kirche ist der Ort des Gebetes. Genau wie das Tal, in dem die Abtei liegt, fördert sie das ruhige, gleichmässige Atmen, den Weg zu innerer Stille. Die Strahlen der Sonne, die durch die farblosen Fenster eintreten und langsam im Rhythmus des Tages über die Mauern streichen, die klaren Linien der Steine und aller Formen, helfen den Mönchen auf dem Weg zu innerer Harmonie. Es gibt keine Krypten hier. Krypten gehören zu Kirchen, zu denen Pilger kommen, um in diesen unterirdischen Kapellen die Reliquien von Heiligen zu verehren. Das hat im Leben unseres kontemplativen Ordens keinen Platz. Der Altarraum liegt nach Osten. Jeden Morgen geht die Sonne neu im Osten auf. Und von Osten wird auch Christus wiederkommen. Die Sonne ist das Bild von Gottes Grösse.

Das Querschiff und die vordere Hälfte des Längsschiffes sind allein den Chormönchen vorbehalten. Eine Barriere, der Lettner, trennt sie von den Laienbrüdern. Ganz hinten ist ein kleiner Bereich für Gäste. Wir lassen keine Scharen von Pilgern zu und sind auch keine Pfarrkirche. Darum gibt es auch keine grossen Tore zu unseren Kirchen. Mein Blick fällt auf die zwei einzigen Bilder in unserer Kirche. Das Bild des gekreuzigten Christus auf dem Holzkreuz und das Bild der Maria. Alle unsere Klöster sind Maria geweiht.

Direkt an das Querschiff der Kirche grenzt die Sakristei. Dort werden alle Geräte, Gewänder und Bücher für den Gottesdienst aufbewahrt. Ihr Licht empfängt sie von einem Fenster nach Osten. Die Chormönche betreten die Sakristei durch eine Tür vom Kreuzgang her. Sie ziehen sich um und ziehen dann durch eine zweite Tür direkt in das Querschiff der Kirche. So versetzen sie sich in die rechte innere Verfassung, um die Liturgie zu feiern.

2—ZURÜCKLEBEN

23. August 1153

Das Gewebe dieser Bilder, dieses geistig äusserlich Stoffliche, das anfangs wie eine Leinwand war, auf der die ganze Bilderwelt vor mir erschienen ist, wird immer dünner und dünner und geht von mir fort. Gleichzeitig verändert sich das Wesen dieser Bilderwelt. Sie ist nun nicht mehr nur wie eine geschaute Welt, sondern wie eine, die ich jetzt ganz und gar mit meinem eigenen Wesen verbunden habe, die ganz und gar mein Innerstes nun bildet. Es ist mir dieses Anschauen, wie mein Atmen auf der Erde war. Die Luft war draussen in der ganzen Welt. Sie war aber auch tief in mir drinnen. Die Luft gab mir erst das Leben im Atmen. Und so fühle ich mich jetzt gegenüber diesen Bildern. Sie sind draussen und gehen in den Kosmos. Und gleichzeitig atme ich sie ein und kann darum leben in dieser neuen Welt. Ich atme sie ein und darum lebe ich. Ich atme sie aus und gebe sie dem Kosmos. Jeder Gedanke, jede Vorstellung und jedes Gefühl in meinem Leben, und war es auch noch so verborgen, wird nun in den gesamten Kosmos hineingewebt. Ich habe nicht umsonst gelebt. Die Früchte meines Lebens, alles, was ich an Gedanken erarbeitet habe, alles, was ich an Gefühlen erlebt habe, das alles wird dem Kosmos einverleibt.

Was mir jetzt vom Kosmos genommen wird, es wurde mir einst auf der Erde gegeben. Ich kann es nicht sehen, doch nun spüre ich es genau: In meinem Leben auf der Erde hat der Herr mir Gedanken gegeben, er hat mir Gefühle gegeben. Diese nimmt er nun mit seinen himmlischen

Heerscharen mit und sie weben sie dem ganzen Universum ein. Meine Gedanken, meine Erlebnisse, sie werden nun feine Fäden im grossen Gewebe des Himmels. Wenn ich nur einen Schritt durch die Welt gemacht hatte, so war dieser Schritt Ausdruck eines himmlischen Geschehens gewesen, ein Stück von dem Gewebe, das die himmlischen Heerscharen in ihrem Weltenplan verwendeten. Das sie mir nur gelassen hatten, bis ich durch die Pforte des Todes gegangen war, um es dann wegzuziehen und dem Universum einzuverleiben.

Die Bilder lösen sich langsam auf. Es ist wie Nebel, der sich in der Sonne auflöst. Sie werden grösser und grösser, aber auch dünner und dünner vor meinen Augen und weben sich der Welt ein. Ich schaue das Verschwinden dieser Bilder an. Ich schaue an, wie meine Welt in die Welt des Kosmos hineingetragen wird.

So ziehen die Bilder fort von mir. Aber das, was ich an in diesen Tagen an meinen Bildern erlebt habe, das bleibt bei mir. Das nehme ich mit mir, mit in die Tiefe der Zeiten. Die Erde ist fortgezogen von mir. Aber alles, was ich mir in meinen Erlebnissen auf der Erde erworben habe, bleibt bei mir. Es gehört mir für immer und durch alle Zeiten.

Und wie ich so den Überbleibseln meiner Erinnerung nachschaue, wie sie verglimmen, wie sie sich verweben mit den Weiten des Kosmos, sehe ich, wie etwas aus ihnen entsteht. Ich weiss allerdings nicht, ob es aus ihnen entsteht. Ist es nicht eher so, als hätten sich hinter all den Bildern meines Lebens Wesen versteckt? Eben noch habe ich Bilder gesehen. Jetzt sehe ich Bilder, die mehr sind als Bilder. Es sind Wesen. Ja, es sind eindeutig Wesen. Bilder können sich hin und her bewegen, sie können etwas abbilden. Aber diese Bilder hier haben ganz eindeutig einen eigenen Willen. Sie bewegen sich zielgerichtet. Sie bilden nichts ab. Sie stehen für sich selber. Indem dieses grosse Erinnerungstableau verschwindet und sich der Welt verwebt, fängt es an zu leben, wirklich zu leben. Es verwandelt sich in lauter Wesen. Im Verschwinden zeigt nun das grosse Tableau sein wahres Antlitz, und sein Verschwinden besteht darin, dass es etwas ganz anderes wird. Ich schaue die Wesen näher an, und sie kommen mir seltsam vertraut vor. Dort ist ein

Wesen. Es ist, ich kann es nicht anders sagen „der Kuss seines Mundes". Es bewegt sich permanent, es verändert sich und es spricht wortlos zu mir: „Beglückend und wunderbar ist der Kuss, der nicht von Mund auf Mund gedrückt wird, sondern in dem Gott sich mit dem Menschen vereint." Ja, das Wesen kommt mir bekannt vor. Langsam wird mir klar, was das Wesen ist. Es ist mein eigener Gedanke. Ich habe ihn selber gedacht und habe ihn ausgesprochen, damals in der Predigt vor den Mönchen. Nun steht er lebendig vor mir. Ein lebendiges Wesen steht vor mir. Ich habe es selber geboren, damals als ich nachdachte, damals als ich sprach vor den Mönchen. Ich habe viel nachgedacht während meines Lebens auf der Erde. Da ist mir dieser Gedanke erschienen. Aber das Nachdenken war ein Wahn. Ich war in dem Wahn, dass ich mir einen Gedanken bildete. In Wirklichkeit habe ich ein lebendiges Wesen geschaffen. Das habe ich damals nicht bemerkt, aber nun bemerke ich es. Das ist das Neue, was ich durch mein ganzes Leben hindurch dem ganzen Kosmos hinzugefügt habe. Jetzt ist etwas da, was in den Geist hinein von mir geboren worden ist. Jetzt taucht vor mir auf, was mein Gedanke in Wirklichkeit war. Ein lebendiges Wesen taucht vor mir auf.

Ich schaue weiter. Ein anderes Bild schaue ich genauer an. Dabei ist Anschauen das falsche Wort für das, was wirklich passiert. Aber ich habe kein anderes. Denn wieder ist es kein Bild. Wieder ist es ein Wesen. Wieder hat es einen eigenen Willen, wieder bewegt es sich aus eigenem Antrieb. Es kommt aus eigenem Antrieb näher zu mir heran. Ich sehe, wie ich als kleiner Junge einem armen Tagelöhner ein Almosen zustecke. Es ist nur eine unbedeutende Szene aus meinem Leben. Es ist nur eine Erinnerung. Aber kaum habe ich das gedacht, merke ich, dass auch diese Erinnerung an eine unbedeutende Szene zu einem Wesen geworden ist. Es ist ein Wesen, das herumgeht und handelt in der Welt, in der ich jetzt bin. Dieser Gedanke, den ich als Gedächtnisgedanken im Leben hatte, ich habe ihn für eine Erinnerung gehalten. Oh, dieser Gedächtnisschatz aus meinem irdischen Leben, er ist etwas ganz anderes als ein blosser Gedächtnisschatz. Er ist lebendige Gegenwart. Er ist da. Auch dieser Gedanke lebt und bewegt sich als ein wirkliches Wesen.

Diese Wesen haben sich nicht jetzt neu gebildet. Sie waren auf Erden schon vorhanden. Ich habe sie auf Erden nur nie gesehen oder bemerkt. Jetzt sehe ich es ganz deutlich: Ich bin im Leben auf der Erde gewandelt, nicht nur zwischen Menschen und Tieren und Pflanzen. Ich bin fortwährend auch zwischen diesen Wesen herumgegangen. Einige standen mir ferner, hatten intensivere Beziehungen zu anderen Menschen. Einige standen mir näher, andere standen mir besonders nahe und mit wenigen hatte ich die allerintimsten Beziehungen. Sie waren da. Sie waren mir nur nicht bewusst.

Die Bilder meines Lebens werden dünner und dünner und verweben sich mit dem Kosmos als unendlich dünne Fäden. Und in genau dem Masse, in dem diese Bilder dünner und dünner werden, tauchen hinter ihnen, tauchen aus ihnen heraus immer mehr Wesen auf. Es ist mir, als ob mein Bewusstsein beginne, immer heller und klarer zu werden. Eben noch hatte es sich ganz auf das Betrachten und Erleben der Bilder gerichtet. Jetzt richtet es sich auf all diese Wesen. Ich werde immer wacher und wacher. Immer klarer und klarer wird alles um mich herum. Immer mehr Wesen erscheinen. Ich bin wacher und bewusster als ich es jemals im Leben auf der Erde war. Und diese Wachheit nimmt zu. Die Geistesklarheit nimmt zu. Die Geisteshelle nimmt zu. Mehr und mehr Wesen tauchen auf. Es ist mir, als ob sich Farbe zu Farbe gesellt, immer mehr Farben dazu kommen und zum Schluss nur noch die gleissende Helle da ist, die sich dem Blick in die Sonne zeigt. Und genau wie der Mensch den Blick in die gleissende Sonne nicht ertragen kann und gar nichts mehr sieht vor Helligkeit, kann ich nun die Überfülle der Geisteshelle nicht ertragen. Ich versinke. Aber ich versinke nicht im Dunkel des Schlafes wie auf der Erde. Ich versinke im Licht des allzu klaren, des allzu reichen Bewusstseins.

25. August 1153

Ich muss in all dieser Bewusstseinshelle einen Punkt finden, an dem ich mich orientieren kann. Vor fünf Tagen habe ich begonnen, mich auf das

Gewebe meines Lebens zu konzentrieren. Das hat sich nun verwebt mit dem gesamten Kosmos. Es hilft mir nun nicht mehr, Orientierung zu finden. Es ist nun überall im Kosmos. Es kann mir keine Richtung mehr geben. Nun gibt es nur noch eine sichere Orientierung. Das bin ich selber. Das bin ich. Das ist mein Wesen, das sich in diesem Erdenleben zeigte. Ich muss jetzt das zusammenfassen, was in mir ist. In wenigen Worten muss ich das zusammenfassen, dass es mir diene als Lampe der Dunkelheit in all dem Licht. Und ich finde die wenigen Worte, die beschreiben, was ich bin, was mich auf der Erde ganz erfüllt hat und nun weiter erfüllen soll:

In Weltenweiten will ich tragen, mein fühlend Herz, dass warm es werde und wärme sich am Feuer göttlichen Geistes. In Weltgedanken will ich weben das eigne Denken, dass klar es werde im Lichte des ewigen Lebens. In Seelengründe will ich tauchen mit allen Sinnen zu finden der Menschheit Sinn.

Ja, das ist es, was in mir waltet und webt. Ja, das ist es, was mein Selbst ausmacht. Ja, das ist es, was durch die Pforte des Todes weitergeschritten ist. Das ist es, was ich gelebt habe. Das war in mir, als ich in der Hülle meines Leibes auf Erden lebte. Das blieb in mir, als der Leib mich verliess. Das Fleisch ist von mir abgefallen, und das ist geblieben. Das ist der unablässige Sieg des Geistes über das Fleisch. Nun will ich das, was ich sein kann, auch wirklich in der Seele nach dem Tode erleben. Und kaum habe ich die Worte gedacht, so werden sie mir schon zur Orientierungskraft, da dämpfen sie mir schon an einer Stelle herab das überhelle Licht des Bewusstseins, da komme ich schon in eigenes Bewusstsein.

Langsam komme ich zu mir. Langsam erwache ich wieder. Nein, ich erwache nicht. Ich werde geboren. Es kommt mir vor, als habe ich die letzten Tage als Leibesfrucht im Leib einer grossen Mutter gelebt. Als sei ich ein Samenkorn gewesen. Ein Keim, der gewachsen ist in der Krume der Erde und nun durchbricht zu Luft und Licht. Ich bin durch die Pforte des Todes gegangen. Meinen Leib und meine Sinne habe ich vor der Pforte des Todes zurückgelassen. Drei Tage habe ich unmittelbar hinter der Pforte des Todes verweilt und habe zurückgeschaut auf mein

Leben. Dann bin ich abgefallen von meinem Leben wie die Frucht vom Apfelbaum und alles, was mir mein Wachsen und Gedeihen und Reifen gegeben hat, ist auch von mir abgefallen und hat sich einverwoben dem Gewebe des Lebens. Wie der Apfel auf den Erdboden, bin ich gefallen und die Erde hat alles aufgenommen, und von all dem Leben habe ich nur den Samen für mich behalten. Im Schoss der Erde war ich als Same. Im Schoss der grossen Mutter war ich als Leibesfrucht, bewusstlos sich entwickelnd. Was von mir blieb, das war nur ich mit meinem Willen und meinem Fühlen und meinem Denken. Und nun tue ich die ersten Atemzüge in der neuen Welt. Nun erwache ich in der neuen Welt. Mein Wille ist durch die Pforte des Todes gegangen. Nun wird er geboren in der neuen Welt. Mein Wille war während des Lebens auf der Erde eingeengt durch die Grenzen des physischen Leibes. Nun fliesst er aus mir in das Universum hinaus. Meine Seele fühlt es. Ich empfinde es ganz deutlich: Mein Wille wird aufgenommen von höheren Wesen als ich es bin. Ich spüre es dankbar und deutlich, wie dieser, mein Wille, wirklich aufgenommen wird durch die Tätigkeit der höheren Wesen. Das ist das Holen des ersten Atemzuges in der geistigen Welt und das allmähliche Hineinwachsen in die geistige Umgebung.

Unten auf der Erde habe ich oft nachgedacht. Aber mein Denken war anders, als es jetzt ist. Verglichen mit heute, hatte ich damals bloss Gedanken, die äussere Wesenheiten abgebildet haben. Schattenhaft waren sie und abstrakt. Mit dem Durchgang durch die Pforte des Todes hat mein Denken eine innere Regsamkeit und ein Eigenleben entwickelt. Es strömt als eigenes Erleben in die übrige geistige Welt hinaus. Es ist, als hätte ich Fühlhörner des Denkens, die ich hinausstrecke in die geistige Welt. Mit ihnen tauche ich in diese Welt hinein und nehme das fühlende Wollen wahr, das wollende Fühlen der anderen Wesen, die um mich sind. Auf der Erde ist das Denken in mir verlaufen. Nun fühlt es sich an, als wäre es mir entrissen. Es identifiziert sich mit der umgebenden geistigen Welt, strömt in sie hinein und erlangt gegenüber mir selbst eine Selbstständigkeit. Früher habe ich etwas gesehen, gehört, gefühlt, geschmeckt und es dann mit meinem Denken erfasst. Heute ist mein Denken selber ein Wahrnehmungsorgan geworden.

26. August 1153

Bis heute bin ich allein gewesen in dieser neuen Welt. Zuerst ganz allein, dann allein mit meinen Erinnerungen. Ja, sie hatten gelebt, diese Erinnerungen, aber es waren die meinen gewesen und ich war mit ihnen allein gewesen. Jetzt habe ich das erste Mal das Gefühl, nicht allein zu sein. In der Welt unten hatte ich die Dinge, die Pflanzen, die Tiere um mich herum wahrgenommen. Sie waren da, sie waren ausserhalb meines Körpers und ich hatte sie wahrgenommen. Nun erlebe ich eine ganz andere Erfahrung. Ich habe ein inneres Gefühl und gleichzeitig ist mir, als bedeute dieses innere Erleben: Ich werde von einem Wesen ausserhalb meiner selbst wahrgenommen. Ich werde beobachtet.

Und es geht noch weiter. Auf der Welt unten war ich sicher gewesen: Das, was mich ausmacht, ist in mir. Da sind meine Gedanken, meine Gefühle, meine Empfindungen, meine Erinnerungen, meine Ängste und meine Freuden. Das bin ich, und um mich herum ist mein Leib. Nun bin ich nicht mehr sicher. Es treten in mir, in meinem Innersten, Vorstellungen auf, Empfindungen. Sie sind in meinem Innersten. Sie sind in meiner Seele, und doch sind sie nicht von mir. Und es beginnt in mir ein Ahnen: Das bin nicht ich, das gehört nicht zu meinem Innersten. Es gehört zu einem Wesen, das ausserhalb meiner selbst ist.

Mehr und mehr Wesen sehe ich vor mir stehen. Ich kenne sie alle. Sie alle zeigen sich in ihrem Wesen. Sie sprechen sich selber aus: „Bedenke, dass die Liebe viele Sünden zudeckt“, „ganz innig muss ich den lieben, durch den ich bin, lebe, und Einsicht habe“, „Christus ist ein Quell, der sich in vier Bäche verzweigt und über die Erde ergossen hat. Er ist uns von Gott zur Weisheit, zur Gerechtigkeit, zur Heilung und zur Erlösung geworden“, „ein Besessener zuckt vor meinen Augen unter dem Wüten des Dämons“, „ein voller Mond, silbern über dem verschneiten Garten". Jeder einzelne meiner Gedanken, jede einzelne meiner Erinnerungen ist ein Wesen geworden. Mein ganzes Leben auf der Erde hindurch habe ich Wesen geschaffen. Sie stehen deutlich vor mir. Ich brauche mich nicht an sie zu erinnern. Sie haben gewartet, und jetzt stehen sie vor mir. Jedes einzelne Wesen sagt selber, wie alt es ist, wie lange es her ist, dass ich es geschaffen habe. Die Zeit ist zum Raum geworden. Sie steht vor mir, indem die lebendigen Wesen ihre eigenen Zeitsignaturen zeigen. Die Zeit ist mir unmittelbar Gegenwart geworden. Diese Wesen, ich habe sie selber geschaffen während meines Lebens auf der Erde. Sie waren immer um mich herum, ich habe sie nur nicht gesehen. Jetzt habe ich sie im Tode erblickt.

Jeder Gedanke nimmt die Form eines Wesens an, wird Wesenheit. In der irdischen Welt widersprechen sich die Gedanken oder stimmen miteinander überein. Hier in der Welt nach dem Tode bekämpfen sich die Gedanken als wirkliche Wesenheiten. Sie lieben einander. Sie hassen einander. Auf der Erde war ich ein Wesen in einer sterblichen Hülle. Da habe ich nur die tote Hülle der Gedanken gesehen. Da waren sie blasse Schatten. Da waren Leben und Gedanken vollständig getrennt. Nun habe ich die sterbliche Hülle abgeworfen. Ich bin der unsterbliche Kern. Ich spüre ich das Leben in den Gedanken. Ich sehe lebendige Gedanken, die Lebewesen sind. Leben und Gedanken haben sich miteinander verbunden. Auf der Erde hatte ich das Gefühl: Die Gedanken kommen aus deiner Seele herauf. Nun ist es anders. Die Gedanken sind Wesen, die herankommen und mich besuchen und mich wieder verlassen. Manche Besucher kommen häufig und manche kommen selten. Und manche Gedanken möchten mich besuchen kommen, sie kommen aber nicht zu mir, weil sich ein anderer Gedanke, der sie hasst, ihnen in den Weg stellt.

Doch da sind nicht nur Wesen, die ich kenne, weil sie meine eigenen Gedanken und Erinnerungen sind. Da sind auch andere Wesen. Ich kenne sie nicht, ich habe sie selber nicht geschaffen. Aber nun erkenne ich sie in ihrer Natur und beginne, sie zu verstehen. Durch meine eigene elementare Schöpfung lerne ich die anderen Wesen kennen. Wie seltsam, mein Tod in der irdischen Welt wurde zu meiner Geburt in der geistigen Welt und ich beginne mein Leben in der geistigen Welt damit, in der Umgebung zu sein, die ich selber um mich herum aufrichte, weil ich sie geboren habe. Als Mensch wurde ich auf der Erde von der Welt geboren. Hier oben im Geiste gebäre ich die Welt.

Als ich noch auf der Erde unten in der Sinnenwelt war, da wusste ich: Das bin ich, und ich habe Gedanken. Ich habe einen Gedanken mit dem anderen verbunden und habe mir dadurch ein Urteil gebildet. Ich habe Gedanken zusammen gebracht und sie wieder auseinandergehen lassen. Seit die grossen Bilder meines Lebens verschwunden sind, fangen die Gedanken an, innerlich zu kribbeln und zu krabbeln. Sie werden lebendige Wesenheiten und nun bin nicht mehr ich es, der einen Gedanken zum anderen bringt. Sie sind selbstständig geworden. Der eine geht zum anderen, der eine fasst den anderen, der eine löst sich vom anderen los. Das Gedankenleben fängt an, lebendig zu werden. Fast habe ich den Eindruck, dass meine Gedanken gleichsam anfangen, Hülsen und Behälter zu werden, die sich im kleinen Raum zusammenziehen und dann wiederum gross werden und sich sackartig ausdehnen. Es ist mir fast, als würden sie Kleider, in die andere Wesenheiten hineinschlüpfen. Wesenheiten, die mehr sind als Gedanken. Wesenheiten, die weitaus mehr sind, als ich selber. Die Grenze zwischen Denken und Welt verschwimmt. Mein Denken wird identisch mit der Welt, die die geistige Welt um mich herum ist.

27. August 1153

Kaum bin ich aufgewacht wie aus tiefem Schlaf in der Überhelle des Bewusstseins. Kaum kommt mein eigenes dumpfes Bewusstsein zurück. Kaum sehe ich um mich herum diese Wesen, die meine eigenen Gedanken sind. Da höre ich Stimmen raunen. Mahnende Stimmen raunen mir etwas zu. Sie sprechen zu mir:

Es kämpft das Warme mit dem Kalten in jenem Reiche, wo dein Fühlen im Geistesweben leben möchte. Du findest, Wärme liebend, dein Selbst in Geisteslust verwehend. Du kannst, wenn Kälte dich verhärtet, im Leid das Selbst verstäuben.

Und es ist mir, als wanderte ich des Nachts auf einem schmalen Pfad durch einen Sumpf. Ich kann nichts sehen. Ich kann nichts hören. Ich spüre nur grosse Wärme auf der einen Seite des Pfades. Und ich spüre grosse Kälte auf der anderen Seite des Pfades. Und diese Wärme und diese Kälte, sie kämpfen um meine Seele. Ich schwanke nach rechts. Da wird es mir warm, warm, warm, ich werde selber ganz Wärme, ich fliesse über in die Wärme, es ist eine Riesenlust, die mich wohlig wärmend ergreift und ganz durchströmt. Ich fühle die Wärme aber nicht mehr, wie ich sie auf der Erde fühlte, als Wärme auf meiner Haut. Ich habe keine Haut. Ich habe keinen Körper. Und doch fühle ich die Wärme. Ich fühle sie so, wie ich sie auf der Erde fühlte als Herzenswärme. Ich fühle, wie ich mit dem Steigen der Wärme mehr Mensch werde, mit dem Sinken der Wärme weniger Mensch werde. Hier ist die Wärme nichts Naturhaftes mehr. Ich fühle das innere Seelenhafte der Wärme, das Geisteswirkliche der Wärme. Ah, und ich fühle diese Wärme so innig verwandt mit meinem Menschsein. Und es ist mir, als flüsterten mir die Geister der Wärme zu: Wir geben dir durch unsere Wärme dein wahres Menschtum.

Es lockt mich und es verlockt mich. Ist es nicht mein Element? Lebe ich nicht in der Wärme? Ist nicht die Wärme das, was mich jetzt ausmacht? Aber diese Wärmewesen sie kommen mit ihrer Wärme in Überfülle, im Übermass. Fortwährend verlocken sie mein Fühlen. Und da schrecke ich vor diesen Wesen zurück. Sie wollen mein Fühlen in sich aufsaugen. Diese Wärmewesen wollen mein Fühlen aufsaugen in der allgemeinen Weltenwärme. Alles Fühlen soll mir verloren gehen und aufgesogen werden in der allgemeinen Weltenwärme. Diese Wärmewesen sind da, und ich schrecke vor ihnen zurück wie vor den Verlockungen des Fleisches auf der Erde. Gefährlich ist es, in der Wärmelust zu verschweben und zu vergehen. Ich drohe, mich selbst zu verlieren. Ich schwanke zur anderen Seite des schmalen Pfades. Gesunde Kälte winkt mir da. Ich möchte in diese Kälte eintauchen, der Wärme entfliehen. Ah, wie wohl das tut. In der Kälte sind die Kältewesen. Sie ziehen mich an, sie warnen mich vor der zu grossen Wärme. Und ich tauche ein in die Kälte. Doch schon ergreift sie mich allzu stark. Diese Kälte, sie droht mich zu verhärten. Sie überwältigt mich mit unendlichem Schmerz, der gleich physischem Schmerz ist. Physisches und Psychisches, Stoffliches und Geistiges werden eins. Die Kälte ergreift mein ganzes Wesen. Sie droht mich zu zerreissen in masslosem Schmerz. Kalte, schneidende Stimmen rufen mir triumphierend zu: Wir nehmen dir mit unserer Kälte dein Menschtum weg! Ich schwanke zurück. Ich halte mich in der Mitte des Pfades. Und fortwährend locken die Wärme von der einen Seite und die Kälte von der anderen Seite. Wie Irrlichter im Sumpf locken sie, die mir Licht versprechen und mich doch nur tiefer hineinziehen in den Sumpf und in ewiger Dunkelheit versinken lassen. Schwankend halte ich mich in der Mitte auf dem schmalen Pfad. Ich will nicht in der Wärme vergehen und ich will auch nicht in der Kälte zersplittern. Ich will und muss ich bleiben.

Schwankend bin ich in der Mitte des Pfades. Schwankend vor Unsicherheit. Auf der Erde dachte ich, im Fühlen würde ich mein Innerstes erleben. Nun habe ich etwas anderes erlebt: Indem ich fühle, ist mein Wesen nicht in mir. Es ist in der Wärme. Mein Fühlen ist nichts anderes, als das in mir zur Wirkung kommende allgemeine Weben und Leben des Wärmeelementes.

Doch wer bin ich nun? Und was bin ich nun? Ich bin zerteilt in die Weltelemente. Ich kann mein Wesen nicht mehr so selbstverständlich zusammenfassen wie früher, als ich noch einen Körper hatte. Da war ich in der Haut eingeschlossen. Und was in der Haut eingeschlossen war, das war ich. Nun ist die Haut nicht mehr da. Doch sie war das Zeichen dafür, dass ich da war als Mensch. Ich bin nicht mehr in meiner Haut eingeschlossen. Ich bin so gross wie das Weltenall. Meine Gefühle sind so weit wie die Wärme.

Mein Leib hat mich verlassen. Ich bin ihm entfremdet. Die Welt der Sinne ist erloschen. Das, was die Augen sehen konnten, sehe ich nicht mehr.

Das, was die Ohren hören konnten, höre ich nicht mehr. Das Fühlen, wie ich es im Körper kannte, ist nicht mehr. Und was soll ich jetzt denken, wo keine äussere Sinneswelt mehr da ist, auf die sich die Gedanken beziehen können? Ja, sogar die meisten Gedanken haben mich verlassen. Doch ich lebe. Ich beginne, ein innerlich bewegtes Leben zu führen. Das Leben in mir ist wie ein in sich fortwährend verschwimmendes, regsames Rieseln. Es wird alles innerlich lebendig.

28. August 1153

Ich habe meine sterbliche Hülle abgeworfen. Ich habe sie hinter mir gelassen. Und kaum ist sie vor mir abgefallen, ist vor mir ein mächtiges Bild erschienen. Eine mächtige Flut von Bildern hat vor meinen inneren Augen gestanden. In diesen Bildern hat mein ganzes Leben vor mir gestanden und ich wusste: Du siehst dich. Das bist du, als du zwischen Geburt und Tod lebtest, das bist du alles selbst. Dann hat sich diese Bilderwelt aufgelöst und dahinter ist etwas Neues zum Vorschein gekommen. Ich habe das ganze letzte Leben vor mir gehabt und dann war es, als ob ein Schleier fiele, und eine Erkenntnis tauchte in mir auf: Dieses letzte Leben ist ein Schleier, der dir eine ungeheure Welt zudeckt, die du während des Lebens nicht hast sehen können. Nun mache ich mich auf, diese Welt kennen zu lernen. Nun mache ich mich auf, mich selbst kennen zu lernen.

Ich bin unsterblich.

2. September 1153

Wieder ist es mir gelungen, die überbordende Helligkeit um mich herum abzudunkeln. Und damit sehe ich Farben vor mir. Ich sehe Farben wie Flammenbilder frei in der Luft schweben. Ich sehe das Grün der jungen Weizenhalme, dieses Grün, das sie nur haben, wenn sie frisch aus der Erde hervorgebrochen sind, der Sonne entgegen. Aber ich sehe keine Weizenhalme. Ich sehe nur das Grün. Ich sehe das Rot der welken Lippen von Ermengarde, wenn sie gerade mit der Zunge darüber gefahren ist. Aber ich sehe keine Ermengarde. Ich sehe keine Lippen. Ich sehe nur das Rot. Ich sehe das Rosa, das die Wölkchen am blauen Himmel annehmen an kalten Wintertagen kurz vor Sonnenuntergang. Ich sehe nur das Rosa. Ich sehe die Wölkchen nicht, nicht den Himmel. Und ich sehe das Weiss unserer Kutten aus Schafwolle. Ich sehe nur das Weiss, nicht die Kutten, nicht die Wolle. Noch viel mehr Farben sehe ich. Frei schweben die Farben. Frei schweben sie im Raum. Und sie bewegen sich. Sie wogen wie eine Flut. Es ist ein Farbenmeer in immer wechselnden, verschiedenartigen Linien und Formen.

Wieder lebe ich in Bildern. Sie sind anders als die Bilder vorher. Sie sind anders als die grossen, mächtigen Bilder meines Lebens vor dem Tode. Sie sind durchlässig wie Traumbilder. Sie sind wie aus Träumen gewoben. Und sie zeigen nicht nur das, was ich sehen kann, wie die Bilder meines Lebens. Sie enthalten noch etwas darüber hinaus. Es ist, als sprächen sie in einer mir noch unbekannten symbolischen Sprache zu mir. Es ist, als ob jedes Bild über das hinaus, was es auf den ersten Blick zeigt, noch etwas anderes bedeutet. Es ist, als ob da Wesen sind. Diese Wesen sind in Kleider aus Formen und Farben gehüllt. Ich sehe die Kleider, aber ich sehe die Wesen nicht. Und ich verstehe nicht, was sie mir sagen.

Ich sehe das alles in mir. Ich habe mich weit ausgedehnt. Ich bin eine riesige Kugel und die Erde ist sehr klein unter mir. Sie ist in mir. Sie ist mein Mittelpunkt und ich schaue vom Rand der Kugel auf sie hinab. Ich schaue nur mein Inneres. Alles, was ich schaue, ist in meinem Inneren. Wie anders ist das auf der Erde gewesen vor meinem Tod. Auf der Erde waren Dinge um mich gewesen, Substanzen, Gegenstände, die Farbe hatten. Auf der Erde war die Welt ausser mir gewesen. Das gibt es nun nicht mehr. Nun ist die Welt in mir. Ich bin eine riesige Kugel und in mir ist die Welt. Alles was auftritt, tritt in mir auf. Ich schaue darauf vom äusseren Rand der Kugel her.

Auf der Erde gab es eine objektive physische Welt. Sie war ausserhalb und ich konnte mich an ihr stossen. Es gab Erde, auf der ich laufen konnte. Es gab Steine, auf die ich mich setzen konnte. Es gab Bäume, gegen die ich mich lehnen konnte. Es gab Weizen, den ich schneiden konnte, tief gebückt mit der Sichel in der Hand. Hier gibt es nur subjektives Wahrnehmen. Ein subjektives Sehen. Alles, was ich sehe, ist innerlich. Ich sehe es in meinem Inneren und ich bin auf eine Art auch innerlich verbunden mit dem, was ich wahrnehme. Auf der Erde wusste ich von der Welt durch die Wahrnehmung meiner Sinne. Ich konnte sehen, hören, fühlen, riechen und schmecken. Hier weiss ich von der Welt durch die Visionen.

Auf der Erde gab es aussen und innen. Das Rot, das ich auf der Erde sah, trat aussen auf. Ich hatte Augen und schaute es an. Darum machte es einen Eindruck auf mich. Ich wusste, dass hinter dem Rot etwas Materielles stand. Schon anders war es mit den Traumgesichten auf der Erde. Sie traten in mir auf. Sie existierten nur in meinem Inneren. Nichts Materielles stand hinter ihnen. Aber sie blieben doch auf eine Art äusserlich für mich. Hier ist das anders. Hier erscheint mir die rote Farbe. Sie tritt in meinem Inneren auf, denn alles hier ist in meinem Inneren. Ich schaue von der äusseren Grenze meiner Selbst auf mein Inneres. Aber hinter diesem Rot hier ist nichts Materielles. Dahinter ist nichts, das einen materiellen Eindruck hinterlassen würde. Es ist auch nicht so ausserhalb, wie Traumbilder auf der Erde ausserhalb waren. Es ist viel innerlicher. Ich bin mit diesem Rot viel innerlicher verbunden, als ich je mit einem Rot auf der Erde verbunden war. Auf der Erde habe ich die rote Farbe gesehen. Aber ich bin immer ausserhalb der roten Farbe gewesen. Hier bin ich mit der roten Farbe verbunden. Ich sehe nicht nur die rote Farbe in meinem Inneren. Ich fühle mich innerhalb der roten Farbe. Indem ich dieses Rot wahrnehme, entwickelt sich ein Wille, ein stark wirkender Wille eines Wesens. Und dieser Wille strahlt, und das, was er strahlt ist rot. Und ich fühle mich in diesem Willen, und dieses Darinsein, dieses Darinfühlen, dieses Erlebnis nenne ich rot. Hinter dem Rot hier ist das gleiche, was ich in meinem Inneren fühle. Dahinter ist etwas Seelisches. Es ist aber nicht meine Seele. Dahinter ist ein seelisches Wesen, das nicht ich bin.

27. September 1153

Wo sind die Menschen, mit denen ich auf der Erde zusammen war, und die noch dort sind? Reichen sie mit ihren Seelen hinauf in die Welt, in der ich nun bin? Und wie reiche ich hinunter in ihre Welt dort unten auf der Erde? Ich muss sie suchen. Aber wie soll ich das tun?

Ich sehe die Zurückgebliebenen auf der Erde nicht mehr. Es fehlen mir die Augen. Gefühle sind nun meine Aussenwelt. Ich habe die Brüder geliebt dort unten, und ich liebe sie noch. Auf dieses Gefühl der Liebe schaue ich nun. So finde ich den Weg zu ihnen.

Meine Gedanken richten sich auf die Welt unten. In meinen Gedanken bin ich bei den Mönchen von Clairvaux. Ich vermisse die Brüder nicht, denn ich habe sie ja nicht verloren. Sie sind bei mir und ich bin bei ihnen. Ich bleibe vereint mit den Brüdern, die unten im Kloster zurückgeblieben sind. Wir haben uns zusammengefunden im physischen Leben. Wir haben eine innige Gemeinschaft gebildet in unserer Liebe zu Gott. Wir streben gemeinsam nach Gott. Diese Gemeinschaft besteht weiter, auch wenn ich nicht mehr körperlich unter ihnen weile. Die Gemeinschaft soll weiter wachsen und ich will beitragen zu ihrem Wachstum. Ich kann die Brüder nicht sehen. Ich kann sie nicht hören. Ich kann aber mit den Gedanken in ihren Seelen zusammenkommen. Ich kann ihre Gedanken durchdringen, durchströmen und vertiefen. Nun kann ich ihnen tiefe Gedanken geben von innen heraus, wie ich es nie konnte auf der Erde von aussen herein.

So bin ich bei ihnen. So spüre ich ihren Schmerz. Ich habe sie nicht verloren, aber sie haben mich verloren. Sie wissen, sie sollen nicht trauern. Sie wissen, ihre Trauer ist egoistisch. Sie wissen es und sie trauern nur umso heftiger.

„Ach, Bernhard, wie oft will ich zu dir blicken und du bist nicht da.

Und wo du warst, da ist jetzt Leere. Ich starre in die Leere und seufze, weil ich keine Hilfe finde. Wen soll ich in meinen Zweifeln um Rat fragen? Wem werde ich im Unglück trauen? Wer wird meine Lasten tragen? Wer wird die Gefahren von mir abwenden? Ach Bernhard, gingen nicht überall deine Blicke meinen Blicken voraus? Waren nicht meine Sorgen deinem Herzen vertrauter als meinem eigenen Herzen? Überfielen und bedrängten sie dich nicht mehr als mich und heftiger als mich? Hast du nicht oft und oft in deiner Sanftmut und Macht meine Zunge behütet vor weltlichem Geschwätz? Hast du mich nicht wieder und wieder der lieben Stille zurückgegeben? Durch dich war mein Geist besonnen. Durch dich war meine Ruhe angenehm. Durch dich war mein Gebet wirksamer. Durch dich war meine Liebe glühender. Dies alles ist mir nun entrissen, weil du mir entrissen wurdest. Mit dir ist alles verschwunden, woran ich Wohlgefallen und Freude hatte. Meine Seele hing an deiner Seele und nun hat ein Schwert sie beide gleichzeitig durchbohrt. Es hat sie in der Mitte gespalten. Deinen Teil hat es in den Himmel versetzt. Mein Teil wurde im Staub zurückgelassen. Ich weiss, ich soll nicht um dich trauern, ich soll dich in den Himmel ziehen lassen. Doch kann ich die Tränen nicht zurückhalten, die mir über die Wangen rinnen. Ich kann das Feuer des Schmerzes nicht löschen, das mir das Herz versengt. Ich kann den Gram nicht stillen, der mein Inneres verzehrt. Einschliessen in meinem Herzen möchte ich meine Trauer, doch da schwelt sie nur immer weiter und wütet immer heftiger.“

Ich höre ihre Gedanken. Ich spüre ihren Schmerz. Jetzt bin ich im Schmerz mit ihnen vereinigt, intensiver und inniger als es hat sein können im physischen Leibe. So klingen zusammen der Schmerz, den meine lieben Brüder spüren von der anderen Seite der Pforte des Todes her, und das intensivere Zusammensein mit den Gedanken der Zurückgebliebenen von meiner Seite der Pforte her.

So schaue ich auf sie hinunter. Ich kann ihre physischen Leiber nicht mehr sehen. Aber ich sah sie ja auf Erden. Dort sah ich sie ja täglich. Dort traten sie mir täglich entgegen. Sie traten mir als Bild auf der Erde entgegen. Auf diese Bilder schaue ich nun hinunter. Sie schauen mir als Bilder entgegen und in diese Bilder weben sie hinein ihre Gedanken an mich, ihre fortdauernde Liebe für mich, die Erinnerung an mich.

So sind wir vereint und sie spüren es nicht. Ach, wenn sie mir nur eine Frage stellten im Moment des Einschlafens. Dann könnten sie meine Antwort spüren im Moment des Aufwachens. Dann könnte ich ihnen Antwort geben, eine Antwort, die sie mit den Ohren nicht mehr hören können. Meine Antworten könnten aus ihren eigenen Seelen zu ihnen herauftönen. In dem, was sie selber sagen, würde ich zu ihnen sprechen. Nicht trauern müssten sie, sondern ganz in meiner Seele leben. Ihre Fragen müssten sie aus meinem Munde hören vor dem Einschlafen, dann würden sie meine Antworten hören aus ihrem eigenen Munde nach dem Aufwachen und sie würden wissen, dass ich in ihnen spreche. Nur fragen müssen sie, fragen im Geiste des Herrn.

Ich werde ihnen nun nicht mehr sagen, was sie zu tun haben. Ich werde nicht mehr zu ihnen predigen. Aber in warmer, inniger Anteilnahme werde ich mit ihnen sein in ihrem Streben. Mit den Strahlen meines geistigen Auges werde ich schützend hineinfliessen, in das, was sie zu tun haben. Kraft und Segen werde ich ihnen geben aus meiner Welt. Bilder werde ich senden in ihre Seelen, dass sie weiter wachsen dem Geiste entgegen. Das werde ich ihnen senden als mein Geschenk an sie. Doch auch sie bringen mir unendlich süsse, unendlich wertvolle Geschenke. Das sind ihre Gedanken an mich. Diese Gedanken an mich, sie sind mir ein besonderes Geschenk. Sie bringen mir etwas, das es hier so nicht gibt. Diese Geschenke können nur von den Köpfen und Herzen der Lebenden kommen. Sie erwärmen, erfreuen und erheben mich.

Ach, ihr lieben Brüder unten in Clairvaux. Ihr werdet umspült von Imaginationen. Ihr werdet umspült von Bildern. Und diese Bilder sind elementarische Kräfte, die von den physischen Leibern der Menschen um euch herum kommen. Ihr werdet aber auch umspielt von Imaginationen, die von Toten stammen. Wie ihr mit der euch umgebenden Luft in Verbindung steht, so steht ihr mit der ganzen elementarischen Welt in Verbindung. In ihr seid ihr aufgehoben. Lasst euch von ihr tragen.

Pierre Le Trognon

10. November 1153: Vermittlung in Metz

Ich lebe wieder mein vergangenes Leben. Ich tue das nun schon seit Monaten. Es hat angefangen wenige Tage, nachdem ich aus der Überhelle des Bewusstseins wieder erwacht bin. Ich bin erwacht und habe die Welt um mich herum wahrgenommen. Schritt für Schritt habe ich angefangen, mich hier zu orientieren. Dann bin ich das erste Mal aus der Gegenwart versunken und in die Vergangenheit eingetaucht. Da war die gegenwärtige Welt um mich herum verschwunden. Um mich herum war nur noch die Vergangenheit, meine eigene Vergangenheit, mein eigenes Leben. Ich habe wieder den letzten Tag meines Lebens auf der Erde durchlebt. Ich habe wieder den 19. August 1153 durchlebt. Danach habe ich den 18. August durchlebt. Weiter und weiter habe ich rückwärts gelebt mein eigenes Leben. Seither haben das Leben in der Gegenwart und das Leben in der Vergangenheit einander abgewechselt. Heute lebe ich wieder den 14. April 1153. Ich stehe auf der Insel in der Mosel vor Metz. Vor meinen Augen reichen sich der Kardinalbischof Etienne von Bar im Namen der Stadt Metz und Herzog Mathieu von Lothringen die Hand zum Friedensschluss. Die schwierigen Verhandlungen auf der Insel sind endlich abgeschlossen. Der Krieg ist glücklich abgewendet. Vor Wochen hat Hillin von Fallemagne, der Erzbischof von Trier, an das Tor von Clairvaux geklopft. Seine Versuche, als Vermittler den Krieg zu verhindern, waren gescheitert. Er hat mich angefleht, selber zu vermitteln, er hat sich mir vor die Füsse geworfen, er hat versichert, kein anderer könne nun noch den Krieg verhindern. Ich bin noch sehr schwach von der Krankheit gewesen, aber immerhin konnte ich wieder gehen, ohne gestützt zu werden. So habe ich mich auf die Reise gemacht. Nun ist meine Aufgabe hier glücklich beendet. Nun kann ich heim in die Stille meines Klosters.

Das habe ich vor wenigen Monaten noch im Leibe erlebt, unten auf der Erde. Und nun erlebe ich es wieder. Ich erlebe es aber anders. Ich denke, was ich damals dachte. Ich sehe, was ich damals sah. Ich höre, was ich damals hörte. Aber ich fühle nicht, was ich damals fühlte. Ich fühle etwas anderes. Ich fühle die Gefühle der Menschen um mich herum. Ich fühle sie aber nicht um mich herum. Ich fühle sie nicht aussen bei den anderen. Ich fühle sie in mir. Es sind nun meine Gefühle. Die Wirkungen meiner Worte und Taten sind nun zu meinen eigenen Gefühlen geworden. Ich fühle sie in mir als mein Eigenes. Das, was früher aussen und unbekannt war, ist nun mein Innerstes geworden. Ich fühle deutlich die Zufriedenheit des Kardinalbischofs. In mir bläht sich der Stolz des Etienne von Bar. In mir macht sich das Gefühl seiner Wichtigkeit breit. In mir lebt seine breite, laute innerliche Vorfreude auf seinen Auftritt vor der Stadt Metz. Es lebt aber auch eine drückende Ruhe in mir. In mir wiegt schwer der Triumph der Macht. In meiner Faust spüre ich das ganze Gewicht der Macht des Herzogs von Lothringen. Ruhig ballt sie sich und schwer. Die ganze Ruhe einer seit Jahrhunderten währenden Macht spüre ich in mir und die ganze Zufriedenheit über eine zukünftige Macht, die jetzt gesichert ist. Und gleichzeitig bin ich durchweht von der Erleichterung, die hier in allen Anwesenden herrscht. Der Frühlingswind der Erleichterung weht in meiner Seele. Der Druck der Erwartungen ist von meinen Schultern genommen. Aufrechter stehe ich da und gelassener. Die Spannungen lösen sich langsam und stetig.

19. Dezember 1153

In all diesen flutenden Farben und Formen drücken sich Wesen aus. Das habe ich nun gelernt. Ich beginne zu lernen, sie zu verstehen. Beim Abdunkeln all der Überhelle des Bewusstseins habe ich zuerst das Gelb gesehen. Es ist die nächste Farbe am Licht. Und will ich es als Gefühl ausdrücken, so kann ich es nur als heiter, munter, sanft reizend beschreiben. Kaum aber mischt sich etwas Rot hinein, gewinnt es an Energie, wird mächtiger und herrlicher. Wenn zum Gelb die Farbe der Glut, der milde Abglanz der untergehenden Sonne hinzukommt, entsteht das Gefühl von Wärme und Wonne. Kommt aber noch mehr Rot dazu, verschwindet das angenehm heitere Gefühl des Rotgelben und geht in das fast gewaltsame des hohen Gelbroten über. Die Farbe bohrt sich in mich hinein und erschüttert mich. Geradezu das Gegenteil davon ist das Blau. Wie ich auf der Erde die fernen Berge, den hohen Himmel blau gesehen habe, so scheint auch hier das Blau vor mir zurückzuweichen. Es zieht mich hinter sich her. Es gibt mir aber auch ein Gefühl von Kälte und erinnert an das Blau der Schatten. Mischt sich nun das Rot hinein, so wird es nicht etwa wärmer, sondern unruhiger im Rotblau. Es zieht mich noch in die Ferne, aber so, dass ich wünschte einen Punkt zu finden, wo ich ausruhen könnte. Wie anders ist das reine Rot im Purpur des Papstes. Es mischen sich in ihm Ernst und Würde, Huld und Anmut. Auf der Erde hätte ich gesagt: „In ihm leben die Würde des Alters und die Anmut der Jugend."

So tauche ich mehr und mehr ein in das Wesen der Farben, in das, was sie ausdrücken und in das, was sie in mir bewirken. So tauche ich auch mehr und mehr ein in das Wesen der Formen. Wie anders wirkte schon auf der Erde das Spitze, Zackige des gleissenden Blitzes auf mich als das Runde, Ruhige des Vollmondes. Wie anders wirkte das runde Blatt der Buche auf mich als die spitze Nadel der Kiefer. Hier sind die Farben und Formen noch viel mehr. Hier sind sie Offenbarungen von Wesen. Wenn ich mich ganz in sie versenke, wenn ich ganz in ihnen aufgehe, komme ich zu den Wesen, die sich in ihnen ausdrücken. Dann beginnen die Wesen zu mir zu sprechen, sie beginnen sich mir zu zeigen. Und ich erkenne, was die Wesen meinen. Es ist, als wären da Buchstaben, die gelesen, Laute, die gehört werden wollen. Und ich beginne zu lesen und zu hören in diesen Farben und Formen. Sie werden mir zu den Buchstaben des himmlischen Alphabets, zu den Lauten der himmlischen Sprache. Noch kann ich sie nicht verstehen. Noch kann ich sie nicht entziffern.

20. Mai 1154: Tod Sugers

Ein Bote hat einen Brief gebracht. Suger hat ihn geschickt. Ich sitze und lese die Zeilen:

Wenn ich euer engelgleiches Antlitz nur einmal vor meinem Abscheiden hätte sehen können, würde ich sicherer aus dieser schlechten Welt gehen.

Ich sehe die Zeilen, wie ich sie im vergangenen Leben gesehen habe, aber in mir spüre ich Gefühle, die ich im Leben auf der Erde nicht hatte. Diese Gefühle kannte ich im Leben nicht. Nun leben fremde Gefühle in meinem Innern auf und werden meine eigenen Gefühle. Es sind die Gefühle Sugers beim Schreiben seines Briefes, die nun meine Gefühle werden. Angst spüre ich vor dem Gericht Gottes. Angst zieht mir das Herz zusammen. Langsam und kalt hat sie mein Herz ergriffen und steigt nun hoch zur Kehle. Die Worte will sie mir einfrieren. Den Atem will sie mir nehmen. Doch da ist nicht nur Angst. Die warme Flamme der Hoffnung erwacht und kämpft gegen die Kälte der Angst. Hoffnung spüre ich auf das Himmlische Jerusalem, am stärksten aber erfüllt mich eine stille Freude. Ich weiss nicht, wo sie begonnen hat, über den Augen vielleicht, ja, über den Augen hat die Freude begonnen, eine Freude, wie sie einen erfüllt beim Anblick der ersten Narzissen im Frühling. Eine Freude, leicht und rein und lebendig, zieht durch den Kopf, erfüllt ihn mit ihrer Leichtigkeit und legt ein leises Lächeln auf meine Lippen. Es ist die Freude über den Brief, den ich erhalten habe, und seine Gaben. Dazu gesellt sich die Wärme der herzlichen Verbundenheit, in der ich mit ihm zusammen bin, und eine leise Hoffnung, er möge doch noch kommen und mir Sicherheit geben auf meinem Weg über die Schwelle.

Ich spüre aber nicht nur Sugers Gefühle. Ich bin auch da, wo er war. Ich bin jetzt mit einem Teil von mir in Saint-Denis. Ich sitze auf dem Stuhl, auf dem er gesessen hat. Mit einem anderen Teil von mir bin ich in Clairvaux. Ich bin wie zerstückelt. Mein Körper besteht aus lauter Stücken, die auf der Erde verteilt sind. Es gibt auch noch Stücke meines Körpers, die gar nicht auf der Erde sind. Ich spüre ihren Ort nicht genau, es ist aber irgendwo zwischen Mondbahn und Erde.

6. Juli 1154

Wer bin ich nun noch? Meinen Leib habe ich vor der Pforte des Todes gelassen. Mein Leben hat sich einverwoben dem Kosmos. Auf der Erde hatte ich meine eigenen Gedanken. Sie waren in mir und manchmal habe ich sie geäussert. Manchmal habe ich sie niedergeschrieben. Und nun, hinter der Pforte des Todes sind auch meine Gedanken nicht mehr mein eigenes Inneres. Nun sind auch meine Gedanken fortgezogen. Sie sind fast wie meine Kinder. Trägt nicht die Frau Kinder im Leib, bringt sie zur Welt, hegt sie und pflegt sie, und dann führen die Kinder ein selbstständiges Leben und ziehen schliesslich hinaus in die Welt? So ist es mit meinen Gedanken. Sie waren einst mein Innerstes. Sie waren einst mein Eigenes. Nun leben sie ausserhalb von mir ein selbstständiges Leben. Ich blicke auf sie hin wie auf Sterne, auf Wälder oder auf Berge, und sie machen auf mich einen Eindruck. Was macht jetzt mein Innerstes aus? Mein Gefühl und mein Wille sind mir geblieben. Und meine Gefühle sind jetzt, was auf der Erde die Gefühle der anderen waren. Mein Wille ist auf der Erde zu Worten und Taten geworden. Diese Worte und diese Taten sind zu Gefühlen in anderen Menschen geworden. Und diese Gefühle der anderen sind jetzt meine Gefühle geworden. Was das Äussere mir auf der Erde verborgen hat, ist jetzt mein Innerstes geworden.

9. September 1154: Ich bin ein Ungeheuer

Ich sitze in der Schreibstube. Bernhard, der Prior von Portes, hat mich um Rat gebeten. Aber was soll ich raten? Seelenpein schaut aus meinem Gesicht. Was habe ich getan? Wie habe ich mein Leben verbracht? Ganz widernatürlich ist mein ganzes Leben gewesen. Ich bin nicht Fisch. Ich bin nicht Vogel. Ich bin nicht Mönch. Ich bin nicht Mann der Welt. Ich wollte mich von der Welt abwenden und bin ins Kloster gegangen. Doch dort bin ich nicht geblieben. Von dort bin ich wieder und wieder in die Welt gezogen, habe mich in die Angelegenheiten von Königen und Kaisern gemischt. Die Kutte des Mönches trage ich. Doch die Lebensweise des Mönches habe ich schon lange abgelegt. In Gesprächen verbringe ich meine Tage statt in Schweigen. In die Probleme der Welt versenke ich mich statt in Gott. Ich wollte mich von der Welt abwenden und wurde stattdessen in die Abgründe der Welt gestürzt. Ich wollte die Gefahren der Welt vermeiden und nun schwebe ich in den Gefahren der Welt. Ach was, ich bin die Gefahr der Welt. Ich bin die Chimäre meiner Zeit. Ich bin das schreckliche Ungeheuer. Nicht Löwe, nicht Ziege, nicht Drache und doch alles gleichzeitig und zusammen. Dieses höllische Tier, das aus allen drei Köpfen Feuer speit, das bin ich.

21. Oktober 1154

Meine eigenen Gedanken treten mir als mächtige Imaginationen vor die Seele. Meine alten Gedanken sind es, die ich noch auf der Erde hatte. Sie zeigen sich jetzt in ihrem wirklichen Wesen. Und wie nehme ich sie wahr? Wieder und wieder schaue ich auf diesen Akt des Wahrnehmens. Ich nehme hier überhaupt nur etwas wahr, weil ich ein Erdenleben hatte. Ich zehre noch von meinem Erdenleben. Ich nehme alles wahr auf dem Umweg durch das letzte Erdenleben. Aber nur durch das, was im letzten Erdenleben Fühlen und Wollen war, nehme ich wahr, was hier in der geistigen Welt zu mir gehört. Fühlen und wollen hatte ich auf der Erde. Und ich hatte sie nur, weil ich einen körperlichen Leib hatte. Nun lebe ich aber nicht mehr im physischen Leib. Und ich spüre, dass Gefühl und Wille nicht mehr lange Bestand haben werden. Sie sind schon jetzt nur noch so, wie meine Erinnerungen auf der Erde waren. Auf der Erde verblassten meine Erinnerungen mit der Zeit. Ich musste sie ab und zu auffrischen, damit sie nicht ganz verschwanden. Aber Gefühl und Willen kann ich nur auffrischen mit einem physischen Leib. Aus dieser Erinnerung heraus, aus diesem Nachklang heraus muss ich nun etwas entwickeln, was hier bestehen kann ohne physischen Leib.

11. Januar 1155: Das Heer kehrt zurück

Ich stehe vor dem französischen Kreuzfahrerheer. Ich bin ihnen entgegengeeilt, um Trost zu spenden. Denn nichts ist geblieben vom Jubel und von der Begeisterung beim Aufbruch vor zweieinhalb Jahren. Zu viele Tote sind zu beklagen. Zu viele Niederlagen wurden erlitten. Zu oft haben Hunger und Durst geherrscht. Verrat und Treulosigkeit bei den Bündnispartnern haben sie erlebt. Der König und die Königin sind entzweit. Es gab alles. Nur Siege gab es keine. Am schlimmsten jedoch ist zu sehen, wie schwer ihr Glaube erschüttert ist. Ich sehe Zweifel und Ratlosigkeit in so vielen Mienen. „Oh, ja “, sage ich gerade, „mit einem grossen Glaubenssatz auf den Lippen seid ihr losgezogen: *Vertrauen wir uns dem allmächtigen Gott an, denn er ist stärker als alle Ungläubigen*. Das habt ihr gesagt, doch auf was habt ihr gehofft? Ihr habt nur irdische Erfolge mit euren Waffen erhofft. Ihr habt mehr auf eure Kräfte vertraut als auf Gottes Hilfe. Wisset, dass Gott jeden Stolzen zerbricht. Der Herr hat eure Hoffnung auf Erden zurückgewiesen, damit ihr daraus nur eines erkennen könnt: Allein das Himmlische muss man suchen. So viele Söhne der Kirche blieben in der Wüste liegen, vom Schwert erschlagen. So viele Träger des Christennamens blieben im Sand liegen, vor Hunger verschmachtet. Der Herr goss über ihre Anführer Zwietracht aus. Sie irrten umher in unwegsamem Gelände. Sie liefen hierhin und dorthin, ohne Pfad und ohne Führer. Überall auf ihren Wegen fanden sie nur Bestürzung. Auf ihren Pfaden fanden sie nur Unheil. In ihren Herzen lebte nur Entsetzen. In ihren Köpfen herrschte nur Verwirrung. Im Hagel der feindlichen Pfeile sind so viele Körper zugrunde gegangen. Doch was tödliche Pfeile für die

Körper waren, das war die Herabkunft des Geistes für die Seelen. Das war die Herabkunft des Geistes unter dem Jubel der silbernen Posaunen. Grösser noch als der Ruhm, einen Feind erschlagen zu haben, ist der Ruhm, den man sich durch den eigenen Tod im Kampf gegen die Ungläubigen erwirbt. Der Ritter Christi nützt Christus, wenn er tötet. Sich selber aber nützt er, wenn er stirbt. Denn dann erwirbt er Christus selbst. Denkt an die vielen Sünder, die für den Herrn vor Jerusalem gestorben sind. Für sie sagt die Bibel: *Brecht in Jubel aus, ihr Trümmer Jerusalems.* Denn der Herr tröstet sein Volk, er erlöst die im Kampfe Gestorbenen. Voll Sünde sind sie auf die Pilgerfahrt gezogen. Voll Sühne sind sie gestorben, und im Tod wurden ihre Seelen vor der ewigen Verdammnis errettet. Wie viele sind als Verbrecher losgezogen? Wie viele haben sich als Gottlose auf den Weg gemacht? Wie viele Räuber sind zum Kreuzzug aufgebrochen? Wie viele Kirchenschänder sind ins Heilige Land gezogen? Wie viele Mörder haben mit dem Heer den Ort ihrer Untaten verlassen? Wie viele Meineidige haben sich das Kreuz an die Schulter geheftet? Wie viele Ehebrecher haben Verteidigung der Christenheit gelobt im Krieg gegen die Ungläubigen? Gnadenvoll sind sie im Heiligen Land als Gerettete gestorben! Der Tod für Gott hat sie vor ewiger Verdammnis bewahrt. Ihr aber, die ihr zurückgekehrt seid, je schwächer ihr euch im Kampf erwiesen habt, zeigt euch desto stärker nun im Glauben."

Mit diesen Worten spüre ich in mir Gefühle aufsteigen, die ich damals nicht gespürt habe. Aus den Trümmern der Verzweiflung spüre ich Wände des Glaubens und Mauern des Mutes sich bilden. Zuversicht spüre ich, die durch das Rückgrat zieht und es aufrichtet und stärkt. Empfänglichkeit für das Wort Gottes spüre ich, welche die Sinne belebt und öffnet für die Wirklichkeit Gottes.

3. März 1155

Ich bin tot für die Erde, und doch bin ich voll Leben. Das Leben sprudelt von innen aus mir heraus. Ich habe keinen Körper mehr, und doch bin ich voll Wärme. Auch sie kommt von innen und es ist nicht nur Wärme, es ist auch ein Wollen. Es ist aber nicht einfach nur Wollen. Es ist ein Wollen, das zur Begierde wird. Es ist eine sich selbst erzeugende, fliessende Begierde. Ich empfinde das Wollen geradezu. Und ich empfinde nicht nur mein eigenes Wollen. Ich spüre auch etwas draussen in der Welt. Dort draussen ist etwas, das dieses Wollen anstachelt. Dort ist etwas, das es zur Begierde aufstachelt. Ich kann es nicht sehen. Ich kann es nicht hören. Ich spüre seine betörende Gewalt. Ich weiss, es ist da.

18. April 1155

Ich habe es lange nicht bemerkt, aber nun weiss ich es und ich bin mir dessen ganz sicher: Ich bin abhängig von den Menschen, die auf der Erde leben. Sie geben mir meine Nahrung. Auf der Erde, im Kloster unten, war ich abhängig von den Pflanzen. Ich war abhängig von Weizen, Roggen, Hafer, Gerste und Dinkel. Ich war abhängig von Bohnen, Erbsen, Linsen und Hirse. Ich war abhängig von Äpfeln, Birnen, Kirschen und Pflaumen. Ohne die Pflanzen hätte ich nicht leben können. Sie gaben mir das Notwendige zum Leben auf der Erde. Aber nicht vom Anschauen der Pflanzen wurde ich satt. Ich musste sie essen. Ich musste sie kauen, herunterschlucken und verdauen, so schwer mir das auch oft fiel. Nur so schenkten die Pflanzen mir ihre Lebenskraft. Nur so konnte ich leben.

Hier oben benötige ich nicht irdische Nahrung. Ich benötige geistige Nahrung. Um mich herum ist alles Geist. Doch ist es hier, als würde ich vor dem Weizenfeld stehen und den Weizen voll Bewunderung und Dankbarkeit anschauen. Ich würde ihn nur anschauen und nie essen. Da wäre ich erfüllt von Bewunderung und Dankbarkeit. Und doch müsste ich Hungers sterben. Auf der Erde musste ich die Pflanzen essen und verdauen, damit sie mich nährten. So muss auch hier das Geistige um mich herum gegessen und verdaut werden, um mich zu nähren. Aber ich habe keinen Leib mehr. Ich kann nichts essen. Ich kann nichts verdauen. Die Menschen auf der Erde sind mein Leib. Sie nehmen das Geistige auf. Sie verdauen es, und dann wird es mir zur Nahrung. Ich lebe von den Vorstellungen und Empfindungen der Menschen auf der Erde. Ich lebe von den Vorstellungen, den unbewussten Empfindungen und Gefühlen, die die Menschen auf der Erde mit in den Schlaf hinübertragen. Was die Menschen in den Fürstenhöfen und Schlössern mit in den Schlaf tragen, ist meistens unverdaulich für mich. Gedanken an Gold und Silber, an Geschmeide und Edelsteine, an Macht und Herrlichkeit nähren mich nicht. Auch Gedanken an Weizen und Hirse nähren mich nicht. Nur Gedanken an himmlischen Weizen, an himmlische Hirse nähren mich. Wenn die Menschen unten auf der Erde das, was hier oben wächst, in ihre Gedanken und Gefühle aufnehmen und mit in den Schlaf nehmen, dann nährt mich das. Darum kommt mir die meiste Nahrung aus den Klöstern. Die beste Nahrung kommt mir von den Mönchen und Nonnen, die sich vom Irdischen abgewendet haben und im Geist Gottes leben. Die Cluniazenser mit ihren Gedanken an Wildbret, an Käse und Eier, an Amseln, Enten und Gänse, an Würzwein, an Pfeffer, Ingwer, Kümmel und Salbei nähren mich weniger als die Gedanken der Zisterzienser, die den Körper mit grobem Brot aus Weizen und Spelt nähren. Es nährt mich am meisten das, was die Menschen als Geist aus der Heiligen Schrift aufnehmen. Ich muss aber Gerechtigkeit gegenüber den Schlössern walten lassen. Der Gedanke an Gold nährt mich nicht. Der in den Schlaf genommene Gedanke an die Schönheit des Goldes schon, denn Schönheit ist etwas Göttliches. Der Gedanke an den silbernen Ring nährt mich nicht. Der letzte Gedanke vor dem Einschlafen an die herrliche Form des Kreises, die der Ring hat, schon, denn der Kreis ist etwas Göttliches. Das Wesen des Kreises stammt aus den Himmeln.

17. Mai 1155

Ich bin auf dem Weg zum Refektorium. Ich gehe zu unserem Speisesaal. Da ergreift mich ein Gefühl aus weiter Ferne. Ich bin im Morgenland und irre durch die Nacht. Ich bin verloren, allein. Mein Leben ist wie der Hornstoss, der am Berg verhallt, ungehört und ohne Antwort. Mein Leib ist eine öde Halle des Elends, durch die die dämmernden Schemen der Angst gleiten. Ein letzter Hauch der Hoffnung verschwand spurlos in der Schwärze der Nacht. Lähmende Leere zieht durch meinen Leib. Verzweifelt sinke ich unter einem Baum zu Boden. Ich balle meine Hand zur Faust und versuche sie zu schwingen, in einem verzweifelten Versuch, der Leere zu entkommen, doch fester und fester bindet die Hoffnungslosigkeit ihre Schlingen um sie und hält sie fest in meinem Schoss.

8. Juni 1155

An meinen eigenen Gedanken entwickle ich mich fort und fort. Meine eigenen Gedanken sind mir als mächtige Imaginationen vor die Seele getreten. Nun lasse ich meinen Willen ausströmen in die Welt. Ich bin die Quelle meines Willens. Aus mir ergiesst er sich in die Welt. Ich lasse ihn wallen und wogen dorthin, wo meine lebendigen Gedanken sind. Und auch mein Gefühl lasse ich ausströmen in die Welt. Dieses Gefühl, das im Leben auf der Erde nur in mir war, sende ich nun hinaus auf den Wogen des Willens. Um mich herum lasse ich das Meer meines Willens wogen und wallen, und auf den Wogen des Willens lasse ich mein Gefühl hinausschwimmen in die Welt. Ich lasse es schwimmen, bis es anstösst an ein Gedankenwesen. Und in diesem Zusammenstoss meines Willens mit dem Gedanken glimmt mein Gefühl auf. Mein Wille wird zu mir zurück geworfen und wird lebendige Wirklichkeit. Da, wo er heranstösst an das Gedankenwesen, wird er zurückgeworfen: Jetzt kommt er nicht als Wille zurück, jetzt kommt er als Gefühl zurück, das in diesem Meer des Willens zurückflutet zu mir. Als Gefühl, das in den Fluten des Willens zu mir zurückkommt, lebt mein eigenes Wesen ausgegossen in den Kosmos. So werden die Gedankenwesen real für mich. So nehme ich allmählich immer mehr und mehr wahr, was wirklich da draussen an geistiger Aussenwelt ausser mir vorhanden ist. Auf der Erde trennte ich Fühlen und Wollen. Nun habe ich die Pforte des Todes durchschritten. Nun ist Fühlen und Wollen eine Einheit.

13. Juni 1155: Der Papst in Clairvaux

Ich lebe wieder in Clairvaux. Doch ich sehe etwas, das nicht zu Clairvaux passt. Ich sehe Prunk und Glanz in Clairvaux. Nun es sind Prunk und Glanz im Gästehaus ausserhalb des Bereiches, in dem das mönchische Leben stattfindet. Ich begrüsse den Papst. Meine kleine, in die grauweisse Kutte gehüllte Gestalt liegt ausgestreckt auf dem Boden vor dem Gold und Purpur des Papstes mit seinem Gefolge. Doch der Schein von Gold und Purpur trügt. Nach aussen zeigt Papst Eugen Prunk und Glanz, wie es sein Amt befiehlt. Doch im Herzen ist er Zisterzienser geblieben. Unter seinen Prachtgewändern trägt er unsere wollene Kutte. Sie schützt ihn vor den Anfechtungen des Fleisches. Sie bewahrt ihn vor all dem irdischen Glanz von Gold und Silber. Sie festigt seine Seele angesichts der Versuchungen der Welt. Hier in Clairvaux ist er vor so vielen Jahren in den Orden eingetreten. Hier ist er zuhause. Dies ist der Ort, den er so ungern verlassen hatte. Doch ist es auch der Ort, den er schon so bald wieder verlassen muss. Ihm bleibt keine Zeit für das Gebet. Er darf nicht verweilen in der Meditation über das göttliche Gesetz. Er kann sich nicht vertiefen in die Lehre von Gottes Wort. Dort steht er, und sein Leib ist angetan mit den Insignien der Macht. Dort steht er stolz und mächtig nach aussen, doch seine Seele stöhnt unter dem Joch der furchtbarsten Knechtschaft. Wo ist er jemals frei? Wo ist er ungestört? Wo gehört er sich selbst? Aus der ganzen Welt kommen die Ehrgeizigen. Von überall nahen sich ihm die Habgierigen. Aus allen Ecken kriechen die Käufer geistlicher Würden auf ihn zu. Aus allen Winkeln eilen die Kirchenschänder zu ihm. Aus allen Himmelsrichtigen ziehen die Unzüchtigen zu ihm hin. Aus jedem Loch erheben sich die Blutschänder und bedrängen ihn. Der ganze eklige Abschaum der Menschheit droht ihn zu ertränken. Die einen wollen durch die Autorität des Papstes kirchliche Ämter erhalten. Die anderen wollen auf sein Wort hin ihre Ämter behalten.

Das sind meine Gedanken, als ich dort ausgestreckt auf dem Boden vor dem Papst und seinem Gefolge liege. Und nun leben in mir Gefühle auf, Gefühle, die dort nicht meine waren und nun die meinen werden. Noch stehe ich starr und steif, erfüllt von der eigenen Wichtigkeit. Noch stehe ich gerade, gehalten von Formen und Vorschriften. Da weht mich leise die Sehnsucht an. Ein schwacher Hauch ist es nur, fast bemerke ich ihn nicht. Ist es ein Wind, der von den Wäldern herüberweht und einen leisen Duft mit sich bringt? Der Hauch streicht mir über den Nacken, streicht mir über die Wangen und still atme ich ihn ein. Es ist der Hauch des Sehnens und nun ist sie um mich und in mir, diese sanfte, stille Sehnsucht. Sie füllt mein Herz, sie füllt meine Lungen mit friedlicher Verheissung. Sie steigt hoch zu meinen Lippen und öffnet sie zu einem unendlich feinen Lächeln. Mein ganzer Körper wird leichter. Er wird durchsichtiger und öffnet sich in allen seinen Poren. Durch alle Poren, durch alle Sinne, lasse ich die Stille dieses Ortes in mich einströmen. In dieser Stille möchte ich ruhen. In dieser Stille möchte ich leben und nur das Wort Gottes in mir erklingen lassen. In dieser Stille möchte ich immer sein.

24. August 1155

Unzähliges ist während meines Lebens auf der Erde an mir vorübergerauscht. Vieles habe ich aktiv aus dem Bewusstsein verdrängt. Vieles kam mir nur ganz flüchtig ins Bewusstsein. Jetzt erlebe ich alles in intensiven Szenen. So vieles, was sozusagen zwischen den Zeilen des Lebens verlaufen ist, zeigt sich nun in seiner grossen Bedeutung.

28. November 1155: In der Kanzlei von Clairvaux

Ich stehe zusammen mit Nicolas in der Kanzlei von Clairvaux. Wir besprechen die Briefe, die geschrieben werden sollen. Wir verschicken Aufrufe zum Kreuzzug nach ganz Frankreich, nach Deutschland, nach England, nach Spanien und sogar bis ins ferne Böhmen. Nicolas liest mir gerade den Brief an die Bretonen vor, den er entworfen hat: „Tapferste Ritter, gürtet Euch also, und wer kein Schwert hat, kaufe sich eines. Lasst Euren König nicht allein, den König der Franzosen. Ist er nicht der König des Himmels, für den jeder alle Mühen der Reise auf sich nehmen will? Was tut Ihr, tapfere Männer? Was tut Ihr, Diener des Kreuzes? Werdet Ihr das Heilige den Hunden geben? Werdet Ihr die Perlen den Säuen vorwerfen? Was tut Ihr Händler? Was tut Ihr Kaufleute? Jedem tüchtigen Kaufmann, jedem Mann des Erwerbs in dieser Welt kündige ich jetzt grosse Märkte an. Schaut zu, dass Ihr sie nicht versäumt. Nehmt das Kreuzeszeichen und beichtet Eure Sünden. Beichtet mit zerknirschtem Herzen. Beichtet voll Reue. Dann werden Euch Eure Sünden erlassen werden. Kauft den Stoff. Er ist billig. Schneidet ihn zum Kreuz. Das ist einfach. Dann heftet ihn fromm an die Schulter als Gelübde für den Zug ins Heilige Land. So wird er wertvoll ohne Grenzen wie das Reich Gottes."

5. Dezember 1155

All die Farben vor mir, all die ständig sich wandelnden Formen, sie ballen sich zusammen. Sie formen sich um Wesen herum und schon trippelt eine kleine Schar daher, in moosigen Kleidern. Sie wuseln hin und her und bewegen sich schnell hierhin und dorthin. Sie sagen mir, wer sie sind: „Wir sind Gnomen. Wir leben auf der Erde, aber du hast uns auf der Erde nie gesehen, weil wir auf der Erde keinen Körper haben. Ihr Menschen, ihr nennt uns Kobolde, ihr nennt uns Wichtel, ihr nennt uns Zwerge und Berggeister. Doch kein Mensch hat uns je gesehen. Trotzdem können die

Menschen niemals ohne uns sein. Die hohen Berge schröpfen wir, aus vollen Adern schöpfen wir; Metalle stürzen wir zuhauf. Unsere Körper sind aus der Schwere der Erde gemacht. Und wir leben tief in der Erde, da wo sich Metalladern durch die Felsen ziehen. Schlau sind wir alle, oh ja, sehr schlau. Wir achten auf alles, wir müssen alles kennen, um unser Leben zu retten. Immer müssen wir wachen, denn wenn wir schläfrig werden, müssen wir sogleich sterben. Wo Metall an den Stein sich anschmiegt im Innern der Erde, da hocken wir beieinander dicht zusammengekauert. Wir begleiten das Feste der Felsen tief in der Erde, doch in das Leben oben auf der Erde greifen wir nicht tätig ein. Wir haben nicht viel zu tun mit der Welt der Erde. Nur manchmal treiben wir unseren Schabernack mit euch auf der Erde. Wenn ihr gierig nach dem Golde grabt in den Tiefen der Klüfte, dann zeigen wir euch schönes, glänzendes Gold. Und oben unter dem Licht der Sonne ist es dann nur noch Katzengold." So sprechen die Wesen zu mir. So äussern sie sich. Zuerst habe ich meine eigenen Gedanken kennen gelernt. Nun lerne ich die Gnomen kennen. Es wundert mich nicht, dass ich sie als nächstes kennenlerne. Sie ähneln meinem Verstand, den ich auf der Erde gehabt habe. Es ist, als wären sie nur Verstand, und sonst nicht viel anderes dazu. Die Gedankenformen, die ich auf der Erde hatte, über bestimmte rein physische Dinge wie die Bauweise des neuen Klosters, hatten ganz denselben Charakter wie diese Gnomen. Es ist mir etwas peinlich, aber insofern sind mir die Gnomen in all ihrer Fremdheit doch irgendwie verwandt und verständlich.

19. Dezember 1155

Langsam erwacht in mir eine neue Kraft. Es ist eine schöpferische Kraft und gleichzeitig ist sie wie ein Licht, mit dem ich die Wesen um mich herum beleuchten kann. Überall um mich herum auf diesem Meer meines Willens, schaue ich die Elementarwesen schwimmen, meine eigenen Gedanken, die Gnomen, die Undinen, die lebenden, webenden Elementarwesen, und ich beginne sie mehr und mehr mit meinem geistigen Seelenlicht zu beleuchten. So arbeite ich mich langsam hinein in die geistige Welt und beginne dort heimisch zu werden, mich als Seele unter Seelen zu fühlen wie auf Erden auch. Was mir die Sinne auf der Erde waren, das wird mir mein geistiges Seelenlicht in dieser Welt. Es strahlt von meiner Seele aus und erhellt, erleuchtet und durchleuchtet die Dinge um mich herum.

17. Januar 1156: Im Kaiserdom zu Speyer

Ich stehe im Kaiserdom zu Speyer und predige. Mitten in der Predigt wende ich mich an König Konrad: „Oh Mensch, was hätte ich für dich tun sollen und habe es nicht getan?“ Da erhebt sich Konrad mitten in der Predigt und ruft unter Tränen: „Herr, ich bin bereit, ihm zu dienen.“ Er kommt nach vorne zum Altar und ich überreiche ihm das Kreuz und die Heerfahne. So lange wollte der Kaiser nicht in den Heiligen Krieg ziehen. So lange hat er weltliche Gründe gegen die geistliche Überzeugung gestellt. Nun ist alles anders. Nun wird er gen Jerusalem ziehen.

26. Januar 1156

Nun lebe ich nicht mehr auf der Erde. Ich lebe im Kosmos, und ich lebe in einem Meer aus Farben und Formen. Ich bin selber in Farben und Formen gehüllt in diesem Meer aus Farben und Formen. Zuerst erschien mir diese wogende, wirbelnde Glut, dieses Farbenmeer, als herrenlos. Dann sind aber die Farbenflocken wie zusammengetreten. Sie haben sich wie an Wesenheiten geheftet. Dort, wo ich anfangs nur schwebende Formen gesehen hatte, offenbarten sich in diesen Farben und durch diese Farben geistige Wesenheiten. In einer Welt von Wesenheiten lebe ich. Ich lebe in einer Welt von Wesenheiten, die durch Farben und Formen zu mir sprechen. Das ist nun meine Welt.

Diese Welt ist aber nicht einfach da. Das heisst, sie ist sicher da, ich sehe sie aber nur, wenn ich selber aktiv bin. Wenn ich nichts tue, sehe ich gar nichts um mich her. Wenn ich nichts tue, versinke ich in Einsamkeit. Ich muss etwas tun, damit ich etwas sehe. Auf der Erde konnte ich nicht anders. Da sah ich die Welt, wenn ich offenen Auges durch die Welt ging. Da hörte ich die Welt, wenn ich mir nicht die Ohren zuhielt. Da roch ich die Welt, wenn ich mir nicht die Nase verstopfte. Da spürte ich immer die Welt auf meiner Haut, sogar wenn ich mich in meiner Kutte vor ihr verschloss. Immer noch spürte ich dann die Welt im rauen Reiben der Kutte auf meiner Haut. Unten im Kloster habe ich meine Aufmerksamkeit nach innen gerichtet und probiert, die Sinne abzutöten. Hier ist mir meine Aufmerksamkeit zu meinen Sinnen geworden. Ich richte sie immer noch nach innen. Aber nun ist die ganze Welt in meinem Inneren. Ich muss meine Aufmerksamkeit richten auf die Welt, damit überhaupt etwas ist für mich. Mit meiner Aufmerksamkeit muss ich Farben und Formen malen. Die male ich selber. Ich male sie, aber ich erfinde sie nicht. Ich bilde in Farben und Formen das, was dort schon ist. Ich bringe es in mir zur Erscheinung.

10. Februar 1156: Vézelay

Ich stehe zusammen mit König Louis auf einem Holzgerüst vor der Burg von Vézelay. Unten stehen tausende von Menschen. Männer, Frauen, Kinder, Ritter, Adlige und einfaches Volk. Ich spreche zu ihnen: „Heute spreche ich zu euch. Ein unwürdiger Sprecher bin ich angesichts der Sache, um die es heute geht. Heute geht es um die Sache Christi, und in Christus liegt unser aller Heil. Möge die Macht des Herrn die Unwürdigkeit des Sprechers entschuldigen, aber heute ist der Tag des Heils. Heute ist der Tag des vollen Heils da. Es wankt und bebt die Erde, weil der Gott des Himmels begonnen hat, sein Land zu verlieren. Er verliert das Land, in dem er gesehen wurde. Es droht der Verlust des Landes, in dem er mehr als dreissig Jahre als Mensch unter Menschen weilte. Bedroht ist sein Land, das er durch seine Wunder erleuchtet hat. In Gefahr ist der Boden, den er durch sein eigenes Blut geweiht hat. Zerstörung winkt der Erde, auf der die ersten Blüten der Auferstehung sich zeigten. Denn unsere Sünden haben bewirkt, dass die Feinde des Kreuzes ihr gottloses Haupt erhoben haben und mit offenem Schwert das gepriesene Land, das Land der Verheissung, verwüsten. Wenn keiner da ist, der sich widersetzt, werden sie sogar in die Stadt des lebendigen Gottes eindringen. Sie werden die Stätte unserer Erlösung zerstören. Sie werden die heiligen Orte besudeln, die getränkt sind mit dem Blut des unbefleckten Lammes. Schon reissen sie ihren gottlosen Rachen selbst gegen das Heiligtum der christlichen Religion auf, sie suchen in die Lagerstätte selbst einzudringen und sie mit Füssen zu treten. Sie wollen dort eindringen, wo unseretwegen der, der unser Leben ist, im Tod entschlief. Was tut ihr, tapfere Männer? Was tut ihr, Diener des Kreuzes? Wollt ihr so das Heilige den Hunden und die Perlen den Säuen preisgeben? Unsere Väter haben in diesem Land mit dem Schwert den Unrat der Heiden ausgemerzt. Wie viele Sünder haben seither dort ihre Sünden unter Tränen bekannt und Vergebung gefunden? Der Böse hat es lange angesehen voll Neid. Er hat mit den Zähnen geknirscht voll Wut. Er hat sich auf die Brust geschlagen voll Zorn. Nun aber entfaltet er die ganze Fülle seiner Bosheit. Er will dieses Land vernichten. Er will nicht die kleinste Spur der grössten Frömmigkeit übrig lassen. Sollte ihm das gelingen, es wäre ein unheilbarer Schmerz für alle künftigen Jahrhunderte. Der Schaden wäre unersetzlich. Für unsere ganze schlechte Generation wäre es aber eine immerwährende Schmach und eine ewige Schande.

Darum gürtet euch ihr tapferen Männer, gürtet euch ihr kraftvolle Jugend, gürtet euch mannhaft und ergreift die Waffen. Diesmal werden die Waffen das Heil für die Christenheit bringen. Ergreift sie für das Christentum. Lasst ab von den Kämpfen gegeneinander, die grosse Sünde sind. Jetzt, tapfere Ritter, streitbare Mannen, habt ihr ein Feld, wo ihr ohne Gefahr kämpfen könnt, wo der Sieg Ruhm und der Tod Gewinn vor Gott ist. Euer König will losziehen. Zum Zeichen, dass er in einen heiligen Krieg zieht, überreiche ich ihm dieses Holzkreuz. Der Papst hat es mir gesandt. Tut es Eurem König nach. Nehmt auch ihr das Kreuz. Zieht auch ihr in den Heiligen Krieg. Zum Zeichen, dass auch ihr losziehen wollt, heftet euch ein Kreuz aus Stoff an die Brust."

Mit diesen Worten überreiche ich dem König das Holzkreuz, das mir der Papst gesandt hat. Damit ist die Begeisterung der Menge unten nicht mehr zu halten. Rufen und Schreien bricht überall los, und überall wird nach Kreuzen aus Stoff verlangt. So viele Ritter möchten ins Heilige Land ziehen. Die Stadt und die Burg drohen sich von Männern zu leeren, denn die meisten möchten auf bewaffnete Pilgerfahrt ziehen. Und sie alle möchten sich ein Kreuz aus Stoff an die Kleidung heften. Ich muss sogar meine Kutte ausziehen, damit daraus heilige Kreuze geschnitten werden können. Übers Jahr wollen sie aufbrechen.

18. Juli 1156

Auf der Erde unten habe ich so viele Jahre am Rande des Lebens verbracht. Viele sagten am Rande des Todes, weil ich so oft dem Tode nahe war. Es war aber am Rande des Lebens. Mein Körper liess mich kaum die alltäglichsten Notwendigkeiten des Tages verrichten. Die Arbeit meiner Hände war gerade gut genug, um den Dreck aufzuwischen vom Boden des Klosters. Viel konnte ich nicht bewirken mit meiner Hände Arbeit. Umso mehr Zeit habe ich mit dem Lesen der Heiligen Schrift verbracht. Wieder und wieder habe ich sie vom Anfang bis zum Ende durchgelesen und habe darüber nachgedacht. Ich lebte auf der Erde, doch ich lebte im Geiste des Herrn. Ich lebte in der Welt des Herrn, in der Heiligen Schrift. Sicherlich war meine Körperkraft zu schwach für die Verrichtungen der Welt. Als Bauer hätte ich den Pflug nicht ziehen können. Als Ritter wäre ich vom Gewicht der eigenen Rüstung erdrückt worden. Sogar für die Tätigkeiten eines Abtes war ich lange zu schwach. Ich musste die Zeit in meinem Krankenhäuschen draussen vor dem Kloster verbringen. Dafür ist meine

Denkkraft im Leben vor dem Tode immer stärker und stärker geworden. Nachdenken über die Dinge der physischen Welt stärkt die Denkkraft nicht für das Leben hier hinter der Pforte des Todes. Nach dem Tode ist nichts Äusseres mehr da, das die Gedanken abbilden können. Alles muss ich mit meiner Denkkraft selber schaffen. Ohne selber zu schaffen sehe ich nichts, auch wenn das Geschaffene etwas zeigt, was ohne mich existiert. Es kommt nur zur Erscheinung für mich, wenn ich die Erscheinung schaffe. Ich fürchte, es nützt nichts, vor dem Tode Fantasiewelten zu entwickeln. Dann würde man nach dem Tode auch nur Falsches und Zerrbilder sehen. Der Herr hat uns in der Heiligen Schrift Bilder gegeben, die nicht der irdischen Welt entstammen. Sie sind wahr, weil sie aus der Welt, in der ich jetzt bin, stammen. Darum wurde ich nicht mit Blindheit und Taubheit geschlagen, als ich durch die Pforte des Todes getreten bin. Sehend und hörend konnte ich weiterschreiten, weil ich auf der Erde schon sah und hörte, was mir die Heilige Schrift zeigte.

25. August 1156

Ich bin tot für die Erde. Die Bilder meines Lebens, die ich in den letzten Tagen gesehen, in denen ich gelebt habe, sind verschwunden. Sie waren mein Leben. Aber sie waren mein vergangenes Leben. Das ist nun verschwunden. Mir sind die Sinne geschwunden. Finsternis ist aufgetreten mit dem Verlust der Augen. Tonlos wurde die Welt mit dem Verlust der Ohren. Kälte und Wärme sind verschwunden mit dem Verlust meiner Glieder. Gerüche sind verschwunden mit dem Verlust meiner Nase, und der Geschmack der Welt ist von mir gegangen mit dem Verlust meiner Zunge. Mit meinem Körper ist auch die Qual des Hungers beim Fasten nicht mehr da. Das Frieren auf dem Lager in der eisigen Kälte der Winternächte ist nur noch Erinnerung. Gering geachtet habe ich die Freuden des irdischen Lebens. Wenig hat mir genügt zum Leben. Aber dieses Wenige entbehre ich nun. Ich entbehre den Genuss beim

Kauen eines Stücks Brot am Morgen. Diese langsam auftretende, sich immer verstärkende Süsse beim Kauen, sie fehlt mir. Und es verlangt mich danach. Es quält mich dieses Verlangen, mit jedem Tag, den ich es nicht stillen kann, weil mir der Körper fehlt, quält es mich mehr. Nur ein Stück Brot, nur einen Krumen Brot kauen, im Munde bewegen und seine Süsse spüren, das wäre für mich höchstes Glück. Das Glück der Erde, danach verlangt es mich hier jenseits der Erde. Und ich kann es nicht erlangen. Ich kann keinen Hauch davon erlangen. Nicht Hunger quält mich mehr, denn ich benötige keine Nahrung mehr. Mein Körper ist von mir gegangen und damit ist auch der Hunger von mir gegangen. Aber das Verlangen nach Brot, das Verlangen nach dem kleinsten Genuss beim Kauen eines Stückleins trockenen Brotes, das quält mich. Das wächst mit jedem Tag. Kein Brosame wird mir gegeben werden. In diesem Augenblick nicht. Heute nicht, morgen nicht, übermorgen nicht. Nie mehr werde ich es geniessen. Weil ich tot bin für die Erde. Weil ich keinen Körper mehr habe.

Ich habe auch Durst. Ich möchte meine Lippen benetzen mit frischem, klarem Wasser. Ich möchte nur einen Schluck nehmen und spüren, wie es meine Zähne umspült. Ich möchte dann meine Zunge eintauchen in das herrliche Wasser, es im ganzen Mund spüren im ganzen Gaumen, bis es hinten an der hintersten Stelle der Zunge angelangt ist und ich es voll Wohlbehagen hinunterschlucke. Ach, dies Verlangen nach Wasser, es ist ein Wanderer, der in der Wüste umherirrt, von brennendem Durst gepeinigt, der umherirrt und eine Quelle sucht, um seinen Durst zu löschen. Ach, der brennende Durst, den ich leide, ist schlimmer als jeder Durst der Welt, weil mir die Lippen fehlen, weil mir die Zähne fehlen, weil mir die Zunge fehlt, weil mir alles fehlt, mit dem ich dieses brennende Verlangen befriedigen könnte. Ich muss alles entbehren. Und ich muss es ewig entbehren.

Es geht mir schlimmer, als es je dem Tantalus gegangen ist. Der stand hungernd und dürstend im Wasser. Wenn er nach den nahen Früchten griff, wichen diese vor ihm zurück, und der Wasserspiegel senkte sich, wenn er trinken wollte. Aber mir geht es schlimmer. Ich sehe kein Wasser, ich sehe keine Früchte, weil ich keine Augen habe. Selbst wenn Wasser da wäre, selbst wenn ich das Wasser erreichen könnte, ich könnte es nicht trinken. Mir fehlt der Mund. Mir fehlt der Leib. Mir sind nur die Qualen geblieben. Es sind nicht Qualen von aussen. Es sind Qualen von innen. Meine Seele kann noch geniessen. Meine Seele will noch geniessen. Kaum habe ich ihn bemerkt auf der Erde, diesen Genuss. Er war aber doch da. Nun vermisse ich ihn. Nun ist mein Leib für immer von mir gegangen. Nie mehr werde ich leibliche Genüsse haben.

18. Januar 1157: Geburt der Tochter von Aliénor

Ich knie vor dem Altar und bete. Friede ist in meiner Seele. Da ergreifen mich Gefühle, die nicht meine sind. Es sind die Gefühle einer Frau. In mir leben die Gefühle Aliénors. Freude ergreift mich. Es ist die Freude, die einen erfüllt, wenn einen die ersten Strahlen der aufgehenden Sonne erreichen. Eine Freude, die hochsteigt und grösser und wärmer und leuchtender und flammender wird. Eine Freude wie der flammende Sonnenaufgang. Eine Freude wie ferne Fanfarenstösse, die näher und näher kommen und lauter und lauter werden, und Triumph erfüllt mich. Ein unendlicher, süsser, vibrierender Triumph, der mich führt, der Sonne entgegen und in dieser Freude und diesem Triumph höre ich das leise Singen der Zärtlichkeit. Es ist die Zärtlichkeit, mit der sich die Blüte öffnet unter den Strahlen der Sonne, eine fürsorgliche Zärtlichkeit für die kleine Marie, die dort liegt. Gerade ist sie auf die Welt gekommen. Und mit ihr ist Dankbarkeit gekommen. Die Dankbarkeit kommt von innen, steigt in mir hoch und breitet sich aus. Sie erfüllt mich ganz, und dann ist in mir nicht Platz genug für sie. Sie wird grösser und reist davon. Sie reist zu Bernhard, dem Heiligen, dem Wundertäter. Er hat für mich gebetet und Gott hat meinen Wunsch erfüllt und mir ein Kindlein geschickt.

Pierre Le Trognon

22. Juli 1157

Unten auf der Erde war die Welt ausser mir. Gegenstände, Menschen, Tiere und Pflanzen waren ausser mir. In mir waren meine Gedanken, meine Gefühle, meine Willensimpulse. Worte und Taten habe ich nach aussen geschickt. Wollen, Fühlen, Denken blieben in mir. Nun fluten hinein in die Welt meine Gedanken, meine Gefühle, meine Willensimpulse. Mein Innerstes zieht in die Welt. Mein Innerstes ist in der Welt. Und die Welt? Auf der Erde hatte ich die Welt um mich herum. Nun habe ich die Welt in mir. Und diese Welt besteht aus Wesenheiten. Ich bin mit ihnen zusammen. Mit manchen ist es ein starkes, mit manchen ist es ein schwaches Zusammensein.

8. Januar 1158: Predigt in Notre Dame de Paris

Ich stehe auf der Kanzel von Notre Dame de Paris und predige: „Unsere Kirche ist in Gefahr. Unser Glauben ist in Gefahr. Am Beginn des Christentums standen die Schrecken der Nacht. Dann kam die Zeit der Verfolgungen. Schliesslich kam die die Seuche der Kirchenspaltung. Gerade haben wir diese Seuche überwunden. Gerade haben wir wieder einen Papst und ein einiges Christentum. Doch schon droht die nächste Gefahr für die Christenheit. Es droht die schlimme Krankheit der heuchelnden Häresie. Es drohen die Abweichler, die der Lehre des Heiligen Stuhls, der Päpste und Bischöfe widersprechen. Tief innerlich und unheilbar ist die Wunde der Kirche. Sie wird von ihren eigenen Söhnen befleckt, von ihrem schändlichen Leben, ihrem schändlichen Erwerb, ihrem schändlichen Handel. Und die Krankheit hat einen Namen: Peter Abaelard. Er lehrt schon wieder Neues. Er schreibt schon wieder Neues. Seine Bücher überqueren die Meere und überspringen die Alpen. Seine neuen Glaubenslehren verbreiten sich über Provinzen und Reiche. Hierzu kann ich nicht weiter schweigen. Ich kann nicht schweigen, wenn der Verstand sich erdreistet über die Heilige Schrift zu urteilen. In der Welt draussen haben sie die Dialektik erfunden. In den Schulen und Universitäten führen sie sie ein. Und nun wollen sie gar eine Philosophie der Religion. Die Religion braucht die neuen Wissenschaften nicht. Aber die neuen Wissenschaften brauchen die Religion. Und wer vertritt diese neuen Wissenschaften? Peter Abaelard, ein Mönch. Er nennt sich Mönch, doch hat er nichts vom Mönch ausser Namen und Kutte. Er ist ein Mann, der über sein Mass hinausgeht. Wie ein Wahnsinniger wütet Abaelard in der Heiligen Schrift, wütet gegen Vernunft und Glauben. Schmähungen und Anwürfe speit er aus gegen die Gläubigen. Seine profanen Neuerungen lassen mich schaudern. Wer so denkt, muss stürzen, wie Luzifer vom Himmel gestürzt ist. Für ihn ist der Glaube nur eine Meinung. Wenn der Glaube aber nur eine Meinung wäre, dann wäre die ganze Kirche seit den Märtyrern dumm, die Hoffnung der Gläubigen nichtig, die Sicherheit dahin. Das kann nicht sein und das ist auch nicht so.

Wo ist die Bedrohung am grössten? Hier in Paris, in dieser grossen Stadt, in dieser königlichen Residenz. Ja, die Professoren und die Vaganten lieben sie und sind begeistert von ihr, aber die Liebhaber der Einsamkeit erkennen nur allzu deutlich, welche Bedrohung für die Seelen von dieser Stadt ausgeht. Allenthalben sehe ich ekelhaften Schmutz. Und ich bin tieftraurig. Wie soll ich nicht traurig sein, wenn ich sehe, wie hier derartig viel Fäulnis zusammengeflossen ist. Am gefährlichsten unter all der Fäulnis ist jedoch der Eigenwille. Im Eigenwillen steht eine Alte auf, zerbrochenen Schosses. Es juckt sie der Aussatz und der Geifer tropft ihr aus dem Mund. Sie stürzt vor mit gefletschten Zähnen, Drohungen keuchend und aus der ganzen Brust ekliges Gift schnaubend. Diese Schreckensgestalt des Eigenwillens lenkt den Körper zu eitlen Genüssen, vom Scheitel über den Gaumen und die Schamteile bis zu den Füssen. Dagegen ist die Vernunft ohnmächtig, das Gedächtnis verstunken, der Wille vereitert. Und der Leib? Jedes einzelne Glied des Leibes ist ein Fenster, durch das der Tod in die Seele dringt. Dieser Leib wird nach dem Jüngsten Gericht im Höllenfeuer brennen ewiglich. Es gibt nur eine Hilfe. Hilfe bringt nur das Trauern und

Weinen. Es reinigt das Auge, bis es endlich das Licht des Himmels sehen kann. Dann erblickt es das irdische Paradies, den Garten der Tugenden. Das soll das Ziel des Willens werden. Dort werden mit grösster Begierde Liebeswonnen verkostet, die ihr vorher nicht gekannt habt. Dort wird der Geist mit der Salbung des Erbarmens durchdrungen. Dort ruht der Geist glücklich in seinem guten Gewissen. Da sind die Dornen und Stacheln der Gewissensbisse, von denen er vorher gestochen wurde, weggeschnitten. Nun hört die Seele das Flüstern Gottes mit dem Verstand. Nun hört die Seele das Flüstern Gottes mit dem Willen.

Wie könnt ihr den Bedrohungen entgehen? Wie könnt ihr euch auf den Weg zum Glück machen? Zuerst müsst ihr die Fenster der Seele schliessen. Nur bei geschlossenem Fenster kann kein neuer Schmutz mehr in die Seele gelangen. Ihr schliesst die Fenster der Seele durch Fasten, Einsamkeit, Entäusserung und Arbeit.

Wo könnt ihr das tun? Ihr könnt es tun in den Stätten der Zuflucht. Die Klöster sind die Stätten der Zuflucht. Das Kloster ist die sicherste Stätte für die Seele. Dort sind die Eingangspforten der Versuchung sehr klein. Wir haben keine Kunstwerke in den Kirchen, keine Bilder in den Büchern, keine Gaumengenüsse im Refektorium und kein Wort dringt an das Ohr, ausser der Liturgie und der Predigt. Der Eintritt in unsere Klöster ist der sicherste Weg für den Sünder, die göttliche Gnade zu erlangen. Dorthin eilen von überall her die Sünder zusammen, ohne die Bitterkeit der Busse zu scheuen. Denn harte Busse verspricht Vergebung der Schuld. Dort könnt ihr mit der Reinigung beginnen. In unserem Kloster ist der ideale Ort zur Reinigung. Die Reinigung beginnt mit dem Trauern."

Und mit dem Erleben meiner eigenen Rede durchdringt mich eine Vielfalt von Gefühlen. Die Rede kenne ich. Die Ereignisse kenne ich, aber die Gefühle sind neu. Es ist nicht die Spur von der Verachtung und dem Hass gegen Abaelard in mir. Nun ist mir klar, dass ich ihn nicht hätte hassen sollen. Und daraus erwächst mir ein unendlicher innerer Schmerz. Was ich Abaelard angetan habe mit meinem Hass auf ihn, das wird mir jetzt innerer Schmerz. Und noch viele andere Gefühle treten in mir auf.

Eines ist besonders stark. Ich lebe das Gefühl dieses einen Zuhörers in Saint-Denis. Ich werde sein Gefühl. Es ist das Gefühl einer unendlichen Sehnsucht. Tief in meinem Herzen verborgen war eine Zither, auf der nie jemand spielte. Da hat der Klang deiner Stimme sie angerührt. Sanft wie der Frühlingswind ist er durch die Saiten gegangen. Nun klingen und singen sie leise. Nun erfüllen sie mich mit Frieden und Harmonie. Sie singen und lassen die Melodie des Herrn erklingen. Sie singen und lassen erklingen sein Lied. Nie mehr möchte ich dies missen. Nie mehr möchte ich von deiner Seite weichen. Mit dir möchte ich ziehen nach Clairvaux. Mit dir möchte ich ziehen in das liebliche Tal. Mit dir möchte ich ein engelgleiches Leben führen und mich abwenden von den Schrecken der Welt. Meine Stimme will schweigen von menschlichen Dingen. Meine Stimme will nur noch singen das Lied des Herrn. Meine Stimme will nur noch murmeln seine Worte. Meine Stimme will nur noch preisen seine Herrlichkeit. Meine Augen wollen nur noch sehen die Herrlichkeit des Herrn. Meine Augen wollen überquellen von Tränen, die nie mehr versiegen. Und meine Ohren wollen lauschen dem Klang deiner Stimme, oh Herr, auf den Saiten meiner Zither. Zusammenschwingen will ich mir dir. Eins werden will ich mit dir im Klang der Zither in meinem Herzen.

13. September 1158

Unten auf der Erde habe ich in Raum und Zeit gelebt. Im Raum konnte ich nach allen Seiten sehen. Ich konnte vorausschauen, ich konnte zurückschauen. Wenn ich im Feld stand und zum Kloster schaute, war der Wald hinter mir verschwunden. Wenn ich aber zum Wald schaute, war das Kloster hinter mir verschwunden. Dennoch blieben sie, wo sie waren. Ich musste mich nur umdrehen und sie anschauen, dann waren sie wieder da. Ganz anders habe ich in der Zeit gelebt auf der Erde. Wenn etwas in der Zeit an mir vorübergegangen war, war es für immer verschwunden. Es ist mir nur die Erinnerung daran geblieben. Und sogar die Erinnerung ist oft verschwunden. Wie oft musste ich die Bilder der Erinnerung erst aus meinem Bewusstsein aufsteigen lassen, dass wenigstens die Erinnerung wieder da war. Das ist nun anders. Nun lebe ich in der Zeit, wie ich auf der Erde im Raum gelebt habe. Ich kann immer zurückschauen. Was ich gesehen habe, bleibt stehen. Was einmal gewesen ist, wird für immer sein. Die Vergangenheit wird ewige Gegenwart. Ich muss nur wieder hinschauen, dann sehe ich sie wieder. Ich sehe in der Zeit zurück so, wie ich auf der Erde im Raum zurückgeschaut habe.

7. Januar 1159: Rückkehr aus Italien

Ich bin zurückgekommen. Ich bin wieder daheim. Schon schaue ich von der Höhe der Berge mit ihren dunklen Wäldern auf das lichte Tal von Clairvaux. Dort gibt Gott sich kund in seinen Häusern. In ihrer Schlichtheit und Bescheidenheit sprechen sie stumm von der Schlichtheit und Demut der Armen Christi. Hier wohnen sie, die Armen Christi. Im Tal unten wimmelt es von Menschen und keiner von ihnen ist müssig. Alles rührt sich geschäftig und jeder tut die ihm zugewiesene Arbeit. Alle Arbeit geschieht am helllichten Tag. Sie geschieht aber in tiefem, mitternächtlichem Schweigen. Nur aus der Kirche dringt der Lobgesang der Brüder.

Nun habe ich das Tal erreicht. Ich treffe vor dem Tor von Clairvaux ein. Die Brüder erwarten mich schon. Sie empfangen mich mit einem begeisterten Tedeum. Es ist Friede eingekehrt in Rom und in Italien. Das Schisma ist beendet. Das Volk hat die Waffe weggelegt und strömt in die Kirchen, um das Wort Gottes zu hören. Nach vielfacher Not und Armut erblüht Rom wieder zu altem Wohlstand. Was während des Schismas in Zwietracht geriet, das führt der Friede wieder zurück. Ödland wird wieder bepflügt und Wüsteneien werden fruchtbar. Jeder ruht unter seinem Weinstock oder Feigenbaum. Die nächtlichen Wachtposten schweigen, die Haustüren stehen wieder offen, es gibt nichts zu fürchten.

4. März 1159

Was habe ich meinen armen Leib gequält auf der Erde. Ich wollte die Begierde des Fleisches, die sich durch die leiblichen Sinne äussert, abtöten. Ich wollte blind werden für die Welt, obwohl ich sehen konnte. Ich wollte taub werden für die Welt, obwohl ich hören konnte. Ich wollte meinem Geschmackssinn verbieten, mir zu sagen, was ich ass. Welch ein Irrtum. Der physische Leib kennt weder Hunger noch Durst. Nur die Seele kennt Hunger und Durst. Das innere Erlebnis von Durst und Hunger ist ein Seelenerlebnis. Nur die Erfüllung dieses Begehrens, nur das Löschen des Durstes, nur das Stillen des Hungers wird unten auf der Erde durch den physischen Leib herbeigeführt. Der Hunger lebt in der Seele, nur die Befriedigung des Hungers lebt durch den Leib; der Durst lebt in der Seele, nur die Befriedigung des Durstes lebt durch den Leib. Ich bin durch die Pforte des Todes getreten, ich habe keinen physischen Leib mehr. Doch ich habe noch Durst und Hunger. Den gewöhnlichen Durst und den gewöhnlichen Hunger habe ich durch die Todespforte hindurchgetragen, und nun bin ich hungrig und durstig, wie ich es auf der Erde nie war. Auf der Erde wollte ich mich freimachen von den Begierden des Fleisches. Ich habe gegen das Fleisch gekämpft und die Seele unbehelligt gelassen. In den tiefsten Untergründen der Seele haben ihre Begierden weiter gelebt. Nun kommen sie heraus. Nun muss ich mich von ihnen befreien, damit das Leiden an ihnen ein Ende hat.

23. April 1159: Über die Gottesliebe

Mein Blick fällt vom Hinterhof auf die Küche. Neben mir lagert das Brennholz. Die Küche ist offen bis zum Dach hinauf. Mitten im Raum liegt die Feuerstelle, an der die Köche gerade die grossen Töpfe vom Feuer nehmen. Die Glocke läutet zum Essen und mein Blick wandert zum Brunnen in der Mitte des Kreuzgangs. Die Mönche waschen sich am

Brunnen die Hände und treten in Prozession ins Refektorium ein. Das Refektorium gleicht baulich unserer Kirche. Es ist ein heiliger Ort, der zur Labsal der Seele und zur Erquickung des Leibes dient. Die Mahlzeiten sind das andächtige Feiern der Gaben Gottes in der Gemeinschaft. Die Tische sind entlang der Wände zu einem grossen Rechteck aufgestellt. Die Brüder treten an ihre Plätze und warten dort stehend. Nun tritt auch der Prior an seinen Platz und alle setzen sich. Das Tischgebet wird gesungen. Dann holt der Zellerar mit den Küchendienern die heissen Gerichte über die Durchreiche aus der Küche. Es herrscht absolutes Schweigen und die Mönche reichen sich die Speisen so leise wie möglich. Ich betrete die Kanzel und beginne zu sprechen.

„Vier Stufen der Liebe gibt es. Auf der ersten liebt der Mensch nur sich selbst um seinetwillen und darin wird er nur vom Gebot der Nächstenliebe gebremst. Die zweite Stufe der Liebe ist erreicht, wenn der Mensch Gott liebt, weil Gott ihm aus der Not hilft. Da liebt der Mensch also Gott um seinetwillen. Auf der dritten Stufe liebt der Mensch Gott, um Gottes Willen, ohne dass Gott ihm aus der Bedrängnis hilft. Die vierte und höchste Stufe ist erst erreicht, wenn der Mensch sich selber nur um Gottes Willen liebt. Nun liebt sich der Mensch nicht, um seiner selbst willen. Er liebt sich nur, weil Gott ihn wollte. Auf dieser Stufe sind wir mit Gott vereinigt. Auf dieser Stufe sind wir ganz von Gott erfüllt. Da sind wir wie ein kleiner Wassertropfen, der in viel Wein gegossen wird. Er verliert seine Form. Er verliert seine Farbe. Er verliert seien Geschmack. Er nimmt den Geschmack des Weines an. Er nimmt die Farbe des Weines an. Er scheint seine eigene Natur ganz zu verlieren. Da sind wir wie ein glühend erhitztes Eisen im Feuer. Es verliert seine frühere Form und wird dem Feuer ganz ähnlich. Da sind wir wie die vom Sonnenlicht umflutete Luft. Sie scheint dann nicht mehr erleuchtet, sondern scheint selber zu leuchten von Licht. So ist es auf der vierten Stufe der Liebe. Da verflüssigt sich jedes menschliche Gefühl und wird ganz in den Willen Gottes umgegossen. Lange habe ich nicht geglaubt, dass diese Stufe der Liebe vom Menschen überhaupt erreicht werden kann, doch nun habe ich sie selbst erfahren. Für einen kurzen, allzu kurzen Moment waren mein Wille und Gottes Wille eins, waren meine Liebe und Gottes Liebe eins und ich ging auf in himmlischer Ruhe. Denn der ruhende Gott beruhigt alles, und den Stillen anzuschauen, heisst still zu werden."

17. Mai 1159

Seit ich durch die Pforte des Todes geschritten bin, habe ich auch die Welt der festen Formen verlassen. Auf der Erde hatte alles seine feste Form. War der Stein einmal zurechtgehauen, so behielt er seine Form. Der Steinmetz konnte sie verändern. Wasser, Regen und Wind konnten sie verändern. Das ging aber alles langsam. Auch der Baum behielt seine Form für mein Wahrnehmen. Ich wusste, dass er wuchs und seine Form veränderte, aber ich konnte es nicht wahrnehmen. Die neuen Lehrer wie Abaelard wollten sogar die Gedanken in feste Formen pressen und so dem Himmlischen näher kommen. Die Welt auf der Erde war die Welt der Geister der Form. Nun bin ich in das Reich der Geister der Bewegung eingetreten. Nichts behält hier seine Form. Alles ist in ständiger Bewegung. Ich bin in einer beweglichen, flutenden Welt und muss sprechen über sie in der Sprache der Erde, die alles genau beschreiben will. Wie soll ich etwas genau beschreiben, das sich permanent ändert?

3. Juni 1159

Seit der Stunde, in der ich die Pforte des Todes durchschritten habe, gibt es keine Substanz, keine Materie, keine Gegenstände, die Farbe haben, mehr um mich herum. Es gibt keinen Himmel und keine Erde mehr. Es gibt kein Wasser und kein Land mehr. Es gibt nichts Flüssiges und nichts Festes mehr. Es gibt keine Natur mehr.

In den ersten Tagen nach der Todesstunde stand nur mein verflossenes

Leben vor mir. Alle meine Anschauung war nur auf mein Leben auf der Erde vor der Pforte des Todes gerichtet. Es stand in grossen Bildern vor mir. Danach ist alles ganz anders geworden. Die Bilder sind verschwunden. Sie haben sich aufgelöst. Sie haben sich dem Kosmos einverwoben und ich bin in der Überhelle des Bewusstseins versunken. Nichts konnte ich mehr unterscheiden. Nichts war da, bis es mir gelungen ist, diese Überhelle herabzudämpfen. Mit dem Abdämpfen sind Farben und Formen aufgetaucht. Anfangs waren es nur Farben und Formen ohne Bedeutung für mich. Sie haben mir nichts gesagt. Sie waren einfach da, in ewigem Auf und Ab. Aus den Farben und Formen heraus habe ich dann die ersten Wesen kennengelernt. Es waren zuerst meine eigenen Gedanken, dann Gnomen, dann Undinen. Und immer waren zuerst die Farben und Formen da. Dann begannen sie zu mir zu sprechen als stets sich verändernde, fliessende, wogende Farben und Formen. So habe ich sie kennengelernt.

Nun macht sich etwas Neues bemerkbar. Es macht sich in mir bemerkbar. Ich beginne etwas zu spüren in mir. Es ist nicht einfach ein Gefühl, wie die Gefühle in mir auftreten bei meinem Zurückleben durch mein Leben. Es ist ein Gefühl, das zu jemandem gehört. Beim Zurückleben treten auch Gefühle auf, die zu jemandem gehören. Es sind aber Gefühle der Vergangenheit. Ich erlebe sie zwar jetzt, es sind aber Gefühle aus meinem Leben vor der Pforte des Todes. Das ist nun anders. Da ist dieses Gefühl, das zu jemandem gehört, der jetzt da ist. In mir tritt jemand auf. Er äussert sich durch ein Gefühl. Ich muss diesem Gefühl nachgehen. Ich muss dem Gefühl Konturen geben. Es ist anfangs noch verwaschen. Es ist neblig. Es tritt in mir auf, ganz tief in mir so wie Freude oder Schmerz. Es ist aber diffus. Ich kann es wie nicht unterscheiden. Ich kann nicht unterscheiden, ob es Freude oder Wonne oder Glück oder Fröhlichkeit oder was es genau ist. Ich spüre und fühle und empfinde und taste in mich hinein. Ich muss mich mit diesem Gefühl noch stärker verbinden. Ich muss es genauer kennenlernen. Und je mehr ich das tue, umso klarer wird mir: Das ist nicht Freude, das ist nicht Glück. Es ist Grosszügigkeit. Ich taste diese Grosszügigkeit wie innerlich ab. Ich lerne sie genauer kennen. Es ist nicht irgendeine Grosszügigkeit. Sie gehört zu einer bestimmten Seele. Diese Seele ist da. Ich weiss von ihr. Sie hat aber keine Gestalt, sie ist nicht wahrnehmbar. Ich muss aus diesem Gefühl heraus ein Bild machen. Ich muss das Bild schaffen, das zu diesem Gefühl gehört, das zu dieser Seele gehört. Ich muss dieses Gefühl gleichsam abtasten und dann danach, nach dem, was ich ertastet habe, das Bild schaffen. Das kann ich nur, indem ich mich innerlich damit verbinde. Ich muss dieses Gefühl innerlich ausfüllen.

Nun bildet sich das Gefühl zu einer Form. Es ist nicht nur eines. Es sind viele. Es sind die Gefühle einer Beziehung. Ich war körperlich schwach und er stützte mich. Ich war kleinmütig im Herzen, und er stärkte mich. Ich war träge und nachlässig, und er spornte mich an. Ich war achtlos und vergesslich, und er mahnte mich. Langsam formt sich ein Bild. Es kommt nicht von aussen an mich heran wie die Erlebnisse vor der Pforte des Todes. Es kommt auch nicht so innerlich, aber doch gleichzeitig äusserlich wie die Bilder meiner Gedanken, wie die Gnomen. Es kommt herauf wie ein Erinnerungsbild, das ich jetzt gerade neu schaffe. Es ist ein Erinnerungsbild und es ist jetzt Realität. Es ist nicht die Erinnerung an eine vergangene Realität. Es ist neu, und es ist jetzt da. Es ist lebendig. Es ist in meinem Inneren. Auf der Erde konnte ich mich deutlich unterscheiden von der Aussenwelt. Auch meine Gedanken, auch die Gnome, auch die Undinen konnte ich deutlich unterscheiden von mir selber. Aber dies hier ist anders. Hier kann ich mein Ich und das Bild, das mein Ich formt, nicht so unterscheiden. Da steigt ein Erinnerungsbild am inneren Horizont meines Bewusstseins auf, und zwar so, dass ich weiss: Es ist Realität. Es ist ein Bild und es ist so mit mir verbunden, wie es die Erinnerungsbilder auf der Erde waren. Es ist lebendig. Mein Ich ist darinnen.

Das Bild steigt auf aus unbestimmtem Dämmerdunkel, wie auf der Erde Erinnerungsbilder an mich herangekommen und in meiner Seele aufgetaucht sind. Die Erinnerungsbilder auf der Erde blieben immer ganz dämmerig, sie waren immer Bilder einer gewesenen äusseren Wirklichkeit. Dieses Bild hier wird sprechend. Hier kündigt sich wesenhaft jemand an durch seine im Geist sich enthüllende Sprache, und endlich offenbart er sich mir. Es ist Gérard. Es ist mein Bruder Gérard. Schon frage ich: „Bist du es, Gérard? Hast du mich nicht vergessen?“ Und er antwortet: „Kann etwa eine Mutter das Kind ihres Schosses vergessen? Und wenn sie es vergessen könnte, ich werde dich doch nicht vergessen.“ Und ich blicke auf Gérard, und er ist da. Er ist endlich wieder da. Vor so vielen Jahren hat er mich verlassen und jetzt ist er da, mir die Hand zu reichen. Ein Mensch, der eines Sinnes mit mir ist. Ein Mensch nach meinem Herzen ist mir nun im Herzen, ganz tief in meinem Innersten. Unsere auf Erden wechselseitige Liebe wird nun eine Liebe. Unsere auf Erden süsse Gemeinschaft wird nun Eins sein. Die innigen Freuden, die wir auf Erden beide fühlten, werden nun eine einzige grosse Freude. Wir leben in der Unermesslichkeit des Lichtes und im Meer der Glückseligkeit. Nun bin ich wärmer und inniger mit ihm zusammen, als ich je auf der Erde mit ihm zusammen sein konnte. Ja, es ist Glück. Es ist höchste Glückseligkeit in der Vereinigung.

20. Juni 1159: Das Lied der Lieder

Ich stehe auf der Kanzel und predige zu den Brüdern. Ich predige über das Lied der Lieder. Es ist das Hohelied der Liebe, und es spricht von der Liebe zwischen Braut und Bräutigam: Die Braut, wenn ich es zu sagen wage, ist jeder Einzelne von uns. Und der Bräutigam ist der Christus. Wendet euch an euch selbst. In euch selbst findet ihr den Christus. Jede einzelne Seele findet die Begegnung mit dem Bräutigam anders. Schliesslich endet aber jede Suche in der Begegnung mit Christus. Sie endet im Kuss vom Munde Christi. Wenn ihr den geistlichen Kuss vom Munde Christi auch nur einmal erfahren habt, dann ist das ein Kuss, der euch weiter und weiter lockt. Er lockt euch weiter bis zur geistlichen und heiligen Umarmung. Eine Umarmung, wo dasselbe zu wollen und dasselbe nicht zu wollen, einen Geist aus beiden macht. Da seid ihr im Geist vereint mit Christus. Auch wenn Christus unendlich gross ist und ihr unendlich klein seid, so seid ihr doch eins mit ihm. Auch wenn ihr so ungleich seid wie der Tropfen und der Ozean, so hemmt die Ungleichheit der beiden die Harmonie der Willen niemals, denn die Liebe kennt keine Unterwürfigkeit. Vom Lieben wird nämlich die Liebe benannt und nicht vom Ehren. Ehren kann man, wenn man starr vor Furcht ist. Ehren kann man, wenn man vor Bewunderung erschrickt. Doch nichts davon findet sich beim Liebenden. Es gibt nur eine Beziehung zwischen Braut und Bräutigam, nämlich zu lieben und geliebt zu werden. Und dieser Bräutigam ist nicht nur ein Liebender, sondern die Liebe selbst. Gott ist nicht Ehre. Gott ist nicht Würde. Gott ist Liebe. Könige, Kaiser, Päpste und Bischöfe mögen ja Ehre und Würde verlangen, aber wenn Gott liebt, will er nichts anderes als wiedergeliebt zu werden. Oh stürmische, heftige, brennende, anbrandende Liebe, die du nicht erlaubst, ausser dir etwas anderes zu denken. Du reisst Ordnungen um, missachtest die Herkunft, kennst kein Mass. Was immer zu Schicklichkeit, Vernunft, Scham, Rat, Urteil zu gehören scheint, alles führst du im Triumph in deine Gefangenschaft. Die Liebe zwischen Gott und Mensch überschreitet die Grenzen der Schuld und der Erbsünde. Ich muss euch das sagen. Ich kann nicht schweigen aus Scham. Ich muss sagen, was ich erfahren habe, und was ihr alle erfahren könnt. Ich muss es sagen, damit ihr es erfahren könnt.

Ich finde keine Ruhe, sagt die Seelenbraut, bis er mich küsst mit dem Kuss seines Mundes. Ich bin dankbar, seine Füsse küssen zu dürfen, dankbar auch, seine Hand küssen zu dürfen. Aber wenn er mich irgend gern hat, soll er mich küssen mit dem Kuss seines Mundes. Ich bin nicht undankbar, aber ich liebe. Ich bitte, ich flehe, ich beschwöre: er soll mich küssen mit dem Kuss seines Mundes. Die Braut Christi muss nicht ihren Gatten im Kniefall verehren wie die Bräute draussen vor dem Kloster. Sie küsst ihn von Angesicht zu Angesicht. Und sie geniesst diesen Kuss des Geliebten. Dann ruht die Seelenbraut eine kleine Weile in der ersehnten Umarmung. Und in dieser Ruhe erfährt sie die tiefsten Geheimnisse der ewigen Wahrheit. Denkt immer daran: Eure Seele ist die Braut und das Wort ist der Bräutigam. Der Kuss ist der Heilige Geist. Die Lippen der Braut sind Verstand und Wille. Von Kuss und Umarmung wird die Seele schwanger mit dem Geist. Darum sucht ja die Seele das Wort, sich mit ihm in Fruchtbarkeit zu vermählen, es zur Lust zu geniessen. So empfängt die Seele vom Wort und gebiert dem Wort.

Verzeiht mir meine Worte, aber es ist dem Prediger nicht erlaubt zu verschweigen, was er erfahren hat. Ihr sollt es auch erfahren. Es haben die Gefühle ihre eigenen Stimmen, durch die sie sich, auch wenn sie es nicht wollen, verraten. So achtet die brennende, heftige Liebe, vor allem die zu Gott, nicht darauf, in welcher Ordnung, nach welcher Regel, in welcher Folge sie mit ihren Worten hervorbricht. Daher kommt es, dass die auf unsagbare Weise in heiliger Liebe brennende Braut nicht bedenkt, was oder wie sie etwas sagt. Sondern was immer ihr in den Mund kommt, lässt sie unter dem Druck der Liebe hervorsprudeln, um auch noch das kleinste Auflodern der Glut, an der sie leidet, zu erhaschen.

Darum seid ihr ja hergekommen, um diese bräutliche Liebe der Seele zu Christus zu erfahren. Es beginnt mit demütiger Selbsterkenntnis. Es fängt an mit nüchterner Askese, es ist zuerst pflichtgetreue Überwindung von Widerständen. Das sind die Tugenden, mit denen es beginnt. Dann wächst die Liebe. Sie wächst in der Entfaltung der Tugenden und vollendet sich, wenn die Seele genügend vorbereitet ist, mit Reinheit, Sehnsucht und Gebet. Dann winken ihr höchstes Erkennen und süsseste Lust und völlige Vereinigung mit dem göttlichen Willen.

28. Juni 1159

Seit ich durch die Pforte des Todes getreten bin, habe ich die Welt der Form verlassen und bin in die Welt der Bewegung geraten. Ich habe meine eigene immer gleiche Form verloren. Ich bin in die mich umgebende Welt ausgeflossen. Nach und nach erfülle ich die Welt, die mich umgibt. Ich dehne mich aus. Das einzige, das festbleibt, das einzige, das unverändert bleibt, ist mein vergangenes Erdenleben. Es ist mir, als sei mein vergangenes Erdenleben das Auge, mit dem ich die neue Welt nun wahrnehme. Wie ich auf der Erde Augen zum Sehen hatte, so habe ich jetzt das Erdenleben, das ich durchlebt habe, wie ein kosmisches Auge, um die Welt damit wahrzunehmen. Was mein Auge auf der Erde war für meinen Leib, das ist nun mein Erdenleben für mein jetziges Leben nach dem Tode. Ich setze mein Erdenleben als Sinnesorgan ein.

13. Juli 1159: Predigt vom Jüngsten Gericht

Dort stehe ich und predige vom Jüngsten Gericht. Ich schaue in die Gesichter der Schar der Mönche, die aufblicken zur Kanzel. Und ihre Gefühle, ihre Angst und ihr Schrecken werden meine Angst, werden mein Schrecken. Gelähmt bin ich vor Angst, Kälte ergreift mein Herz. Ich habe Angst vor der Unterwelt, Angst vor dem Antlitz des Richters, das sogar den Gewalten der Engel Schrecken einflösst. Ich erbebe vor dem Zorn des Mächtigen, vor dem Blick seiner Wut, vor dem Dröhnen der zusammenstürzenden Welt, vor dem Feuersturm der Elemente, vor dem mächtigen Ungewitter, vor der Stimme des Erzengels und vor dem harten Wort. Ich erbebe vor den Zähnen der Höllenbestie, dem Bauch der Hölle, dem Brüllen der Untiere, die mich verschlingen wollen. Ich schaudere vor dem nagenden Wurm und dem sengenden Feuer, dem Rauch, dem Schwefeldampf, dem Sturmsausen. Ich schaudere vor der äussersten Finsternis. Ich erzittere vor den harten Fesseln an Händen und Füssen und der Last der Ketten, die mich niederdrücken, mich zusammenschnüren und mich verbrennen, ohne mich zu verzehren. Weh über mich. Wer wird meinem Haupt Wasser geben und meinen Augen den Tränenstrom am Tage des Gerichts? Tränen rinnen mir über die Wangen. Meine Zähne sind fest aufeinandergepresst, meine Kiefer mahlen. Angst schüttelt meinen ganzen Leib und schnürt mir die Kehle zu. Verzweiflung packt mich mit ihrem Grauen. Sie drückt mich nieder. Sie setzt sich schwer auf meine Lider und verdunkelt mir die Welt. Sie kriecht mir in die Ohren und verschliesst sie dicht. Nichts von draussen höre ich mehr. Es tönt nur noch das Pochen meines eigenen Herzens aus meinen Ohren. Ein schweres, dunkles Pochen. Der schwarze Nebel der

Verzweiflung dringt an mich heran. Er umhüllt mich, und atme ich ein, so atme ich die Verzweiflung ein. Wie soll ich mich ihrer erwehren? Ich muss doch atmen. Wieder und wieder muss ich einatmen. Mehr und mehr breitet die schwarze Verzweiflung ihre Nebel in mir aus. Und das wenige Helle, das noch in mir ist, ich atme es aus. Hoffnung, Liebe, Freude stosse ich aus mir heraus. Bald habe ich nichts mehr zum Ausatmen. Mehr und mehr atme ich ein, weniger und weniger atme ich aus. Ich drohe zu ersticken im Krampf des Einatmens all der Verzweiflung.

15. Juli 1159

Auf der Welt war ich entweder wach oder ich schlief. Wenn ich wach war, wusste ich von mir. Wenn ich schlief, wusste ich nichts von mir. Im Schlaf war ich meiner selbst nicht bewusst. Erst wenn ich aufwachte, wurde ich meiner selbst bewusst. Erst dann wusste ich: Ich habe ein Selbst, ein Ich in mir. Darum habe ich so ungern geschlafen. Darum habe ich so wenig wie möglich geschlafen. Darum war jede Minute des Schlafes Zeitverschwendung für mich. Nun ist das anders. Besonders nach dem Verschwinden der grossen Bilder meines Lebens gab es eine Phase, da habe ich die Überhelle des Bewusstseins nicht ertragen. Da musste ich die Welt ausschliessen. Da war ich nur noch in mir selber. Ich hatte kein Bewusstsein der Welt. Ich hatte nur noch das Bewusstsein meiner selbst. Dann habe ich begonnen, die Welt um mich herum wahrzunehmen. Ich bin in die Welt um mich herum ausgeflossen. Ich habe angefangen, mich auszudehnen. Und damit drohte ich auch, mich selbst zu verlieren. Immer wieder schaue ich darum zurück auf den Moment meines Todes. Immer wieder muss ich mich selbst vergewissern: Du bist wirklich gestorben, also bist du Ich, bist du ein Ich. Das ist das Bedeutungsvollste. Ich blicke zurück auf den Sieg des Geistes über den Leib. Endlich habe ich ihn im Tod errungen. Ich blicke zurück auf den Moment des Todes. Das ist das Schönste, das überhaupt erlebt werden kann. Im Zurückblicken werde ich meines Selbstes in der Welt gewahr. Das ist die Besinnung auf mich selber. So, wie ich im Aufwachen auf der Erde wusste: Ich bin ich, so weiss ich es hier, wenn ich auf meinen Tod zurückblicke. Dann fliesse ich zwar noch aus in die Welt um mich herum. Aber ich vergehe nicht. Ich weiss, dass ich bin.

24. Juli 1159

Da ist diese Seele. Ich fühle sie, ich weiss, sie ist da. Aber es ist ein ganz abstrakter Eindruck. An diesen Eindruck gebe ich mein ganzes Innerstes hin. Welche Seele ist das? Da taucht es auf, das Gefühl in meiner eigenen Seele: Das ist die Seele, zu der ich ganz grosse intellektuelle Feindseligkeit gehabt habe. Und ich beginne zu spüren: Mit dieser Seele muss ich mich erleben. Und in meinem Erleben schaffe ich mir ein Bild dieser Seele. Ich taste sie wieder ab mit meinem Gefühl und daraus erschaffe ich mir die Geistgestalt als Bild vor mir. Nun kann ich sie anschauen. Nun steht sie vor mir.

Es dauert eine Weile, bis ich es voll erfasse. Ich stehe Peter Abaelard gegenüber. Aber ich sehe ihn nicht so, wie er wirklich ist. Ich sehe ihn so, wie ich ihm gegenüber auf der Welt gefühlt habe. Meine feindselige Verachtung von damals vernebelt mir heute den Blick auf ihn. Ich hätte ihm lieber mit Knüppeln die Zähne einschlagen lassen wollen, als ihn rational zu widerlegen. Dieser Abaelard, der nur gelten lässt, was sein Verstand durchdringen kann. Alles Sonstige weigert er sich zu glauben. Dabei wird Gott im Gebet würdiger gesucht als in der Diskussion. Dabei hat die Suche nach Wissen den Menschen schon die Unsterblichkeit des Paradieses gekostet. Wieso will er nicht in der Nachfolge der Apostel Gott suchen in der Versenkung in Gottes Wort? Dies sind die Nebel der Vergangenheit. Dies ist meine heftige Abneigung gegen ihn, die mich damals ergriffen hat mit allen Fasern. Sie bildet nun den Nebel der Gegenwart, der mich von ihm abschliesst. Diese Verachtung verstellt mir nun den Blick auf den, der er wirklich ist.

So stehe ich ihm gegenüber, und ich weiss: Ich hätte ihn auf der Erde lieben können. Ich hätte ihn lieben sollen. Und nun will ich ihn lieben. Aber es geht nicht, so sehr ich es auch versuche. Ich kann ihn nicht mehr lieben, als ich es auf der Erde getan hatte. Ich kann ihn nicht einmal weniger verachten, als ich es auf der Erde getan hatte. Ich kann nicht mehr gutmachen, was ich im Leben auf der Erde verpasst habe. Das bringt mich in tiefe Verzweiflung. Denn nun bleibt ein Rest von Verachtung, von Hass in meiner eigenen Seele. Ich kann meine eigene Seele nun nicht mehr schöner machen.

Es kommt mir vor, als wolle ich gerne gehen, aber meine Füsse sind am Erdboden angebunden. Immer und immer muss ich das anschauen, muss ich das erleben, muss ich daraufstarren. Das peinigt mich. Gleichzeitig ahne ich aber auch, dass dieser Zustand notwendig ist, dass er sein muss, dass ich diesen Schmerz durchmachen muss. Dass mir dieser Schmerz eines Tages zum Heil werden wird.

Jetzt stehe ich Peter Abaelard gegenüber, und mein Verhältnis zu ihm ist genauso, wie es auf der Erde war. Wir beide können an diesen Verhältnissen nichts ändern. Ich habe ihn gehasst. Ich habe ihn bekämpft mit aller Kraft. Das muss ich nun weiter erleben. Ich stehe ihm gegenüber und schaue das an, erlebe es immer wieder und wieder. Das, was wir im Leben vor dem Tode aneinander herausgebildet haben, und wir können es beide nicht ändern.

Ich sehe jetzt, wo ich in der geistigen Welt bin, das Unrecht ein, kann es aber nicht ändern. Hier bin ich in der Welt, in der alles fliesst und in permanenter Veränderung begriffen ist. Aber die Verhältnisse, die sich auf der Erde gebildet haben, kann ich ausgerechnet hier nicht ändern. Hier ist mein Verhältnis zu Peter Abaelard in Stein gehauen. Hier stehen wir beide erstarrt zu Stein und starren einander an, ich endlosem Schmerz. Auf der Erde, im physischen Leib, hätten wir uns achten und lieben sollen. Hier können wir es nicht. Hier können wir es nur wünschen und wir können leiden an unsern Wünschen.

So tue ich das Einzige, was ich tun kann: Ich stelle mir vor, ich würde ihm wohlwollend entgegentreten. Ich stelle mir vor, ich würde ihn achten.

Ich stelle mir sogar vor, ich würde ihn verstehen, auch wenn ich es damals nicht konnte und nun in der vergangenen Beziehung verharren muss.

26. Juli 1159

So lebe ich mein Leben noch einmal, und ich lebe es rückwärts. Ich kann nun aber nicht mehr sagen: Die Zeit ist verflossen und ich erinnere mich an die Dinge, die in der Zeit geschehen sind. Das Verflossene bleibt. Es bleibt stehen, wie auf der Erde ein Tisch stehen bleibt und nicht verschwindet, wenn ich mich von ihm wegbewege. Ich musste mich nur umschauen auf der Erde, und schon sah ich den Tisch wieder. So ist das nun mit der Zeit. Ich muss nur wieder hinschauen und schon steht die Vergangenheit wieder vor mir.

5. August 1159

Ich gehe durch den Klostergarten und schaue auf den Rosenbusch. Er ist voll mit kleinen gelben Blüten. Ich trete näher und jede Blüte glänzt in ihrer gelben Reinheit, duftet in keuscher Süsse. Und mir geht das Herz auf. Freude durchströmt mich, reine Freude über die Schönheit der Natur. Und diese Freude wird immer grösser, breitet sich aus und erfüllt mich ganz. Und so, wie die Qualen der Begierde mich ganz erfüllt und gequält haben, so erfüllt und erfreut mich jetzt die Freude an der Natur. Was für eine Überraschung in dieser Zeit. Es gibt Genüsse auf der Erde, die nicht zum Quell des Leidens an diesem Ort hier werden.

25. August 1159

Ach, welch Irrtum, welch gewaltiger Irrtum hat mich auf der Erde befallen. Wie oft habe ich den Novizen vor den Toren von Clairvaux gepredigt:

„Wenn ihr es so eilig habt, hereinzukommen, so tut erst draussen die Leiber ab, die ihr von der Welt mitgebracht habt. Nur die Geister sollen eintreten, denn das Fleisch taugt nichts.“ Und wenn die Novizen bei diesen Worten erschraken, wurde ich milder: „Das fleischliche Begehren sollt ihr draussen abstreifen.“ Nun ist alles Fleisch von mir abgefallen. Nichts Fleischliches ist mehr an mir. Doch die fleischliche Begierde ist stärker, als sie es jemals auf der Erde war. Ach, wenn die Sonne der Gerechtigkeit überall strahlt, werden auch die geheimsten Regungen der Seele offenbar. Ach, und was deckt die Sonne der Gerechtigkeit in meinem Innersten auf? Es ist keine Begierde des Fleisches. Es ist Begierde der Seele, die nur durch das Fleisch befriedigt werden kann. Nun sind die Versucher überall um mich herum. Es sind nicht fleischliche Versucher. Es sind seelische Versucher. Ich weiss nicht, ob es Wesen sind. Es sind Seelengebilde. Hier, wo alles sich ständig verändert, haben diese Seelengebilde eine Form, die sich nie ändert. In unersättlicher Gier ziehen sie durch die Seelenwelt um mich herum. Grenzenlos eigensüchtig sind sie. Sie stossen vieles um sich her ab und ziehen nur weniges liebevoll an sich heran. Sie sind voll Sympathie und mit dieser Sympathie ziehen sie andere Gebilde ihrer Umgebung an. Viel grösser ist aber die Antipathie in ihnen. Und deswegen stossen sie so viel um sich herum von sich zurück. Die Kraft der Sympathie, die in ihnen ist, macht sie gierig. Die Gier ist aber zugleich unersättlich, als ob sie nicht zu befriedigen wäre, weil die vorwaltende Antipathie so vieles Entgegenkommendes abstösst, dass keine Befriedigung eintreten kann. Grässliche Versucher sind sie. Sie sind wie Glocken die klingen und in mir das mitklingen lassen, was ihnen ähnlich ist. Mit ihrem Klang wecken sie alles in mir auf, was ihnen ähnlich ist. Alle die niederen sinnlichen, selbstsüchtigen Triebe in mir wecken sie auf. Nun sind diese Triebe wach und werden zu reissenden Bestien, die mich zu zerreissen drohen mit ihrer unersättlichen Gier, die hier nie befriedigt werden kann.

17. September 1159: Rückkehr nach Clairvaux

Ich bin endlich nach so langen Reisen nach Clairvaux zurückgekehrt. Dort haben sich alle Brüder um mich versammelt. Sie geben sich grosse Mühe, ihr gereiftes Mönchtum zu zeigen und ja keine Spur von Ausgelassenheit. Doch können sie den Ausdruck der Freude in ihren strahlenden Gesichtern nicht verbergen. Oh, wie freue ich mich, sie alle wiederzusehen, alle meine Söhne, und meine Freude verschwimmt und verschwindet. Alle Gefühle, die um mich herum weben und schweben, ziehen in mich ein. Im Innersten sind nun die Gefühle, die damals draussen waren. Ich sehe dich dort stehen, mein Bernhard, und das Feuer in deinem Herzen steht dir ins Gesicht geschrieben, als wäre es von feuriger Morgensonne beleuchtet. Es strahlt zu mir, und ich strahle zurück. Ich bin im Innersten erwärmt und freue mich auf die Tage unter dem Licht der strahlenden Sonne. Ach, du, wie bist du so schön, ich sehe dich vor Köpfen kaum und doch wärmst du mir die Seele so sehr. In stiller Pracht strahlt die Liebe in meinem Herzen. Sie wiegt sich und neigt sich und zieht leise flüsternd durch den Raum. Sanft streichelt sie die Steine und flüstert ihnen zu: „Er ist zurück, ach, welch ein Glück. Bleibe nun bei uns im Sonnenschein und im Mondenglanz. Bleibe bei uns, bleibe bei uns ganz.“ Ich kann hier nicht singen, doch wollte ich es wohl im Schatten der herrlichen Mauern. So lasse ich meine Seele schwingen in Lust und grossem Wehe, voll Freude über die Mauern, in die Höhe. Alles Bange ist mir aus dem Herzen geschwunden. Nun ist es voll mit dem Klang deiner Nähe.

27. September 1159

Oh, wo bin ich hingeraten? In den Sumpf der eigenen Seele bin ich gefallen. Alles, was die fleischliche Lust in mir hätte wachrufen können, habe ich auf der Erde von mir ferngehalten. Aber es ist mir nicht gelungen, auch nur die gröbsten, mit dem niedersten Leibesleben zusammenhängende, selbstsüchtige Begierden in mir auszulöschen. In den tiefsten Tiefen meiner Seele haben sie geschlummert. Ich wähnte sie überwunden, dabei habe ich nur den äusseren Anlass ausgesperrt aus meinem Leben. Nun bin ich an einem Ort, an dem alle Begierden aufgeweckt werden. Nun quält mich die Begierde, mit einer Frau fleischlich zusammen zu sein. Wie kann das sein? Ich habe nie von dieser Sünde gekostet auf der Erde. Nun ist es gerade diese Begierde, die auf der Erde nie von mir befriedigt wurde, die mich am meisten quält. Sie ist so fleischlich, wie eine Begierde nur fleischlich sein kann. Und weil sie so fleischlich ist, kann sie in der Seelenwelt nie befriedigt werden. Diese Unmöglichkeit der Befriedigung, sie steigert meine Gier auf das Höchste. Es ist eine ungerichtete Gier. Es sind keine Frauen da, zu denen es mich hinziehen könnte. Es sind überhaupt keine Körper da, zu denen es mich hinziehen könnte. Es gibt auch keine Erinnerungen. Es ist einfach die nackte, niedrige Begierde, die sich Bahn gebrochen hat aus dem Innersten meiner Seele heraus. Was hilft es mir, dass mir die Illusion der sündigen Menschen auf der Erde erspart geblieben ist. Sie taumeln von der Begierde in den Genuss. Und doch kann das Zusammensein mit dem Weibe diese Begierde nur eine Weile verdecken. Schon bald taumeln sie wieder vom Genuss zur Begierde. Dieses Hin- und Hertaumeln habe ich nie gekannt, und doch brenne ich in der Entbehrung. Ich brenne in der Gewissheit, nie Befriedigung dieser Begierde erlangen zu können. Und damit beginne ich, die Begierde selber zu verbrennen. Diese Begierde, sie muss verbrennen in ihrem eigenen Feuer. Der Schmerz der unverhüllten, der ungezähmten, der unbefriedigten Begierde muss verbrennen in seiner eigenen Glut.

9. Oktober 1159

Ich stehe im Kreuzgang von Clairvaux. Mein Blick ist nicht wie üblich nach unten gerichtet in stiller Sammlung. Er ist nach oben gerichtet. Ich schaue auf die Rundbögen, wie sie sich in der Kuppel treffen in vollkommener

Harmonie. Es ist eine Harmonie darin die nicht in den Steinen selber ist. Die Steine sind jetzt Träger einer grösseren, fast unirdischen Harmonie. Es ist etwas Ideales in die Steine hereingekommen. Etwas Ideales schwebt über dem Irdischen. Und mir geht das Herz auf. Freude durchströmt mich, reine Freude über die Schönheit der Kuppel. Und diese Freude wird immer grösser, breitet sich aus und erfüllt mich ganz. Und so wie die Qualen der Begierde mich ganz erfüllt und gequält haben, so erfüllt und erfreut mich jetzt die Freude an der Kunst.

18. Oktober 1159

Wie viel Zeit habe ich auf der Erde damit zugebracht, zu Weisheit zu gelangen. Wie schwer war sie zu erlangen. Wie selten ist es mir gelungen. Die Weisheit habe ich in der Heiligen Schrift gesucht. Überall um mich herum war Natur. Dort habe ich die Weisheit nicht gesucht. Ich habe mich von der Natur abgewendet und Weisheit in mir gesucht, in der inneren Versenkung in die Heilige Schrift. In der inneren Versenkung in das Wort Gottes. Nun muss ich nicht mehr nach Weisheit suchen. Ich kann hier alles wissen. Ich muss nur schauen. Ich lebe in der Weisheit. Sie ist überall um mich herum. Nun drohe ich zu ertrinken in der Weisheit. Ich darf nicht in ihr versinken. Ich muss schwimmen lernen auf dem Meer der Weisheit. Ich muss die Weisheit in Leben verwandeln. Ich muss in Realitäten ausleben, was hier an Weisheit ist.

In Leben verwandeln heisst hier, Fragen zu beantworten. Da tritt mir ein Wesen gegenüber. Es steht mir mit einer Frage gegenüber. Es stellt mir eine Frage. Und da ist all die Weisheit um mich herum. Das Meer der Weisheit wogt um mich. Damit ich aus all dieser Weisheit heraus die richtige Antwort geben kann, muss ich mein fühlendes Wollen, mein wollendes Fühlen so entwickeln, dass ich hinausschwimmen kann auf das Meer der Weisheit und da draussen die Antwort finden kann. Sie ist da, ich weiss es. Aber ich muss sie finden. Sie ist in meinem Inneren. Mein Inneres ist ja dieses

Meer der Weisheit, das aussen ist. Mein Inneres ist von unendlicher Tiefe. Alle Antworten sind in mir, aber ich finde nicht die Möglichkeit, wirklich die Antwort zu geben. Und so versäume ich den richtigen Zeitpunkt für die Antwort. Ich sause vorbei im Zeitenstrome. Ich sause vorbei, weil mein wollendes Fühlen, mein fühlendes Wollen nicht ausreicht. Ich habe mich zu langsam entwickelt. Ich kann jetzt nicht antworten. Ich weiss, ich werde antworten können. Aber nicht jetzt. Ich kann erst später antworten. Aber der richtige Zeitpunkt ist vergangen. Die Gelegenheit kommt nicht wieder, ich habe sie versäumt. Ich habe die Gelegenheit nicht genutzt. Wann wird sie wieder kommen?

1. November 1159: Heilung der Besessenen

Ich bin gerade auf dem Weg zum Dom von Nantes. Da wirft sich mir eine Frau zu Füssen. Zitternd vor Angst beginnt sie zu reden. „Ich bin eine ehrenwerte Frau, ach was, ich war eine ehrenwerte Frau. Gattin eines Ritters bin ich, und immer bin ich ihm treu gewesen im Fleische. Doch seit sieben Jahren schon sucht mich der Teufel heim. Liege ich im Bett neben meinem Gatten, schon überkommt mich der Teufel. Schändliche Sünde treibe ich mit dem Satan. Er ist ein schmutziger Ehebrecher, der mich jede Nacht unsichtbar missbraucht. Mit unglaublicher Leidenschaft dringt er an mich heran und dringt in mich herein. Orgien der Wollust feiert er mit mir. Wehrlos liege ich da und bin ihm vollkommen ausgeliefert. Ich halte diese dauernden verwirrenden Schändlichkeiten nicht länger aus. Ich bin zerrüttet an Leib und Seele. Mein Gatte will nichts mehr von mir wissen. Doch schlimmer noch, unendliche Angst schüttelt mich vor Gottes Gericht, das mich jeden Augenblick ereilen und verdammen kann. Ich habe meine Zuflucht zur Kirche genommen, ich habe den Priestern gebeichtet. Ich habe alle priesterlichen Befehle befolgt. Gebetet habe ich Tag und Nacht. Ich bin von einer heiligen Stätte zur nächsten gepilgert, habe die Heiligen um Fürbitte angefleht, doch kein Beichten, kein Beten, kein Almosen geben wollte helfen. Nacht für Nacht hat mich der Satan gequält und quält mich immerfort. Nun hat er mir deine Ankunft vorausgesagt, der Satan, und mir verboten, mich dir zu nähern. Nichts würde es nützen, er würde mich nur umso grausamer verfolgen und quälen. Gott gelästert und gedroht hat er ohne Unterlass. Oh, heiliger Bernhard hilf Du mir.“ Ich beruhige die arme Frau und überreiche ihr meinen Abtsstab. „Kümmere dich nicht um seine Drohungen, sondern nimm diesen Stock, lege ihn in dein Bett, und dann soll er dir antun, was er tun kann.“ Ich höre mein Reden, ich sehe mich sprechen. Ich sehe, wie ich der Armen meinen Stab überreiche. Doch mein Innerstes ist erfüllt vom Innersten der Ärmsten. Ihr Zittern, ihr Zagen wird mein Zittern, wird mein Zagen, wird meine Angst und Höllenqual. Der Schweiss auf ihrer Stirne wird zu meinem Angstschweiss. Sie geht nach Hause und begibt sich nachts zu Bett. Dort macht sie das schützende Zeichen des Kreuzes und legt den Stock neben sich. Kaum schliesst sie die Augen, steht schon der Fürst der Finsternis da. Doch er wagt sich nicht mehr ans Bett heran, er schreckt vor seiner gewohnten Tat zurück. So steht er vor dem Bett, die ganze Nacht, lästert gegen Gott und den heiligen Abt. Und ich spüre alles, was sie spürt. Ihre Gefühle sind meine Gefühle. Mich quält und mich peinigt er. Erst in den frühen Morgenstunden verschwindet er mit der Drohung, wieder zu kommen und mich weiter zu quälen.

Der nächste Tag ist ein Sonntag und ich bin gerade auf dem Weg, im Dom zu Nantes die heilige Messe zu feiern. Die Domkirche ist übervoll von Gläubigen. Und wieder hat mich die Arme getroffen und von ihren nächtlichen Qualen berichtet. Da greife ich zu härtesten Massnahmen. An alle in der Domkirche, an Geistliche und Laien lasse ich geweihte Kerzen verteilen. Dann steige ich auf die Kanzel. Ich bitte alle Gläubigen, nun die Kerzen in ihren Händen anzuzünden. Von der Kanzel herab offenbare ich alle Schändlichkeiten und unerhörten Untaten des Teufels, seine scheusslichen und widernatürlichen Handlungen. Dann spreche ich den Bannfluch über den Hurengeist aus und verbiete ihm in der Vollmacht Christi für alle Zukunft den Zutritt zu jenem armen Weibe und zu allen

Frauen. Der Bannfluch wird durch die Unterschrift jedes einzelnen in der Domkirche bekräftigt. Dann erlöschen die Kerzen und mit dem Erlöschen der Kerzen ist auch die Macht des Teufels ausgelöscht. Das arme Weib beichtet und erhält Brot und Wein. Der böse Feind stellt sich nie wieder ein, er ist unwiderruflich ausgetrieben und in die Flucht geschlagen. Ich aber spüre immer noch das Innerste der armen Frau. Nun bin ich erfüllt von ihrer grossen Müdigkeit und Mattigkeit. Ich bin aber auch erfüllt von tiefer Dankbarkeit, von Tränen der Scham, der Freude und der Erlösung. Ich bin erfüllt von Erleichterung und von einer unendlichen Ruhe im Schosse der Kirche.

12. November 1159

Auf der Erde habe ich gedacht. Da habe ich Gedanken hervorgebracht. Nun bringe ich Bilder hervor. Neue Bilder. Sie sind wie die Traumgesichte, die ich auf der Erde hatte. Und doch sind sie anders. Die Traumgesichte auf der Erde sind mir einfach erschienen. Sie waren da. Ich konnte nichts dazu tun, und ich musste nichts dazu tun. Das ist hier anders. Hier setze ich diese Bilder aktiv in Raum und Zeit hinein. Ich male sie in die Welt. Ja, es ist wie Malen auf der Erde. Der Maler führt den Pinsel. Der Maler wählt die Farben. Aber was er malt, war schon vorher da. Als Gedanke war es schon vorher da. So schöpfe ich diese Bilder hier in der Welt. Ich allein erschaffe sie. Aber ich habe das Gefühl, als wäre auch hier schon etwas vorher da. Es waltet eine Kraft in mir, die nicht meine Kraft ist. Etwas waltet in mir, das weitaus grösser ist, als ich es bin.

16. November 1159

In all diesen Leiden und Schmerzen an den eigenen Begierden, ergreifen mich Freude und Beschämung zugleich. Es ergreift mich Beschämung, weil ich unser mönchisches Leben in Clairvaux für ein engelgleiches Leben gehalten habe. Wir waren nicht engelgleich. Wir waren durchtost von Begierden. Die hatten wir aber tief in unserer Seele vergraben, so dass wir sie nicht sahen. Und es ergreift mich Freude, weil ich nicht umsonst vor den Gefahren des Wohllebens gewarnt hatte. Wie oft hatte ich gewarnt: „Wir haben nichts mit in die Welt gebracht und ohne Zweifel werden wir auch nichts von ihr mitnehmen. Die Seele des Menschen aber, die unsterblich ist, muss auf der Erde unversehrt bewahrt werden. Was nützt es dem Menschen, wenn er die ganze Welt gewinnt, aber Schaden an seiner Seele nimmt? Unselig, in der Tat unselig sind die, die ihre Tage im Wohlleben verbringen, um dann in einem Augenblick die Welt zu verlassen. Wenn sie nämlich sterben, nehmen sie nichts mit sich und ihre Herrlichkeit fährt nicht mit ihnen aus der Welt, denn sie ist Rauch, der nur kurze Zeit verweilt." Was ich damals auf der Erde nicht wusste und nun bitter erfahren musste: In all dem Wohlleben züchten wir uns Begierde nach Genüssen, die wir besser nie gekannt hätten. Die Annehmlichkeiten der Erde lassen wir beim Tode auf der Erde zurück. Die Begierden danach nehmen wir mit. Und diese Begierden werden zu einem Quell des Leidens nach dem Durchgang durch die Pforte des Todes. Wir lassen die Dinge der Erde auf der Welt zurück. Nur unsere Begierden danach nehmen wir mit. Wir lassen unseren Leib auf der Erde zurück. Und nur dieser Leib kann uns diese Begierden erfüllen. Wir haben ihn nicht mehr nach dem Tode. Wir bleiben allein mit unseren Begierden.

20. November 1159: In Mailand

Nochmals durchlebe ich die Tage in Mailand. Nochmals durchlebe ich eine Zeit, in der ich mich des Volkes fast nicht mehr erwehren kann. Und wieder tauche ich ein in die Stunde am Altar von Saint Ambrosius. Die Kirche ist voll von Gläubigen. Da höre ich ein grosses Rumoren hinter mir und drehe mich um. Fünf Männer stehen da und halten mit Mühe nur eine alte Frau fest. Ich schaue in ihre Augen und sehe dort den Teufel sitzen. Sehr lange haust er schon dort. Er hat aus der Frau ein abstossendes Ungeheuer gemacht. Ihr Gesicht starrt vor Dreck, ihr Blick ist ein blindes Stieren ins Leere, ihr Atem stinkt widerwärtig, mal knirscht sie entsetzlich mit den Zähnen, mal streckt sie die Zunge heraus wie einen Elefantenrüssel. Ich bitte alle Gläubigen, andächtig für die Ärmste zu beten. Ich bitte die umstehenden Mönche, die ehemals ehrbare Bürgerin vor dem Altar festzuhalten. Ich bitte Gott demütig um Hilfe und schreite zur Darbringung des Abendmahls. Das Weib aber wütet. Es schlägt den Kopf mit teuflischer Gewalt hin und her. Es reisst die Arme in alle Richtungen. Es tritt nach allen Umstehenden mit unmenschlicher Kraft. Ich schlage das Kreuz über der Hostie und je öfter ich das tue, desto heftiger wütet die Besessene. Ich lege die Hostie auf das Haupt der Ärmsten und spreche: „Böser Geist, hier ist dein Richter. Hier lebt die höchste Gewalt. Nun widersteh ihr, wenn du kannst! Hier ist der Heiland, der gerufen hat: Jetzt wird der Fürst der Finsternis hinausgestossen. Dies ist der Leib, der von der Jungfrau geboren ward. Dies ist der Leib, der am Kreuz gestorben ist. Dies ist der Leib, der im Grabe lag und vom Tode auferstand. Dies ist der Leib, der vor den Augen der Jünger zum Himmel aufgefahren ist. Gestützt auf die Macht dieser schrecklichen Majestät befehle ich dir, böser Geist: Fahre aus dieser, seiner Magd und wage nie mehr, sie zu berühren." Der böse Feind aber misshandelt sein Opfer nur umso grässlicher und wütender. Ich kehre mich wieder zum Altar und breche die heilbringende Hostie getreu dem Ritus. Ich gebe dem Diakon den Friedenskuss. In dem Moment, als dieser ihn dem Volk weitergibt, flüchtet der Dämon aus dem Weib. In dem Moment hört sie auf zu wüten, kommt wieder zu Sinnen, nimmt die Zunge wieder herein. Sie wird vor aller Augen vollkommen gesund und steht da in vollkommenem Frieden. Sie sagt Dank, preist Gott und wirft sich vor dem Altar auf den Boden. In der ganzen Kirche erhebt sich ein ungeheurer Lärm. Menschen jeden Alters jubeln zu Gott, die Glocken erklingen und die Begeisterung übersteigt jedes Mass. Ich weiss, dass die Gläubigkeit des Volkes das Wunder bewirkt hat, und nun ziehen die Begeisterung der Menschen, das

Entzücken des Volkes in mich ein. Ich erlebe nun in mir, was die Menschen ausser mir erlebt haben. Wogen der Liebe, Wellen der Verehrung erfassen mich. Der Prophet ist erstanden, mächtig in Wort und Werk. Ein Prophet, der unter Anrufung des Namens Christi Kranke heilt und Besessene von Dämonen befreit. Seine Vollmacht ist das Blut Christi. Er erhält alles, was er von Gott erbittet. Huldigt ihm. Holt eine Faser seines Kleides, sie wird Kranke heilen. Heilig, heilig ist, was er berührt. Berührt ihn, küsst ihm die Füsse. Schauer der Ehrfurcht durchfahren mich. Schaumkronen der Erregung netzen mich. Gurgelnde Gischt der Glückseligkeit erfüllt mich mit salziger Strenge.

26. November 1159

Immer wieder sehe ich, ganz kurz nur, etwas vor mir erscheinen und wieder verschwinden. Es sind glockenförmige Gebilde. Sie fliegen schneller als Pfeile durch mein Gesichtsfeld. Kaum kann ich sie erkennen. Kaum kann ich sie beschreiben. Sie sind mannigfaltig gefärbt und umgeben von einer Farbenatmosphäre. An einer Stelle sind sie rot, an einer anderen blau, mittendrin funkelt ein gelbleuchtender Strahl. Kaum tauchen sie auf, sind sie schon wieder verschwunden.

1. Dezember 1159

Meine gröbsten, meine niedrigsten, meine selbstsüchtigsten Begierden, meine brennenden Gelüste verzehren sich nach und nach. In der Austilgung der Gelüste liegt das einzige Mittel, um das Leid zu verhindern, das aus ihnen kommen muss. Ich beginne zu ahnen, dass sich diese Zeiten der brennenden Entbehrung einem Ende nähern werden. Diese finsteren Zeiten meiner Seele werden ein Ende haben, wenn meine Seele gelernt hat, keine Gelüste mehr zu haben. Es sind fürchterliche Leiden, die meine Seele durchlebt. Und doch verlangt meine Seele nach diesen Leiden, denn nur so kann ich fortschreiten in der Entwicklung. Dies ist die wahre Geisselung. Dies ist die wahre Selbstkasteiung. Dies ist das wahre Fegefeuer.

3. Dezember 1159: Abreise nach Italien

Ich stehe im Kapitelsaal. Alle Brüder sitzen dort. Ich spreche zu ihnen: „Wir wollen Abschied nehmen. Der Papst verlangt nach mir. Die Kardinäle rufen nach meiner Hilfe. Wieder und wieder habe ich ihre Hilferufe zurückgewiesen. Wieder und wieder habe ich auf meine Aufgaben verwiesen. Ich bin Diener Gottes. Der Diener Gottes betet oder verweilt in Kontemplation. Gottes Diener liest oder predigt. Aber er gehorcht auch seinem Papst, und so gehorche ich nun und gehe zum Papst. Ihr seht, Brüder, unter welchen Drangsalen die Kirche leidet. Der grösste Teil Europas steht zu unserem Papst Innozenz. Doch noch immer sitzt der Stachel im Fleisch. Noch immer sitzt Anaklet in Rom. Das Abendland ist bezähmt bis auf ein einziges Volk. Ihm noch gilt der Kampf. Wenn ihr betet und Jubelgeschrei erhebt, wird Jericho fallen. Und wenn ihr mit Moses die Hände ausstreckt zu Gott, wird Amalech besiegt die Flucht ergreifen. Josua kämpft und bittet die Sonne länger am Himmel zu stehen, auf dass der Tag lang genug sei für den völligen Sieg. Während ich also nach Italien reise, leistet ihr mir Beistand. Erbittet mir flehenden Herzens Hilfe vom Himmel. Tut ganz, was ihr tut. Steht fest auf der Stufe, auf der ihr steht. Und mögt ihr euch auch keiner Schuld bewusst sein, haltet euch nicht für gerecht. Denn Gott allein richtet. Und mag einer noch so vollkommen sein, er kennt nicht die strenge Rechenschaft beim göttlichen Richter. Nun heisst es gehen, wohin der Gehorsam mich ruft. Liebe Brüdergemeinde, ich übergebe und empfehle euch dieses Haus und eure Betreuung Gott. Gott zuliebe nehme ich diese Reise auf mich. Auf Gottes milden Beistand baue ich. Lebt wohl, liebe Brüder, lebt wohl in Gott."

Und während die Brüder mit gefalteten Händen da stehen, ruhig und gemessen, erklingen nun die Worte, die in ihrem Inneren leben, in meinem Inneren: „Bernhard, bleibe bei uns, denn es will Abend werden und der Tag hat sich geneiget. Bernhard, bleibe bei uns, denn es kommt Dunkelheit und füllt uns ganz das Herz. Bernhard, lass die Welt, lass fremde Länder fremd bestehen. Bleibe hier und fülle das Kloster mit dem Licht deiner Liebe. Bleibe hier und weise uns den Weg zu Gott mit deinem Wort und deiner Strenge. Stütze uns und trage uns, lass uns nicht allein. Führe uns den Weg zu Gott, und lass uns bei dir sein. Doch musst du gehen, so mögen die Engel des Herrn dich behüten auf allen deinen Wegen." Laut gesprochen ertönen nur die Worte: „Lebe wohl, Bernhard, lebe wohl in Gott."

3. Februar 1160

Die Glocken der Versucher klingen wieder um mich her. Aber es sind andere Glocken als früher. Sie klingen mit einem anderen Ton. Sie lassen etwas anderes in mir mitklingen als früher. Mit ihrem Klang wecken sie ein eigenartiges Sehnen in mir auf. Das Fleisch ist von mir abgefallen. Die Sehnsucht nach dem Fleisch ist mir geblieben. Nun wird sie geweckt von den Versuchern. Nicht eigensüchtig wie die der Begierdenglut, bewegen sie sich durch die Welt um mich herum. Sie umfliessen mich und ihr Dasein empfängt überall Eindrücke. Sie sind mit vielem verwandt, das ihnen begegnet. Es gibt keine feste Grenze zwischen ihnen und der Umwelt. Fortwährend lassen sie andere Gebilde auf sich einwirken. In der Art, wie sie anderes an sich heranziehen, liegt nichts von Gier. Auch sie sind gefüllt mit Sympathie und Antipathie. Doch keins von beiden überwiegt. Sie halten sich das Gleichgewicht. Sie treten anderen Gebilden mit Gleichmut gegenüber; sie wirken verwandt auf sie, ohne sie besonders anzuziehen oder abzustossen. Sie umfliessen mich als vollkommen bildsame, fliessende Reize.

Sie sind wie die Freude an den vorüberflutenden Eindrücken der Sinne. Sie sind wie das Aufgehen im äusseren Tand des Lebens. Sie sind wie das

Sichtreibenlassen von jeder Nichtigkeit des Tages. Nicht damit können sie mich locken. Sie locken mich viel tiefer. Sie locken mich in den Urgründen meiner Seele. Sie locken meine Sehnsucht nach Sinnen.

10. August 1160: Begegnung mit Ermengarde

Ich durchlebe wieder die ersten Tage der Begegnung mit Ermengarde am Konzil von Étampes. Ich sehe wieder diese schöne alte Frau, ihre ebenmässigen Züge, die zarte, schmale Nase, die gütigen Augen und diese Lippen, aus denen alle Empfindsamkeit des Herzens spricht. Einst war sie in der Welt hoch geehrt. Von edlem Geblüt ist sie immer noch, doch nun ist sie nicht mehr reiche Herrin in der Welt, sondern arme Dienerin Christi. Beraubt ist sie des Trostes von Bruder, Sohn und Heimat. Doch aus ihrem ganzen Wesen erstrahlt die reine Fröhlichkeit. Wir sehen uns an und schon bin ich in ihr, und sie ist in mir. Ein Wesen sind wir in getrennten Leibern. Ein Wort sind wir in getrennten Mündern. In Keuschheit der Leiber stehen wir dort uns einander gegenüber doch in vollkommener Vereinigung des Geistes. Ihre Fröhlichkeit wird meine Fröhlichkeit, und meine Freude schallt zurück zu ihr und in ihr Herz. Die Luft, die sie ausatmet, wird zur Luft, die ich einatme und die mir Leben gibt über alle leiblichen Bedürfnisse hinaus. Ihre Liebe schreibt sie mir direkt ins Herz, und mein Herz empfängt sie und spiegelt sie tausend Mal zurück. Von nun an gehe ich niemals von ihr, ohne sie mitzunehmen. Ist sie auch in der Zelle ihres Klosters im Leibe allein, so bin ich doch im Geiste in ihr und um sie. Und bin ich in der Zelle meines Klosters im Leibe allein, so ist sie im Geiste in mir und um mich.

17. November 1160

Ich habe keine Augen mehr. Ich kann nichts mehr sehen. Ich werde nie mehr etwas sehen, so wie unten auf der Erde. Dort unten konnte ich sehen. Ich konnte gut sehen, aber ich wollte oft nicht sehen. Schon als Novize im Kloster in Cîteaux habe ich mich gezwungen, mich nur auf mein Inneres zu konzentrieren. Da wollte ich nichts Äusseres sehen. Ein Jahr lang war ich täglich in der Kirche von Cîteaux, aber ich wusste nicht, ob sie ein oder drei Fenster hat. Ich hätte es sehen können, aber ich wollte es nicht sehen. Ich habe einzig in meinem eigenen Inneren gelebt. Ich habe in der Kirche gebetet und ihre Fenster nicht gesehen. Ich bin am Gestade des Genfer Sees entlang geritten und habe kein Wasser gesehen. Nun kann ich nicht mehr sehen, wie ich es auf der Erde konnte. Doch nun will ich mit aller Kraft so sehen können. Ich möchte das blasse Rot der Sonne sehen, wenn sie am Horizont aufsteigt. Ich möchte ihre strahlende weissgelbe Helligkeit sehen, wenn sie mittags im Zenit steht. Ich möchte mich an ihrer roten Glut erfreuen, wenn sie abends untergeht. Ich habe Sehnsucht nach dem Grün der Wälder, nach den Psalmen der verschieden grünen Blätter im Frühling. Ich möchte das zarte Grün der Birkenblätter sehen, wie sie den Birkenstamm umtanzen, dessen schwarze Flecken sein Weiss nur umso heller strahlen lassen. Ich möchte den Blick ruhen lassen auf dem Gelbgrün der Föhrennadeln, wie sie die rostbraunen Zapfen bescheiden von oben behüten. Die glänzenden Blätter der Buchen möchte ich sanft sich im Winde bewegen sehen am silbergrauen Stamm.

Ich habe den Wunsch etwas zu sehen, aber es geht nicht. Ich weiss es, und es beginnt mich zu quälen. Der Wunsch zu sehen wird zum lebhaften Wunsch, wird zur Begierde, wird zur grenzenlosen Gier, etwas zu sehen. Diese Sehnsucht, dieses Verlangen, es brennt mir im Innern der Seele. Ach, meine Augen, mit denen ich sehen konnte auf der Erde, sie fehlen mir. Die Sehnsucht etwas zu sehen, sie verzehrt mich. Sie füllt mich völlig aus. Ich weiss, es ist ein Unding, das zu wollen, aber ich will es trotzdem, und das Wollen verzehrt mich. Es nimmt mich ganz ein. Es überdeckt alles andere. Es beherrscht mein Leben.

Pierre Le Trognon

10. Mai 1161: Die Heilung des Kindes

Ich lebe zurück, und nun sehe ich mich vom Feld heimkommen. Müde bin ich von der Arbeit in der Sonne. Niedergebückt habe ich den ganzen Tag den Weizen geschnitten. Da tritt eine Frau auf mich zu. Auch sie ist müde. Müde von einer langen Reise, die sie hierher gemacht hat. Sie trägt ein kleines Bübchen auf dem Arm. Sie hat es den ganzen Weg hierher getragen. Das Knäblein hat seit seiner Geburt einen verdrehten Arm und eine gelähmte Hand. Unter Tränen bittet mich die Mutter, dem Kindlein zu helfen. Sie wisse nicht mehr ein noch aus, und wie solle das Kindlein denn so im Leben zurechtkommen? So befehle ich denn meine Taten Gott dem Herrn und der Mutter befehle ich, das Kindlein auf den Boden zu stellen. Ich knie mich daneben und beginne zu beten. Denn was wir Menschen so schwer glauben können, ist für Gott ein Leichtes. Dann erhebe ich mich wieder und mache voll Vertrauen in die Allmacht Gottes das Kreuzeszeichen auf Hand und Arm des Kindes. „Gute Frau", sage ich dann, „ruft nun euer Kindlein zu euch." Sie ruft, es kommt auf sie zugelaufen und umhalst sie mit beiden Armen. Ich stehe dort, danke Gott und schaue die beiden liebevoll an. Und während ich noch schaue, schaue ich mit den Augen der Frau auf den Arm des Kindes und stehe ganz still. Die Gefühle der Frau sind meine Gefühle. Sie sind in mir, ganz in mir. Tief in mir beginnt meine Seele zu jauchzen und zu singen. Und Freude steigt aus ihr auf und bricht sich ihre Bahn durch meinen kummervollen Leib. Sie durchstrahlt und durchklingt jede Faser meines Körpers, macht ihn leicht und hell und silbern tönend. Rings um mich herum regen und bewegen sich die Menschen, die von der Feldarbeit heimkehren. Sie reden, doch ich kann sie nicht verstehen. Zu sehr singt und klingt es in meinem Inneren. Ich möchte das Singen herauslassen in die Welt. Jauchzen möchte ich, möchte weinen und bin doch still, denn noch ist mir, als könnte all das nicht sein. Da endlich findet meine Freude den Weg hinaus aus der Brust. Zu eng wird es ihr in den Kleidern, zu eng zwischen den Bäumen, die den Weg säumen. Hinaus stürmt sie über die Heide und über das Feld.

Hinaus stürmt sie zur Sonne, über Täler voll Schimmer, über herrliche Welt. Und ich frage und sinne, was ist mir geschehen. Ein Wunder am Kindlein konnte ich sehen. Die Freude begleitet mich durch den Tag und hinein in die Nacht. Das Wunder scheint mit dem Mondesglanz herein. Und der Mond sagt es, die Sterne singen es und in Träumen rauscht es der Hain. In der Stille der Nacht höre ich es die Nachtigallen schlagen: „Das Wunder, das Wunder, es ist wirklich dein."

12. Dezember 1161

Ich entbehre den Klang der Glocke, die die Brüder von den Feldern zum Gebet ruft. Ich entbehre ihren Klang voll Reinheit und Klarheit, der mir leise in der Brust vibriert. Ich entbehre die Gesänge der Brüder im Chor, die kraftvoll den Kehlen entströmten, von weiter Brust getragen, diese Klänge, voll Würde, die weder nach Weichlichkeit noch nach Grobheit klangen, so süss den Ohren schmeichelten und mein Herz bewegten. Sie linderten meine Trauer, sie besänftigten meinen Zorn, sie gaben den Worten der Psalmen noch mehr Reichtum mit ihren Harmonien und liessen die Wahrheit noch tiefer in die Herzen dringen. Ich entbehre den Klang der Worte selber, dieser Worte, die einander folgen mit immer dem gleichen Buchstaben beginnend und sich zu einem Satz formen, der hineinführt ins Metrum der Meditation.

Ich entbehre das Blöken der Schafe auf den Weiden, das Gackern der Hühner im Hof und das Gurren der Tauben auf ihren Stangen. Ich entbehre das Plätschern des Baches, sein Glucksen, wenn er über Steine springt und sein Wispern, wenn er leise am Moos vorbeistreicht.

Ich entbehre das Rauschen des Windes in den Wäldern, wie er raschelnd an den Blättern rüttelt und knarrend die Äste zu ihm reden. Ich entbehre das Tosen des Windes im Sturm, wenn er die Wolken auftürmt und prasselnd den Regen hernieder schickt.

Pierre Le Trognon

8. September 1161: Heilung eines Besessenen

Ich sitze im Stadtpalast von Reims mit Bischof Josselin de Soissons, Klerus und Volk beisammen. Der Erzbischof und das Volk liegen im Streit und haben mich gebeten, zu vermitteln. Der Saal ist gefüllt bis auf den letzten Platz und gerade wollen wir die Gespräche beginnen. Da kommt eine völlig verstörte Frau herein, stürzt nach vorne auf mich zu und reisst mit aller Kraft, die sie noch aufbringen kann, ihren Sohn mit sich. „Erbarmen", keucht sie, „Erbarmen. Was soll ich nur tun. Er ist vom Teufel besessen. Heute Morgen erst hat er mich angefallen und beinahe umgebracht. Schau ihn an und hilf in Gottes Namen. Blind ist er geworden, taub ist er geworden, und bald wird er wieder wüten gegen mich." Die Frau kann nicht weiter reden. Sie wird von Weinkrämpfen geschüttelt. Ich schaue sie an und ich schaue ihren Sohn an. Da steht er. Stumm steht er da, wie blind, obwohl seine Augen offen stehen. Reglos steht er dort, wie taub. Ich streiche ihm über das Haar und über das Gesicht. Ich spreche ihn an und frage, was nur in ihn gefahren ist, dass er seine Mutter schlagen wollte. Da kommt er zu sich, schaut mich an und erschrickt vor sich selber. Ein junger, verschreckter, erstaunter Mensch schaut mich an. Und während ich noch zurückschaue, werde ich von fremden Gefühlen völlig erfüllt. Sein Inneres wird mein Inneres. Jetzt bin ich erfüllt mit seinen Gefühlen. Und es ist mir, als hätte man mir einen dunklen Mantel vom Gesicht gezogen. Und ich schaue auf, schaue in Bernhards Gesicht und schaue in die Morgensonne, die mich ansieht so sanft und selig. Und Frieden zieht in meine Seele wie Regen, der leise die Erde im Garten erfrischt. Und alle die welken, zerstörten Pflanzen meines Lebens beleben sich wieder und erheben sich und wachsen. Und im Herzen sind mir die Gedanken von Gott erfüllt. Sie werden singen die ganze Nacht. Sie werden klingen, wenn niemand mehr wacht.

16. November 1161

Ich entbehre den Geruch der feuchten Erde nach dem Regen, den herbwürzigen Duft des Wermutes in der sengenden Sonne des Sommers, der von den Wäldern zum Kloster herüberweht, die Süsse, die der Rosenbusch im Klostergarten ausströmt. Ich sehne mich nach der schweren Süsse des Weihrauchs über dem Altar.

14. Mai 1162: Robert de Châtillon kommt zurück

Robert steht an der Pforte. Ich komme heraus und eile auf ihn zu. Ich umarme ihn wie einen verlorenen Sohn. „Willkommen in Clairvaux“, sage ich. „Willkommen zurück.“

5. November 1162

Das Brennen der Sehnsucht nach Augen ist vorbei. Das Verlangen, etwas sehen zu wollen, ist vorbei. Wie oft habe ich mir gesagt: „Es ist ein Unding, ein Unsinn, Augen haben zu wollen in einer Welt, für welche die Sinnesorgane abgelegt sind, in der kein Wesen Augen haben kann, die nur aus den Substanzen der Erde heraus gebildet sind.“ Nach und nach hat sich meine arme Seele daran gewöhnt. Nach und nach hat das brennende Verlangen sich selbst verbrannt. Nun ist es verschwunden. Es ist nicht mehr da.

Nur eines ist noch da. Die Sehnsucht nach Sehen und Hören ist verschwunden. Aber auf der Erde unten habe ich nicht nur gesehen und gehört. Ich habe das Gesehene und Gehörte verarbeitet. Ich habe darüber nachgedacht. Und diese Gedanken vermisse ich nun. Ich vermisse die Gedanken an Bäche und Flüsse, an Wälder und Blumen, an das Pfeifen des Milans und das Singen der Amsel. Doch solches gibt es hier nicht. Das gibt es nur auf der Erde, und auch solche Gedanken fasst man nur auf der Erde. Solche Gedanken habe ich nicht mitgenommen in das Leben nach dem Tode. Ebenso wenig, wie ich auf der Erde die Gedanken des Tages mit in die Nacht hinein genommen habe, ebenso wenig konnte ich die Gedanken, die ich auf der Erde hier gehegt habe, mitnehmen durch die Pforte des Todes. Hier muss ich mir schon meine eigenen, dieser anderen Welt angemessene Gedanken bilden. Die Gedanken der Erde haben keine Bedeutung hier und doch entbehre ich sie. Ich will weiter so denken können, wie man auf der Erde denkt, Gedanken haben, die im irdischen Leben das Instrument des Leibes sind. Ich werde auch die Sehnsucht nach irdischen Gedanken verbrennen lassen im Feuer der Sehnsucht selber.

20. Februar 1163: Brief an Robert de Châtillon

Ich stehe im Parlatorium. Es ist zu klein für den Prior geworden und er hat einen grossen Raum für seine Aufgaben bekommen. Nun ist es die Schreibstube von Nicolas. Ich diktiere ihm:

„Mein liebster Sohn Robert, wie unglücklich bin ich, dass ich dich entbehre, dass ich dich nicht sehe, dass ich ohne dich lebe, für den zu sterben mir Leben ist und ohne den zu leben Sterben. Komm nur, und es wird Friede sein, kehr zurück und es ist wieder gut. Geh zurück und froh werde ich singen „er war tot und lebt wieder, er war verloren und ist wiedergefunden.“ Es mag gewiss meine Schuld gewesen sein, dass du weggegangen bist. Für einen empfindsamen jungen Mann, wie Du es bist, bin ich wohl zu streng gewesen. Mit meiner Härte habe ich dich in deiner Zartheit zu unmenschlich behandelt. Doch tat ich das in gutem Glauben und für den Glauben. Aber ich habe mich geändert. Du bist vor dem Wilden geflohen, kehre zu dem Milden zurück. Du hast mich als Meister gefürchtet, umarme mich nun in Sicherheit als Gefährten. Vor Jahren bist du vor mir geflohen und hast Clairvaux verlassen, als ich auf Reisen war. Doch wohin bist du gegangen? Von den Kutten bist du zu den Pelzen, von den Gemüsen bist du zu den Genüssen gegangen. Kann denn das Heil in gepflegten Kleidern, in langen Pelzen und kostbaren Stoffen liegen? Was haben Wein, Weissbrot, Met, Fett, Pfeffer, Ingwer, Kümmel und Salbei auf dem Tisch des Speisesaals zu suchen? Mit Gebratenem wird das Fleisch gemästet und die Seele verliert alle Kraft für den Weg ins Himmelreich. Dein Weg hat dich in die Irre geführt. In Clairvaux liegt der Weg zum Heil. Dort wartet dein Platz am Tisch auf dich. Der Tisch ist gedeckt für dich mit Gemüse und Grütze. Du wirst sie zu Leckerbissen verwandeln durch deiner Hände harte Arbeit. Was hat der Grossprior von Cluny nicht alles unternommen zum Verderben deiner armen Seele. Ins Benediktinerkloster hat er dich entführt mit seinen Worten. In Cluny wird dein Leib gemästet, aber deine Seele wird zugrunde gehen. Für deine Seele ist der Christus gestorben. Er hat sich für dich geopfert. Richte du deine Seele nicht zugrunde in den opulenten Mahlzeiten von Cluny. Deine Eltern haben dich nach Cluny gegeben, als Oblaten. Du warst noch ein kleines Kind, da haben sie dich in lebenslänglicher, bindender Form dem Kloster übergeben. Das war aber das Gelübde deines Vaters über dich, das kleine Kind, das von sich selbst nichts wusste. Dann wurdest du erwachsen. Dann wurdest du alt genug, für dich selbst zu sprechen. Selbst und selbstständig, bewusst und überlegt hast du dich für die Zisterzienser entschieden. Aus Cluny bist du zu uns nach Clairvaux gekommen. Zu uns kommt jeder aus freier, mündiger Entscheidung. Und keiner kommt, der noch nicht fünfzehn ist. Zu den Benediktinern aber kommen die meisten als kleine Kinder, weil ihre Eltern es wollen. Beim Jüngsten Gericht werden sie schon sehen, was eher bleiben soll, das Gelübde des Vaters über den Sohn oder das des Sohnes über sich selbst. Als freier Mensch bist du zu uns gekommen, und als Vater habe ich dich angenommen wie einen Sohn. Vom Vetter wurdest du zu einem Teil meiner selbst. Mein Wort, mein Wesen, mein Wirken zeugten für das Mönchsleben und zeigten dir den Weg zum himmlischen Frieden. Dann bist du meinem Schoss und meinem Leibesinneren entrissen worden. Ich kann mein Innerstes nicht vergessen, kann doch der Rest nichts anderes tun, als Folterqualen zu leiden, wenn ein Teil seiner Selbst fehlt. Denke an das unauslöschliche Feuer der Hölle, die äusserste Finsternis, das ewige Heulen und Zähneknirschen. Denke an den ewigen Feind, den dunklen Fürsten der Hölle. Denke daran, dass du auf einer Burg geboren wurdest. Ergreife die Waffen der Zisterzienser, ergreife das harte strenge Leben. Zieh gegen die Feinde der Seele zu Felde, die Dämonen, die dich in die Hölle bringen wollen. Begib dich in das Heer deiner Brüder. Dann werden dir die Engel zur Seite stehen, als Führer im Krieg wird dir Christus vorangehen, der die Seinen zum Sieg führt. In unserem Heer ist dir der Sieg gewiss, magst du auch fallen. Möge dieser Brief dich zur Rückkehr bewegen, damit Gott dir nicht grösste Verdammnis bescheren muss. Denn seine Barmherzigkeit kann nicht grösser sein als seine Gerechtigkeit. Die Erbsünde hat die ganze Menschheit zur Hölle verdammt. Sie müssen schwer sündigen und den ewigen Höllenqualen verfallen. Diesen Qualen können nur die wenigsten entgehen. Die Rettung nach dem Tode winkt nur denen, die im strengsten Orden so viele Sünden vermeiden, dass sie vor dem Jüngsten Gericht nicht schuldig gesprochen werden. Die Qualen des Körpers sind Gottes Gnade für den himmlischen Frieden der Seele. Weise sie nicht zurück."

25. Februar 1163

Fast habe ich gemeint, all meine Sehnsucht nach dem irdischen Leben, all meine Begierden, die nur ein Leben auf der Erde befriedigen kann, abgelegt zu haben und rein zu sein für ein Leben im Geiste. Da höre ich neue Glocken läuten, leise und hell, und wieder etwas in mir zum Vibrieren zu bringen, von dem ich glaubte, dass es gar nicht existierte. Ich sehne mich danach, wieder mit einem solchen Herzen wünschen zu können, wie ich es auf der Erde hatte. Ach, ich sehne mich nicht nach dem Wunsch. Den Wunsch habe ich noch. Ich sehne mich nach der Erfüllung des Wunsches. Ich wünsche mir so sehr, etwas zu haben, das nur mir gehört, etwas das ganz in meinem Bereich ist. Das geht hier nicht. Das gibt es hier nicht. Hier fliesst alles. Hier gehört gar nichts mir. Kaum gehöre ich mir selber.

Es kommen mir Wesen nahe, sie verbinden und verschmelzen mit mir, und dann entfernen sie sich wieder. Es ist alles in fliessender Bewegung. Sogar meine eigenen Gedanken gehören nicht mir. Ich habe sie in die Welt gebracht, ich selber. Sie sind meine Schöpfung. Aber sie gehören nicht mir. Sie haben sich von mir losgelöst und sind davongezogen in die Welt.

Niemals wäre ich auf der Erde auf die Idee gekommen, ich habe irgendetwas Eigensüchtiges an mir. Habe ich nicht der Welt abgeschworen? Bin ich nicht freiwillig ins Kloster eingetreten? Habe ich nicht auf jeden Besitz verzichtet? War es mir nicht stets in meiner Liebe zu den Mitmenschen um deren Gesundheit und Seelenheil gegangen? Ja, das war so. Ja, ich habe mich liebevoll hingeneigt zu den Menschen und Dingen um mich herum. Und nun ist die Zeit gekommen, in der das im Dunkeln Verborgene ans Licht kommt und die Absichten der Herzen aufgedeckt werden. Nun werden die geheimsten Absichten in meinem Herzen aufgedeckt. Ich werde mir selbst vor die Augen gestellt: Es war nicht völlig selbstlos, was ich tat. Es war etwas von Eigensucht darin. Die entdecke ich nun. Ich entdecke, dass ich sie noch habe und dass sie mich nun quält, weil sie nicht erfüllt werden kann. Wie viel davon hatte ich auf der Erde, ohne es zu wissen? Wie viel hatte ich von diesem eigensüchtigen Sichgeltendmachen? Oh ja, ich bin ins Kloster eingetreten. Ich habe mich von der Welt abgewendet. Aber ich habe es nicht allein getan. Im Kreise von dreissig Freunden und Verwandten habe ich mich von der Welt abgewendet. Jeden einzelnen von ihnen habe ich überzeugt. Jeden einzelnen von ihnen habe ich dazu gebracht, sich von seiner Welt, oft von seiner Frau, von seinen Kindern abzuwenden und mit mir ins Kloster zu gehen. Das hat sich durch mein ganzes Leben gezogen. Den Menschenfischer haben sie mich genannt. Fast von jeder Reise habe ich Menschen mit zurückgebracht, die sich ganz dem klösterlichen Leben widmen wollten. Sie wollten in meine Sphäre eintreten. Mir wollten sie folgen. So viele wollten für immer bei mir bleiben. Das Kloster selber, sein ganzer Bau strahlte meine Vorstellungen aus. Und das hat sich auf Hunderte von Klosterbauten übertragen. Alles meine Sphäre. Alles Ausdruck meiner Eigensucht. Ja, sogar den Papst habe ich in diese

Sphäre hineingezogen. Mein Sohn war er. Ihm habe ich geschrieben, was sich für einen Papst geziemt. Meinen Ratschlägen sollte er folgen, wie auch Könige und Kaiser dies taten, ganz zu schweigen von Äbten und Bischöfen. Oh ja, es war Liebe zur Welt und zu den Menschen. Sie hatte aber diesen eigensüchtigen Unterton. Und ich habe sie noch, diese Liebe zur Welt, dieses warme Interesse an der Welt, und ich habe sie immer noch mit dem eigensüchtigen Unterton. Ich möchte auch hier meine Sphäre haben. Auch hier soll etwas nur in meiner Sphäre sein. Und das geht nicht. Das gibt es hier nicht. Das quält mich. Je mehr ich erkenne, dass ich es nicht erhalten kann, umso mehr möchte ich es haben, umso grösser wird die Sehnsucht danach, umso mehr empfinde ich den Mangel. Auf der Erde quälten mich diese Wünsche nie. Weil sie mir ja erfüllt wurden, ohne dass sie mir überhaupt bewusst waren.

13. April 1163

Ich habe mir nun die Fähigkeit angeeignet, in die elementaren Welten hineinzuschauen und mich selber darin zu erfühlen. Die Früchte meines Erdenlebens haben sich längst entfernt, aber ich hänge doch noch zusammen mit meinem Erdenleben. Ich habe viele Menschen zurückgelassen auf der Erde, die ich sehr lieb gehabt habe. Jetzt nach dem Tode komme ich allmählich dazu, indem ich von meinen eigenen elementaren Schöpfungen aus mich hineingewöhne, die elementaren Wesenheiten von anderen zu schauen, jetzt kann ich mich hineinfinden, Gedanken anderer als Elementarwesen zu schauen. Das lerne ich allmählich an meinen eigenen Elementarwesen. Ich lerne auch bei den Menschen, die ich zurückgelassen habe, zu sehen, was sie denken, was in ihren Seelen an Gedanken lebt. Ich sehe es, denn es drückt sich in den Elementarwesen aus, die mir in mächtigen Imaginationen vor die Seele treten. So kann ich in dieser Beziehung jetzt schon viel mehr Zusammenhang haben mit dem Innerlichen der Menschen, die mir so lieb waren, als ich es je mit ihnen auf der Erde hatte. Dazu brauche ich noch die Gefühlserinnerung, den Gefühlszusammenhang mit meinem eigenen letzten Erdenleben. Ich muss gleichsam so fühlen, wie ich im Leibe gefühlt habe, und dieses Gefühl muss in mir nachklingen, dann belebt sich das Verhältnis, das ich sonst nur in einem Bilde habe, als das mir die Gedanken des anderen erscheinen. Einen lebendigen Zusammenhang bekomme ich auf dem Umweg durch meine eigenen irdischen Gefühle. Noch kann ich die Kräfte aus meinem letzten Erdenleben ziehen, um in lebendige Beziehungen zu kommen zu meiner geistigen Umgebung. Noch hänge ich mit diesem Erdenleben zusammen. Ich liebe die Seelen, die ich zurückgelassen habe, deren Seeleninhalt mir als Gedanken, als Elementarwesen erscheint, aber ich liebe sie, weil ich selber noch lebe von der Liebe, die ich für sie während meines Erdenlebens entwickelt habe. Ich erreiche meine lieben Zurückgebliebenen noch durch das, was mir an irdischem Fühlen und Wollen erhalten geblieben ist.

23. April 1163

Ich fühle mich in der geistigen Welt. Und ich fühle, dass ich nicht allein bin. Etwas nähert sich mir. Ich fühle etwas in meiner Seele auftauchen. Ich habe das Gefühl: Da ist ein Wesen. Ich habe das innere Erlebnis: Da ist eine Seele. Und ich beginne, mich in dieses Wesen hineinzuleben. Ich beginne, mich in es hinein zu fühlen. Es ist, als ob ein Gedanke auftaucht, zunächst noch nebulös und unklar, und man will ihn sichtbar machen. So ist es jetzt: Ich weiss, dort ist ein reales Geistwesen, eine andere Seele. Aber um sie zu sehen, muss ich erst mit ihr in Berührung kommen. Ich kann nicht passiv bleiben. Ich muss sie als Bild in den Geistraum hineinmalen. Und das tue ich auch. Ich schaffe dieses Bild. Ich schaffe es aber nicht allein, es schafft sich selber in meinem Schaffen. So leben wir uns zusammen, aktiv und tätig. Jedes Stück des Wesens dieser Seele muss ich miterzeugen als Erscheinung. Das Wesen ist da, seine Erscheinung vor mir muss ich erschaffen. Und sie erschafft sich gleichzeitig selber, sie drängt sich in einer Art selber zum Bilde hin. Dieses sich Formen ist äusserlicher, als ich es bisher erfahren habe. Ich muss selber nicht so stark innerlich aktiv werden wie bei den anderen Wesen.

Das Bild wird klarer und klarer. Dann steht Geoffroi d'Auxerre vor mir. Geoffroi, mein treuer Sekretär bis zu meinem Tode. Geoffroi, der jetzt Abt von Clairvaux ist. Voll Liebe ruhen wir ineinander. Geoffroi ist mit einem Anliegen zu mir gekommen. Er wird die Rede zu meinem zehnten Todestag halten. Was soll er im Geist Gottes zu meinem Lob sagen? „Ach, Geoffroi", sage ich, „niemals hatte ich den Wunsch, im Leben gelobt zu werden, umso weniger habe ich nun den Wunsch, nach dem Tode gelobt zu werden. Staub bin ich geworden auf Erden. Woher soll mir nun Ehre zuteilwerden? Aus der Heiligkeit meines Lebens? Es ist nicht das Leben, es ist der Geist, der heilig macht. Und das ist nicht mein Geist, sondern der Geist Gottes. Ich habe durch Zeichen und Wunder geglänzt. Sie sind zwar in meiner Hand geschehen, aber durch die Kraft Gottes. Christus gibt Wort und Weisheit. Meine Zunge war nichts anderes als das Rohr des Schreibers. Jedes Lob über die Güter der vielfältigen Gnade, die in meinem Leben sichtbar wurden, sollen ihm, dem Urheber und Spender aller lobenswerten Gaben, gezollt werden. Darum bitte ich dich: Lobe ihn mit voller Aufrichtigkeit. Preise ihn mit lebendiger Frömmigkeit. Singe ihm in dankbarer, aber nicht ausgelassener Heiterkeit. Schliesslich bitte ich dich nur um eines: Sage allen, Ehre sei Gott in der Höhe und auf Erden, Friede den Menschen guten Willens." Und Geoffroi antwortet: „Getrost werde ich dich rühmen, da ich nach dem Zeugnis meines Gewissens reden und ich allem Gott den Herrn rühmen werde."

10. Mai 1163: Erstes Wunder

Gerade komme ich vom Krankenbett des Josbert de La Ferté. Ich habe versprochen, dass er Bewusstsein und Sprache wiedererlangen wird, damit er seine Sünden beichten und bereuen kann. Nun stehen mein Bruder Gérard und Onkel Gaudry bei mir und machen mir heftige Vorwürfe. Ich spüre nicht meine eigenen Tränen. Ich spüre nur ihre Wut, ihre Angst, ihren Zorn. Wut erfüllt mich darüber, dass ich ein Wunder versprechen konnte. Wut über meine Anmassung, Wut darüber, dass ich Gott herausfordern konnte. Und gleichzeitig erfüllt mich Angst, die Angst des Gaudry, die Angst um seinen guten Ruf.

27. Juli 1163

Voll Entsetzen merke ich, dass in den tiefsten Tiefen meiner Seele ein Wunsch war, den ich auf Erden nicht kannte. Ich habe auf Erden sogar mit aller Macht das bekämpft, was meine Seele sich im tiefsten Innern am sehnlichsten gewünscht hat. Dieser Wunsch bricht sich nun Bahn. Dieser Wunsch steigt endlich auf zu seiner ganzen Grösse und Kraft. Jetzt, wo er unerfüllbar geworden ist.

Was habe ich auf der Erde gepredigt gegen den Glanz des Goldes in den Klöstern, gegen die mit Gold bedeckten Reliquien, gegen die bronzenen Leuchter, die mit Perlen und Edelsteinen geschmückt sind. Ich habe gepredigt gegen schöne Heiligenbilder, gegen wunderbare Farben, gegen liebliche Abbildungen. Und dabei sass in den tiefsten Tiefen meiner Seele die Sehnsucht nach all diesen Dingen. Die Abneigung, die ich bewusst aussprach, war Neigung in den Tiefen meiner Seele. Und diese Neigung bricht nun hervor. Ich sehne mich nach schönen Formen, ich sehne mich nach dem goldenen Glanz eines Heiligenscheines. Ich möchte mich an dem grünen Funkeln des Smaragds ergötzen. Ich möchte die roten Rubine meine Sinne betören lassen. Ich möchte in den Anblick der Harmonie eines vollkommenen Kreises versinken. Ich habe die grösste Lust, in Marmorbildern die Affen und die wilden Löwen anzuschauen, meine Fantasie zu entzünden an kämpfenden Kriegern und Jägern mit ihren Hörnern, so dass ich geradezu den Schall der Hörner höre. Auf der Erde habe ich das bekämpft. Auf der Erde habe ich meinen eigenen Leib bekämpft, dass er kaum mehr leben konnte. Dann habe ich ihn endlich im Tode abgestreift. Aber nur den Leib habe ich abgestreift. Die Wünsche und Sehnsüchte sind geblieben, schlimmer noch, Sehnsüchte und Wünsche, die ich auf der Erde nicht kannte, weil sie tief in meinem Innern verborgen waren, treten nun zutage, wo sie nicht mehr vom Leib verdeckt werden. Und sie werden immer stärker und intensiver. Sie beginnen mich zu quälen.

17. Mai 1164: Gründung von Trois-Fontaines

Roger zieht an der Spitze von zwölf Brüdern mit dem Stab in der Hand aus dem Kloster. Sie gehen nach Trois-Fontaines. Dort gründen sie ein neues Kloster. Hugues von Vitry hat uns das Land geschenkt. Es liegt in der Nähe von Chalons und von dort kommen auch die Brüder, die vor zwei Jahren bei uns Aufnahme gesucht haben. Wir haben ihnen elf Bücher mitgegeben. Es sind die wichtigsten liturgischen Bücher. Wir haben sie selber in monatelanger Arbeit für sie auf Pergament geschrieben.

28. Juni 1164

Mein Gefühl und mein Wille sind immer dämmriger und immer dumpfer geworden, seit ich durch die Pforte des Todes geschritten bin. Und während sie immer dunkler und immer dumpfer geworden sind, hat sich aus Gefühl und Wille etwas Neues entwickelt. Dieses Neue habe ich in die Welt gebracht, die ich selber bin und die da draussen ist. Anfänglich habe ich meinen Willen mehr und mehr aus mir herausströmen und hinwallen lassen in die Welt. In grossen Wellen und Wogen ist er hinaus gezogen in die Welt, dorthin wo meine lebendigen Gedanken waren. Da, wo er heranstiess an die Gedankenwesen, wurde er zurückgeworfen. Er kam aber nicht als Wille zurück. Er kam als Gefühl zurück. So sind Gefühl und Wille verschmolzen miteinander und etwas Neues geworden. Sie wurden mein neues Sinnesorgan. Auf der Erde waren mir Fühlen und Wollen getrennt. Nun sind sie eine Einheit geworden. Mein irdisches Gefühl ist verschwunden. Mein irdischer Wille ist verschwunden. Jetzt ist das wollende Gefühl, der fühlende Wille da und wird immer stärker und klarer.

12. Juli 1164: Erkrankung von Guillaume de Saint-Thierry

Noch einmal erlebe ich eine Zeit meines Lebens, die zu den schönsten Tagen meines Lebens gehört. Es ist die Zeit des gemeinsamen Krankenlagers mit Guillaume. Auch er war krank geworden und ich hatte meinen Bruder Gérard zu ihm geschickt. Gérard hatte ihm Folgendes ausgerichtet: „Komme nach Clairvaux. Ich schwöre dir, du wirst dort sofort gesund werden oder sterben." Er war gekommen. Er war unter unsäglichen Mühen und Schmerzen zu mir gereist. Und er war wieder gesund geworden. Allerdings war er lange noch so geschwächt, dass an eine Rückreise nach Reims nicht zu denken war. So haben wir lange Zeit miteinander verbracht und lange Zeit miteinander gesprochen. Noch einmal erlebe ich unser Gespräch, noch einmal spreche ich meine Worte: „Lerne von Christus, wie du Christus lieben sollst. Christus ist Fleisch geworden, aber die, die er liebte, liebte er in der Klugheit des Geistes und keineswegs fleischlich. Lerne ihn mit Zärtlichkeit zu lieben, ihn mit Klugheit zu lieben, ihn mit Stärke zu lieben. Mit Zärtlichkeit, damit wir uns nicht durch Verlockung, mit Weisheit, damit wir uns nicht durch Täuschung, mit Stärke, damit wir uns nicht durch Gewalt von der Liebe zum Herrn abbringen lassen. Du sollst den Herrn, deinen Gott, mit ganzem Herzen, mit ganzer Seele und mit deiner ganzen Kraft lieben. Du sollst den Herrn, deinen Gott, mit allem Feuer deines Gefühls, mit aller Klarheit deiner Vernunft und mit aller Stärke deines Willens lieben. Mild und süss sei der Christus deiner Seele, eine Wonne übersteige die andere im Zusammensein mit ihm. Lass ihn das Licht sein, das den Weg deiner Vernunft erleuchtet, damit du die Reinheit deines Glaubens vor der Verschlagenheit der Irrlehren und der häretischen Tücke bewahren kannst. Lass ihn dir Stärke und Standhaftigkeit geben, damit deine Liebe zu ihm nicht den Einschüchterungen der Welt und den Mühen des Klosterlebens erliege. Du sollst von Schmerzen gequält sein im Gedanken an den leidenden Christus. Du sollst in der Süsse seines Wesens vergehen in der Gewissheit seiner Gegenwart. Du sollst immer und überall die Wahrheit lieben und erglühen im Streben nach Weisheit. Du sollst die Heiligkeit des Lebens und die Strenge der Sitten als stete Begleiter haben. Du sollst Prahlerei verabscheuen, den Neid nicht kennen, den Stolz verdammen und jeden Menschenruhm fliehen. Wenn du mit dieser Haltung aus ganzer Kraft liebst, dann ist es die geistliche Liebe.“ Ich höre meine Worte, und ich spüre in mir alle Gefühle Guillaumes. Dumpf und hohl waren alle Worte, die an mein Ohr gedrungen sind, bevor ich ihn hörte. Der Klang seiner Stimme ist wie heisse Glut in meinem Herzen, das mir kalt schien, bevor ich ihn kannte. Seine Rede ist Tau auf meinen Wangen, die Tränen nicht mehr netzen konnten. Seine Worte dringen tief in mich ein und streichen sanft über die Wände meiner Seele. Ich spüre in mir eine unendliche Sehnsucht, dass dieser Moment nie enden möge, dass ich immer mit ihm vereint sei in Christus und immer Christi Gegenwart spüre, sanft und süss uns beide durchdringend und vereinend.

Damals, im Leben auf der Erde, hat meine Krankheit mir Schmerzen bereitet. Ich habe gelitten. Ich habe das Leiden geliebt im Gedanken daran, dass ich im Leiden mit den Leiden Christi vereint war. Damals im Leben habe ich gelitten. Nun, nach dem Sterben, habe ich die Zeit der Krankheit wieder durchlebt in der schönsten Stimmung. Ich habe in der Stimmung vollkommener Gesundheit gelebt. In demselben Masse, in dem mich die Krankheit auf Erden geschwächt hat, hat mich beim Aufenthalt in der geistigen Welt nun diese Stimmung des Gesundseins gestärkt.

9. August 1164

Nach und nach vergehen mir die Wünsche, Einfluss zu haben, etwas nur für mich zu haben, etwas permanent um mich zu haben, auch hier in dieser Welt. Nach und nach vergeht die Sehnsucht nach der Schönheit des Goldes, nach dem Funkeln der Edelsteine, nach dem Ebenmass der Skulpturen. Sie sind verbrannt im Feuer ihrer Unerfüllbarkeit. Nur wenig noch ist zurückgeblieben von ihrer Glut. Das meiste liegt in Asche und ist vergangen. Auch diese Reste werden vergehen. Sie quälen mich nicht mehr. Sie bedrängen mich nicht mehr. Sie zittern nur noch leicht in meiner Seele wie die letzten braunen Blätter am Baum im Wind des nahenden Winters. Bald werden sie ganz abfallen. Da bin ich ganz gewiss.

1. September 1164

Ich fühle mich wie ausgehöhlt. Nein, nicht ausgehöhlt. Ich fühle, wie mir alle Form genommen ist. Wie soll ich mich selbst fühlen, wenn meine äussere Form nicht mehr da ist, wenn mein Leib nicht mehr da ist? Auf der Erde konnte ich nur da sein, wo mein Leib war. Mein Leib hat mir auf der Erde Dasein gegeben. Nun ist er fort, doch ich bin noch da. Es fehlt mir aber das Gefühl für mich selbst. Mein Leib hat mir doch mein Selbstgefühl gegeben. Nun ist er fort, und ich vermisse ihn. Ich möchte wieder mit meinem Erdenleib zusammen sein. Ich möchte überhaupt mit einem Erdenleib umkleidet sein, damit ich mich wieder empfinden kann. Damit ich überhaupt empfinden kann.

10. September 1164: Humbeline vor dem Kloster

So lebe ich. So lebe ich mein Leben, doch lebe ich es nicht in mir. Ich lebe es in den anderen, die mir gegenüberstanden. Ich erlebe mich in meiner Schwester Humbeline. Dort steht sie vor dem Kloster. Dort steht sie in all dem Prunk einer adeligen Dame, ist sie doch mit dem Neffen des Herzogs von Burgund verheiratet. Und ich bin erfüllt von ihren Gefühlen. Ich bin die Gefühle. Nun bin ich Humbeline und stehe mir gegenüber. Dort stehe ich, geschockt von der Antwort meines eigenen Bruders. Er will mich nicht sehen. Er will kein Teufelsnetz auf Seelenfang sehen. Und wer bringt mir diese Antwort auf meine Bitte? André, mein eigener Bruder André, überbringt die Antwort. Dort steht er. Mein Bruder André schaut mich an voll Verachtung und ruft: „Du bist doch nur in vornehme Kleidung eingewickelter Dreck.“.“ Die Worte treffen mich wie Peitschenhiebe. Scham und Schmerz überfluten mich. Freundliche Aufnahme, liebe Worte, Blicke der Verbundenheit unter Geschwistern hatte ich erhofft von den heiligen Männern, meinen Brüdern. Stattdessen werde ich von Verachtung zurückgestossen. Tränen quellen aus meinen Augen, Schluchzer dringen aus meiner Brust: „Ist denn der Christus nicht für die Sünder gestorben? Hat denn der Christus nicht sogar die Ehebrecherin gerettet vor den Steinen der Henker? Sagt Bernhard, dem Abt, dass er wohl mein Fleisch, aber nicht meine Seele verachten darf.“ Da kommt Bernhard hinaus an die Pforte des Klosters. Er kommt mit harten Zügen im Gesicht. Er kommt mit harten Worten auf der Zunge. In harschen Sätzen befiehlt er mir. Allem Prunk soll ich entsagen. So enthaltsam leben wie unsere Mutter Aleth soll ich. Sonst will er nicht mehr mein Bruder sein. Peitschenhiebe über Peitschenhiebe auf meine arme Seele. Was soll ich nur tun? Wer soll ich sein? Wo soll ich hin? So willige ich ein, seine Befehle zu befolgen. Erschüttert und zitternd vor Schmerz kehre ich nach Hause zurück. So lebe ich nun mein Leben. Auf der Erde unten war ich davongegangen in grosser Befriedigung. Ich hatte eine liebe Seele vor Hölle und ewiger Verdammnis gerettet. Und nun gehe ich davon, erschüttert und zitternd vor Schmerz. Grosse Schmach und Seelenqual habe ich meiner Schwester Humbeline bereitet.

3. Oktober 1164

Wie oft habe ich über den schwachen Körper geklagt, der mich nicht tragen wollte. Wie oft war ich durch Krankheit gelähmt und wie sehr habe ich dieses Gefühl unterschätzt, das mir nun die Qual der Entbehrung bereitet. Das eigentliche Daseinsgefühl, das Lebensgefühl, die Freude am Leben überhaupt, das Stecken im physischen Körper. Darin besteht die Hauptentbehrung: keinen physischen Körper mehr zu haben.

10. Oktober 1164

In meiner Seele entfaltet sich, erstarkt dieses fühlende Wollen, dieses wollende Fühlen. Und es drückt Dinge aus, die mit dem letzten Erdenleben noch zusammenhängen. Das Erdenleben hat mir in meine Erfahrung nicht alles gegeben, was es mir hätte geben können. Ich habe nicht alles erlebt, was ich hätte erleben können. Zwischen den Zeilen des Lebens ist etwas von den Begierden, von Wünschen, von Liebe zu anderen Menschen zurückgeblieben. Unerledigtes, das ist es, auf das ich jetzt begehrend zurückblicke. Meine Welt ist jetzt das, was ich gewesen bin. Ich schaue in mein letztes Erdenleben hinein, schaue in ihm das, was unerledigt geblieben ist. Und nichts davon kann befriedigt werden, wie es auf Erden befriedigt wurde. Mir fehlen die Organe dazu. Ich habe meine leiblichen Organe abgelegt.

18. Oktober 1164

Mein Fühlen hat sich verändert, und mein Wollen hat sich verändert. Sie sind verändert und verschmolzen miteinander. Es ist kein Fühlen mehr, und es ist kein Wollen mehr. Es ist etwas zwischen Fühlen und Wollen. Es ist wollendes Fühlen, und es ist fühlendes Wollen. Es ist, als obder Wille mit mir sich dahinbewegte in der Welt; und als ob dieser Wille, indem er sich dahinbewegt, auf seinen Flügeln oder in seinen Fluten trägt das, was mir nun als Gefühl entgegentritt, als ob es ausser mir ist, wie herangespielt auf den Wogen des Willens – wogend und webend auf den Wellen des Willens. Und dabei breite ich mich aus in die Welt. Da draussen ist fühlendes Wollen, wollendes Fühlen. Ich nehme es wie Licht wahr und bin gleichzeitig mit ihm verbunden. Es ist mein Wesen, von mir durchdrungen und mir entgegenkommend.

25. Dezember 1164

In all den Jahren habe ich alle Eigensucht von mir abgeschüttelt. Eigentlich habe ich sie nicht selbst abgeschüttelt. Sie ist mehr herausgelockt worden von den Wesen um mich herum. Denn aller Eigensucht, aller Begierde, allen Wünschen liegt etwas von Antipathie inne. Antipathie gegen die anderen. In all den Jahren waren diese Wesen um mich herum, die mit ihrer Antipathie meine eigene Antipathie aus mir herausgelockt haben. Nun gibt es keine Antipathie mehr. Es gibt sie nicht mehr in meiner Seele. Es gibt sie nicht mehr um mich her. Flutende, fliessende Sympathie ist um mich herum. Und diese Sympathie lockt nun die Sehnsucht nach dem Leib aus mir heraus. Ist es denn Sehnsucht nach dem Leib? Es ist Sehnsucht, Gefühle zu haben, die nur der Leib vermitteln kann. Ich sah auf Erden die Rose, ich sah ihre blutrote Farbe. Ich trat näher und sog ihren süssen Duft ein. Ich senkte meine Nase so tief in den Blütenkelch, dass ich zart das Kitzeln der Blütenblätter verspürte. Dann verging ich in Freude, in reiner Freude, die in meiner Seele lebte. Im wahren Fühlen wob meine Seele in sich selber. Das war die wahre Lust der Seele, das war das Behagen, Mensch zu sein. Es gibt keine Unlust. Unlust ist nur weniger Lust. Es gibt kein Unbehagen. Unbehagen ist nur weniger Behagen. Nun ist es Zeit, all dies ziehen zu lassen. Es ist Zeit, von meiner Seele Abschied zu nehmen. Es ist Zeit, die Seelenwelt zu verlassen.

12. Januar 1165: Begegnung mit Guillaume de St. Thierry

Guillaume de Saint-Thierry steht an meinem Krankenlager. Ein Hüttchen haben sie für mich aufgestellt ausserhalb der Klostergrenzen, wie man sie für Aussätzige an öffentlichen Scheidewegen baut. Er hat noch seine Reisekleider an. Er ist aus Reims gekommen, wo er vor wenigen Tagen zum Abt des Benediktinerklosters ernannt wurde. Er beugt sich über mich. Ich sehe mich mit seinen Augen auf dem Lager liegen, schwach und ausgemergelt. Und ich fühle in mir, was er fühlt, der sich gerade über mich beugt. Ich schaue den Mann auf dem Krankenlager an, schaue auf das feine Lächeln auf seinen Lippen. Ein Lächeln, geboren aus Liebe und Demut und Würde. So schaut er mich an, so gütig, so massvoll, so besorgt. Und es ergreift mich eine liebevolle Zuneigung zu diesem Mann, den ich jetzt das erste Mal sehe, zu diesem Mann, der erst drei Worte zu mir gesprochen hat. Es ergreift mich ein solches Verlangen, mit ihm in dieser Armut und Einfachheit zusammenzuleben, dass ich nichts so sehr wünsche, als dort immer mit ihm zu bleiben und ihm zu dienen. Sein Krankenhäuschen ist mir der Altar Gottes. Hier schaue ich einen neuen Himmel. Hier schaue ich eine neue Erde. Hier sehe ich die alten Pfade unserer Väter, der ägyptischen Mönche, wieder und darauf die frischen Fusstapfen von Menschen unserer Zeit. Hier möchte ich leben. Hier möchte ich sein. Doch ach, ich bin nicht Herr meiner Wünsche, ich bin Diener Gottes und der Kirche. Ich muss zurück nach Reims.

17. März 1165

Nun ist er verbrannt, der letzte Hang meiner Seele zur Leiblichkeit auf der Erde. Nichts Wesentliches liegt in meinem physischen Leib. Der wahre Mensch hat mit seinem physischen Leib nichts zu tun. Das leibliche Selbst ist Illusion. Das weiss ich schon lange. Nur meine Seele wusste es nicht. Diese Seele, die ich so lange missachtet hatte auf der Erde. Diese Seele ist nun geheilt und geläutert von dem Hang zur Leiblichkeit. Meine Seele hat die Illusion des leiblichen Selbst verloren. Damit hat sie auch alle Sympathie für die physische Welt verloren. Diese Sympathie war in Wirklichkeit eine Kette für die Seele. Eine Kette, die meine Seele an die verschwundene Erde gekettet hat. Nun kann sie die Kräfte der Sympathie, die nach aussen gehen, voll entfalten. Sie ist von sich abgekommen und bereit, sich teilnahmsvoll sich in die allgemeine Seelenwelt zu ergiessen.

Mein Leib wurde zurückgegeben an die Erde. Mein Leben wurde zurückgegeben an den Kosmos. Nun gebe ich meine Seele zurück an die Seelenwelt. Ich lasse sie ziehen und sich dort auflösen.

14. Mai 1165: Robert de Châtillon

Ich stehe im Kapitelsaal. Alle Brüder sitzen auf ihren Plätzen. Vor uns liegt mein geliebter Vetter Robert mit entblösstem Rücken auf dem Boden. Bruder Jean peitscht ihn mit der Rute. Ich stehe dort. Ich habe es angeordnet. Ich empfinde aber nicht Zufriedenheit darüber, dass Robert nun den Weg hinaus aus der Sünde finden wird. Ich empfinde mich überhaupt nicht. Ich empfinde Roberts Empfinden. Ich werde zu Roberts Gefühlen. Ich spüre den kalten Boden unter meinem Körper. Ich spüre den harten Boden an meiner Wange. Demütig liege ich dort. Gedemütigt liege ich dort. Und ich zucke unter dem ersten, peitschenden Schlag der Rute. Der Schmerz durchfährt meinen Körper, als würde die Haselrute bis auf den Boden unter mir dringen. Schon krampft sich mein ganzer Körper zusammen in Erwartung des nächsten Schlages. Wieder trifft mich die Rute, und wieder, und wieder, und wieder. Es dröhnt die Schuld in mir und sie lässt meinen müden Leib erzittern. Er zittert mehr noch unter der Schuld als unter den Schlägen der Rute. Brennende Hitze jagt über meinen Rücken. Blut rauscht in meinen Ohren. Speichel tropft von meinen Lippen. Elend und Jammer und unendliche Verzweiflung leeren mein Herz. Die Brüder um mich herum verschwinden, der Raum verschwindet. Es bleibt nur das dumpfe Pochen meiner Seele in ewiger Nacht. Meine Hoffnung ist ein morscher, halbverdorrter Stamm.

8. Juni 1165

Heute habe ich eine Begegnung gehabt, die mich tief erschüttert hat. Ich bin dem Schaf begegnet. Ich bin nicht einem Schaf begegnet. Ich bin dem Schaf begegnet. Es gibt viele Menschen auf der Erde, aber es gibt nur ein Schaf auf der ganzen Erde. Und diesem Schaf bin ich begegnet. Es lebt hier. Es gibt viele Menschen auf der Erde und in jedem Menschen lebt ein Ich. So gibt es Tausende und Millionen von menschlichen Ichs auf der Erde. Aber es gibt nur ein Schaf-Ich. Das lebt hier. Es hat nicht einen Körper. Es hat nicht eine empfindende Seele. Es hat Tausende, es hat Millionen von Körpern und Millionen von empfindenden Seelen. Aber es hat nur ein Ich und das lebt hier. So, wie meine zehn Finger auf der Erde mich als gemeinsame Seele und mich als gemeinsames Ich haben, so haben alle Schafe auf der Erde ein gemeinsames Ich. Über all diesen Körpern, über all diesen empfindenden Seelen schwebt dieses eine Ich aller Schafkörper und hält sie alle am Seil seines Ichs. Für dieses Schaf gibt es kein Sterben. Dieses Schaf ist ewig. Es gibt nur das Vergehen der einzelnen Körper auf der Erde, so wie es für die Menschen das Abschneiden der Haare gibt. Das Schaf, es kann nur zersplittert auf der Erde erscheinen in vielen, vielen einzelnen Wesen. Beim Ablauf ihres Lebens kommen sie wieder dazu, sich mit dem hier oben gebliebenen Teil ihrer Wesenheit zu vereinigen. Ich habe das Schaf kennen gelernt, und es ist unendlich weise. Es hat alle Weisheit der Welt in sich hier oben. Auf der Erde unten tritt sie nicht zutage. Die Menschen merken nichts davon. Aber sie sehen bei Neumond ja auch den Mond nicht am Himmel stehen und doch ist er da und er ist rund und schön. Ich habe das Schaf gesehen und nun mache ich mich daran, eine neue Welt zu entdecken. So wie es das Schaf hier gibt, so muss es auch die Ameise, die

Biene, die Amsel und all die anderen geben. Sie alle sind hier und sind nur mit ihren Körpern auf der Erde. Es wird Zeit, dass ich sie kennen lerne. Ich will auch den Biber kennenlernen. Er ist der grosse Baumeister. Er kennt die Gesetze des Bauens. Er kennt die Gesetze des Wassers. Die Menschen sehen ihn für klug an. Dabei tritt bei ihm doch nur die Weisheit hervor, die alle Tiere hier oben haben.

Vor allem möchte ich die Tiefe des apokalyptischen Siegels kennenlernen. Ich möchte Löwe, Adler und Stier kennenlernen.

17. Juli 1165: In Clairvaux

Ich lebe wieder in unserem kleinen Kloster, von festen hölzernen Palisaden umgeben im Dunkel der Nacht. Ich eile bei den Offizien von einem zum anderen, um ihn wachzurütteln. In mir spüre ich den Zorn des Gerechten. Hier schlafen sie, statt ihr Leben Gott zu weihen. Doch der Zorn wird verdrängt und überschwemmt von einem Schmerz, der nicht aus meinem Inneren kommt. Es ist ein Schmerz, der von aussen kommt, in mich einzieht und nun dort lebt. Der Schmerz in allen Gliedern meiner Brüder wird zu meinem Schmerz, die Verzweiflung in allen ihren Seelen wird zu meiner Verzweiflung, die abgrundtiefe Müdigkeit in allen ihren Körpern wird zu meiner eigenen unerträglichen Müdigkeit. In mir seufzen und stammeln ihre kraftlosen Klagen: „Wir können nicht den Leib vor den Klostermauern lassen und nur der Seele Zutritt gewähren. Wir sind keine Engel, die nicht essen, nicht schlafen und keine fleischliche Begierde kennen. Und wir schauen nicht Gott. Du schaust Gott. Wir schauen nur dich und verzweifeln, weil wir nicht sein können wie du." Und tiefe, abgrundtiefe Verzweiflung ergreift mich und lähmt mich und höhlt mich ganz aus. Zerronnen wie ein Wellenschaum ist meine Hoffnung, so zu werden wie er. Ein feuchter, grauer Schleier der Mutlosigkeit hängt vor meinen Augen. Wie soll ich den Hunger aushalten, der mir die Eingeweide zerrüttet? Wie soll ich die Müdigkeit aushalten, die alles in mir vernichtet? Wie soll ich die fleischliche Begierde vertreiben, die mich jagt und plagt, wo auch immer ich bin? Wie soll es je schaffen, so zu werden wie er. Ich kann es nicht schaffen. Ich bin zu klein und zu schwach.

16. Oktober 1165

Solange ich auf der Erde weilte, war das Sein eine Selbstverständlichkeit. Ich existierte, ich war. Um mich herum existierte die Welt. Die Welt war auch da. Das ist hier ganz anders. Für mich ist überhaupt nur etwas da, wenn ich es aktiv erschaffe. Es ist sonst auch da, aber es ist nicht da für mich. Wenn ich nichts tue, ist da nichts, gar nichts. Nur schwärzeste, dunkelste Einsamkeit. Ich schaffe das Sein um mich herum selber. Nun besteht dieses Sein um mich herum aus meinen eigenen Erinnerungen. Ich erinnere mich, an Ereignisse aus meinem Leben. Diese Erinnerungen bilden nun dieses Sein um mich herum. Das ist wie ein Nebel, wie eine Wolke um mich herum. Diese Wolke hat sich in der letzten Zeit verändert, langsam, fast unmerklich. Aber sie hat sich verändert. Ich habe das Gefühl, als würde etwas existieren jenseits dieser Wolke. Als habe die Wolke einen äusseren Rand und hinter dem Rand sei noch etwas. Und dieses Etwas strahlt auf die Wolke. Es ist, als ob ich auf der Erde durch den Nebel lief und langsam stieg die Sonne am Himmel empor. Sie leuchtete von aussen auf den Nebel. Der Nebel wurde heller, immer heller, und löste sich schliesslich auf. Ich wanderte im Schein der Sonne. Auf der Erde konnte ich mich dann auf einen Stein am Wegesrand setzen und ausruhen. Ich konnte einfach dort sitzen und mich von der Sonne wärmen lassen. Ich musste nichts tun. Die Sonne wärmte mich, und ich konnte das einfach geniessen. Das ist hier anders. Um das Licht dieser Wesen, das den Nebel um mich herum bestrahlt, überhaupt zu spüren, muss ich diesen Nebel um mich herum zuerst selber hervorbringen. Erst, wenn es mir gelingt, aus dem Nichts mit meinen eigenen Erinnerungen diese Nebelwolke zu erschaffen, spüre ich das Strahlen von Wesen in die Wolke hinein.

Von dort ausserhalb der Nebelwolke naht sich mir nun etwas. Ich fühle etwas in meiner Seele auftauchen. Da will sich ein Wesen mir nähern. Aber was ist das für ein Wesen? Es ist kein Lebender. Es ist kein Toter. Es ist keines Menschen Seele und es ist keines Tieres Seele. Anders als jemals zuvor habe ich nun das Gefühl: Ich werde von einem Wesen gesehen. Es sieht mich, und weil es mich sieht, weiss ich von ihm. Ich kann es aber noch nicht sehen. Ich weiss: Wenn ich richtig mit ihm zusammensein will, muss ich es erschaffen, muss ich es zur Erscheinung bringen, muss ich es als Bild vor meine Seele malen. Es kann nicht nur als Wissen, als dumpfes Gefühl in meiner Seele bleiben. Es muss als Bild vor mir stehen. Es muss als Erlebnis vor mir stehen. Das gelingt mir aber nicht. Es gelingt mir nicht, dieses Bild zu erzeugen. Ich weiss, das Wesen ist da, aber ich kann es nicht zur Erscheinung bringen. Es ist, als stünde ich da mit dem Pinsel in der Hand vor der leeren Leinwand, und ich kann den Pinsel nicht heben, weil ich nicht weiss, was ich malen will. Da gebe ich auf. Ich will nicht mehr aktiv sein. Ich lasse meinen Willen fahren. In diesem Augenblick ist es, als würde sich mein Arm heben und die ersten Pinselstriche machen. Nicht ich schaffe das Bild, obwohl ich doch male. Ich lasse dieses Wesen in mir schaffen. Ich gebe meine Kräfte her, damit die Kräfte dieses Wesens in mich hereinströmen. Und so schafft dieses Wesen in mir sein eigenes Bild für mich mit meinen Kräften. Sein Bild wird für mich zur Sprache. Es spricht zu mir:

„Oh doch, wir haben einen Leib. Wir leben auf der Erde. Du hättest uns dort sehen können, aber du hast nur in deinem Inneren nach uns gesucht. Du hättest uns draussen finden können. Die sprudelnde Wasserquelle hinter dem Kloster ist unser Leib. Wir tanzen als Bächlein munter durch den Wald. Wir füllen mit unseren Leibern das Wasserrad der Mühle und wir fallen wieder hinunter in den Kanal und zerstieben in tausend Tropfen. Die Wasser der grossen Teiche um Clairvaux, das sind unsere Leiber. Dort leben wir zu Hunderten, und im glatten, spiegelnden Wasser unserer Leiber können die Gestirne ihr Antlitz weiden. Im flachen Bette der Bäche schleichen wir dahin. Im tosenden Wasserfall werfen wir uns in die Tiefe, jagen einander wie weisse Kometen mit weissen Schleiern und überholen uns doch nie. Wir treffen auf den Felsen am Grunde des Wasserfalls, werden zu tosenden Tropfen, werden zu Nebelschleiern und eilen weiter. Im sanften Regen leben wir und im Sturzbach des Gewitters. Als Rinnsal reisen wir über moosbewachsene Steine im engen Tal. Der Morgennebel sind wir und die weissen Wolken. Überall waren wir auf der Erde um dich herum, und das nicht nur im Wasser. Du weisst doch: Im Wind leben der Wasser liebliche Brüder. Wir leben im Wind und spielen mit dem Wasser, wir zerstäuben es, wir treiben es als Wolken über den Himmel. Wir ruhen im sanften Frühlingshauch. Wir sausen im tosenden Sturm dahin. Wir blähen die Segel der Schiffe, und wir lassen die Fahnen im Winde flattern. Wir peitschen den Regen, und wir trocknen die nassen Kleider. Unsere Leiber sind nicht begrenzt wie die Leiber der Menschen. In den Flammen des Feuers leben wir. Du hättest uns sehen können in der Feuerstelle des Wärmeraums. Dort tanzen wir um das Holz in fliehenden Flammen. Wir züngeln und ziehen in die Höhe. Die kleine Flamme des Zunders ist unser Leib genauso wie der brausende Waldbrand. Oh ja, dort im Wärmeraum hättest Du uns sehen können. Dort hättest du unser Wesen erfahren können. Du kannst uns nicht umfassen. Du kannst uns nicht beschreiben. Du kannst uns nicht halten. Wir verschwinden dir zwischen den Fingern wie der Wind. Denn unser Wesen ist stete Veränderung. Im Wind, im Wasser, im Feuer hättest du uns täglich sehen können unten auf der Erde. Dort hättest du unser Leben anschauen können. Wir sind so viele. Viele Male mehr gibt es von uns als Menschen auf der Erde. Und du hättest unsere Seele erfahren können. Unsere Seele spricht zu dir, wenn du durch das Moor wanderst und das dunkle Wasser zwischen den Gräsern siehst. Sie spricht zu dir aus deinem Herzen. Unsere Seele spricht zu dir, wenn du siehst, wie der Wind um die Gräser streicht. Sie spricht zu dir aus deinem Innern. Unsere Seele spricht zu dir, wenn du nachts traumverloren in die Flamme des Feuers starrst. Sie spricht zu dir aus Traumestiefen. Wenn du darauf gelauscht hättest in Reinheit deiner Seele, dann hättest du unsere Seelen erfahren.“

Und während das Wesen spricht, wandeln sich die Bilder vor mir und alles, was es spricht, ist das Wesen auch, und zwar als Bild vor mir und in mir. „Wer bist du?“, wage ich zu fragen.

„Wer ich bin?“, fragt das Wesen. „Du hast von uns gesprochen zu Papst Eugen. Du hast von uns gesprochen, als denen, die einzeln den einzelnen Menschen zugeteilt werden, als denen, die den Menschen das Gute nahelegen, die im Innern der Menschen zum Guten mahnen, die aber das Gute nicht schaffen, denen, die bei der Seele des Menschen sind.“

„Wer ich bin“, sagt das Wesen, „das siehst du doch. Ihr Menschen habt uns viele Namen gegeben. Engel habt ihr uns genannt, Söhne des Zwielichts, Geister der Dämmerung, Söhne des Lebens, Boten. Wenn ihr auf der Erde gebetet habt um Schutz und Hilfe, dann habt ihr zu uns gebetet, denn wir sind die schützenden Geister der Menschen. Wir können den Menschen helfen, wenn sie nur von uns wissen. Jeder von uns schützt genau einen einzelnen Menschen. Ich bin der Geist deiner Seele. Ich bin dein wirkender Wächter. Ich lasse meine schützenden Schwingen über dich hinwirken. Das haben eure Maler auf der Erde gespürt. Sie haben uns als Menschen mit Flügeln gemalt. Sie wussten nicht, dass wir keine Form und keine Flügel haben. Aber sie haben den Flügelschlag des Geistes gespürt, den niemand sehen kann und den haben sie übersetzt in das, was sie verstehen und was sie sehen.“

„Wer ich bin,“ sagt er wieder, „das spürst du doch. Auf der Erde war deine Welt erfüllt von Luft. Wohin auch immer du gegangen bist, wo auch immer du standest, war Luft um dich herum. Nun ist deine Welt hier erfüllt von uns. Spürst du nicht die strömende Milde? Das sind wir, und das bin ich. Wir strömen eine milde Wärme aus, und wann immer du diese strömende Milde spürst, dann ruhen unsere geistigen Augen auf dir.

Ja, wir legen den Menschen das Gute nahe. Wir legen ihnen Bilder der Zukunft in die Seele, tief in die Tiefen der Seele. Das erste Bild ist das Bild der Brüderlichkeit. In der Zukunft soll kein Mensch Ruhe haben im Genuss von Glück, wenn andere neben ihm unglücklich sind. Das zweite Bild ist das Bild der Göttlichkeit. In der Zukunft soll jeder Mensch in jedem Menschen ein verborgenes Göttliches sehen. Wenn er einem Mitmenschen gegenübertritt, so soll er das Göttliche sehen, das aus den göttlichen Weltengründen heraus sich durch Fleisch und Blut offenbart. Und dieses Göttliche soll er fühlen, so ernst als möglich, so stark als möglich, so verständnisvoll als möglich. Das dritte Bild ist das Bild des reinen Denkens. In der Zukunft soll jeder Mensch durch das Denken über den Abgrund der Sinne hinweg das Geistige im Geist erleben.

Nun bist du da, wohin ein Teil von dir auf der Erde unten schon einmal vorgestossen ist. Dein Sehnen wurde von der Last des Körpers zu Boden gedrückt. Deine Wünsche blieben am Schmutz der Erde hängen. Aber deine Besinnung, trocken und armselig wie sie war, flog dir voraus. Nun ist sie nicht mehr gefangen durch unnötige Furcht. Sie ist nicht mehr gefesselt durch ungebührliche Liebe. Sie ist nicht mehr eingesperrt durch nutzlose Trauer. Sie wird nicht mehr zurückgehalten von nutzloser Freude. Du hast angeklopft und hast Einlass gefunden in der Überfülle der Gnade. Du bist durch die Pforte des Todes gegangen und endlich zu uns gekommen."

2. Dezember 1165

Lange habe ich die Worte des Engels in mir nachklingen lassen, und endlich erfasse ich auch, was ich gesehen und gehört habe. Auf der Erde unten hatte ich Ideale gehabt, ja, ich hatte in Idealen gelebt. Ich hatte die Ideale gedacht, und indem ich sie gedacht hatte, hatte ich mich verpflichtet gefühlt, ihnen zu folgen. Aber sie waren doch Abstraktionen geblieben. Hier gibt es keine abstrakten Ideale mehr. Hier sehe ich ihre wahre Natur. Es sind lebende Wesen. Es sind Engel. Diese Ideale fliessen durch den geistigen Raum und blicken auf mich voll Wärme. Wie oft hatte ich auf der Erde in Idealen gelebt, sie wahrhaft angestrebt, aber es war mir dann doch nicht gelungen. Ich hatte mich gleichsam um sie herumgedrückt. Das ist hier anders. Das ist hier wie unmöglich. Da ist ein Ideal im Raum. Ich weiss, ich muss es beachten, aber ich tue es nicht. Ich bin abgelenkt. Und schon fühle ich den Blick des Ideals, den Blick des Engels auf mir ruhen und das ist ein Vorwurf, und dieser Vorwurf brennt in meiner Seele. Indem der Engel mich anschaut, fühle ich den Vorwurf. Das Anschauen ist zugleich das Fühlen des Vorwurfs. Und spüre genau: Folgst du diesem Ideal nicht, so ist die Welt, nachdem du ihm nicht gefolgt bist, anders geworden, als sie wäre, wenn du ihm gefolgt wärst. Also folge ich ihm. Ich folge ihm hin zu Gott.

11. April 1166: Gründung von Clairvaux

Ich lebe und lebe mein abgelebtes Leben. Inmitten meiner elf Gefährten stehe ich im wilden Wald des Wermuttales. Überall im Licht zwischen den Bäumen sieht man die graufilzigen Blätter des Wermuts und sein herbwürziger Duft erfüllt die Luft. Vor vier Tagen habe ich das Kreuz von Etienne Harding in der Kirche von Cîteaux empfangen. In feierlicher Prozession sind wir aus dem Kloster ausgezogen, elf Mönche in einer Reihe und ich an ihrer Spitze. Meine Brüder Guy, Gérard, André und Barthélemy sehe ich, meinen Onkel Gaudry, meine Cousins Geoffroy de la Roche-Vaneau und Robert. Unentwegt sind wir gewandert. Nun sind wir am Ziel. Nun sind wir in der Einöde. Die nächsten Dörfer sind einige Wegstunden entfernt. Doch Holz gibt es in Fülle, und lustig springen die Wasser der Bäche zur Aube, dem grossen Fluss, hinab. Auf einer kleinen Lichtung pflanze ich das Kreuz auf. Damit ist dieses Land auch geistig das unsere geworden. Mein Vetter Gosbert der Rote, der Zweite nach Hugues von Troyes, dem Grafen der Champagne, hat es dem Orden geschenkt. Wir geben ihm einen neuen Namen. Clairvaux, das helle Tal, soll es von nun an heissen. Das Tal ist Zeichen unserer Demut, pflanzliche und geistliche Fruchtbarkeit sollen hier zusammenkommen und wachsen und gedeihen und den kahlen Bergen gegenüberstehen, wo die alte Schlange des Hochmuts ihren Sitz gewählt hat. Hier soll die Arbeit beginnen. Gérard soll Kellermeister sein, André Pförtner, Gaucher Prior und unser Architekt ist Geoffroy d'Aignay.

7. August 1166

Der Engel spricht zu mir: „Ich war immer um dich herum. Ich war immer bei dir. Durch alle Zeiten war das so, und in alle Zeiten hinein wird das so sein. Aber du hast mich nicht gesehen. Dein Leben auf der Erde war wie das Leben eines Samens in der Erde. Endlich bist du durch die Pforte des Todes gegangen. Das war wie das erste Keimen des Samens. Du hast dich mehr und mehr ausgedehnt. Das war wie das Wachsen des Keimes nach oben. Dann hast du die Erdkrume durchbrochen. Da hast du mich das erste Mal gesehen. Und so wie die Sonne den Keimling sieht, bestrahlt und zu Ergrünen hilft, so habe ich dich gesehen. Und mein Sehen war wie der Sonnenstrahl für die junge Pflanze. Es war nicht nur ein Sehen. Ich habe meine Kräfte in dich hineingestrahlt. So hast du dich entwickelt. So bist du gewachsen, bis du mich sehen konntest. Nun wirst du dich weiter entwickeln. Nun wirst du weiter wachsen. Und je mehr Fähigkeiten du entwickelst, umso mehr und höhere Wesenheiten werden dich wahrnehmen, umso mehr höhere Wesen wirst du wahrnehmen. So entwickelst du dich, weil wir dich anstrahlen. Wenn du etwas tust, wenn du handelst, sind es unsere Kräfte, die dir zufliessen, die in dir wirken. Aber nicht wir entwickeln dich. Du entwickelst dich selber. Du handelst selber. Du bist die Pflanze, die wächst, wir sind das Licht der Sonne, das dich bestrahlt."

7. Oktober 1166: Profess in Cîteaux

Ich durchlebe wieder die Aufnahme im Kloster von Cîteaux. Ich stehe wieder vor dem Altar, die Professurkunde in der Hand. Ich lege sie auf den Altar und spreche die Worte: „Nimm mich auf, oh Herr, nach deiner Verheissung und ich werde leben, und vereitle nicht meine Erwartung." Dann sprechen die Brüder: „Nimm ihn auf, oh Herr, nach deiner Verheissung und er wird leben, und vereitle nicht seine Erwartung." Und dann singen sie: „Ehre sei dem Vater, Ehre sei dem Sohn, Ehre sei dem

Heiligen Geist, seit er in uns wohnt. Und es kommt eine Zeit, wo kein Tod mehr wird sein und kein Leid, kein Schmerz und kein Geschrei. Gott wird bei uns wohnen, und wir werden sein Volk sein, und er selbst wird mit uns sein." Ich werfe mich vor jedem der Brüder auf den Boden und bitte jeden von ihnen, für mich zu beten. Darauf werde ich ins Mönchshabit gekleidet, die weisse Kutte aus ungefärbter Wolle mit den langen, weiten Ärmeln. Mein Kopf ist kahl geschoren bis auf einen runden Haarkranz. Das ist das Zeichen der Unterwerfung, und es ist auch die Verheissung künftiger Himmelskrönung. In mir ist nichts als Freude, und um mich herum ist nichts als Freude. Freude strahlt von der Decke der Kirche auf uns herunter mit ihrem hellen Schein. Lob und Dank widerhallen aus der Höhe. Wir haben das Böse überwunden. Wir haben die Welt verachtet. Wir haben unsere Körper preisgegeben. Wir haben der Liebe der Verwandten entsagt und die ausgelegten Fallstricke des Reichtums unter uns gelassen. Nun sind wir engelgleiche Wesen geworden. Nun wird uns hundertfacher Lohn geschenkt für jedes einzelne Gut, dass wir aufgegeben haben. Wir spüren schon Christi Süsse auf unsern Zungen und in unseren Herzen. Gott wird sein Herz nie von uns abwenden und niemals wird er sein Ohr unserem Seufzen und Klagen verschliessen. Gott ist mit uns. Wir sind miteinander und unsere Herzen strahlen hell und froh und weiten sich bis zu den Fenstern und Mauern der Kirche und weit über sie hinaus über die Felder und Wälder zum Himmel empor.

31. Dezember 1166

So stehe ich in der geistigen Welt. Hinter mir stehen Seelen der geistigen Hierarchien, Engel, Erzengel, all diese hohen Wesen. Ich weiss, sie sind da. Aber wenn sie für mich da sein sollen, so muss ich sie erst auferwecken zu dem, was man hier Sein nennt. Das was in der geistigen Welt auf mich wirkt, das was da ist, das muss ich zur Imagination bringen. Es ist nichts da in der geistigen Welt, als was ich mir immer erarbeite. Hier muss ich immerfort tätig sein.

1. März 1167 Aufnahme in Cîteaux

Nun stehen wir im Kapitelsaal endlich ihm gegenüber, dessen Liebe allein dem Ordensleben, der Armut und dem Gehorsam gegenüber der Regel des heiligen Benoît gilt. Dort steht Etienne Harding, ein Mann jenseits der fünfzig. Seine hohe Stirn verrät den hochgebildeten Mann und seine eingefallenen Wangen die jahrelange Askese. Er schaut uns ernst an und fragt: „Was erbittet ihr?", und wir antworten alle dreissig mit einer Stimme: „Die Barmherzigkeit Gottes und deine Barmherzigkeit." Der Abt erinnert uns an die eisernen Ordensregeln. Sie ruhen auf den Pfeilern Gehorsam, Keuschheit, Armut und Schweigen. Dann spricht er mit sanfter und doch fester Stimme: „Es steht Euch vollkommen frei, einzutreten und unsere Regeln in aller Strenge zu befolgen. Es steht euch aber auch vollkommen frei, von hier fortzugehen." Wir antworten alle dreissig mit einer Stimme: „Wir bitten um Aufnahme in Eurem Kreis." Da spricht der Abt „Möge Gott, der Herr, das was er in euch begonnen, zu einem guten Ende führen", und wir antworten „Amen." Voll Freude treten wir ins Kloster ein. Voll Freude begeben wir uns unter das süsse Joch Christi. Hier werden wir Stille und Einsamkeit finden mitten unter der Schar der Brüder. Das ist das wahre, das einzige Glück.

5. April 1167

„Wo sind die anderen, die vor mir durch die Pforte des Todes geschritten sind", frage ich den Engel, „wo sind sie alle?" Der Engel lächelt: „Sie sind alle dort, wo auch du jetzt bist. Du füllst den ganzen Raum aus vom Mittelpunkt der Erde bis zur Umlaufbahn des Mondes. Alles das füllst du aus, und das tun alle anderen Toten auch und viele andere Wesen noch. Ihr steckt alle ineinander. Doch das ist äusserlich. Das Äusserliche hat hier keine Bedeutung. Hier kommt es nur auf das Innerliche an. Ob du von einem anderen Wesen hier weisst, ob du es wahrnimmst, ob du es siehst, hängt alles von innerlichen Verhältnissen ab, nicht von den äusserlichen Zusammenhängen."

10. Mai 1167: In der Villa in Châtillon

Wieder durchlebe ich die Zeit in Châtillon. Wieder sitze ich mit meinen Freunden und meinen Verwandten beisammen bei Tisch. Wir sind eine kleine Gemeinschaft. Wir wollen einzig in Gott noch leben. Wir alle haben uns losgerissen von der Welt. Wir haben uns losgerissen von unseren Brüdern, wenn sie nicht auch nur noch in Gott leben wollten. Wir haben uns losgerissen von unseren Liebsten. Sie wollten bei uns sein, weil wir ihnen Quell der Freude waren. Das ist für uns vorbei. Die Liebe unserer Liebsten ist grausame Liebe und verkehrte Zuneigung. Die Liebe soll einzig Christus gelten. Wir suchen nur noch die Freude des Herrn. Der grösste Beweis der Liebe ist es, darin für Christus grausam zu sein. Mit den Füssen sind wir über den Vater hinweggetreten, der auf der Schwelle lag, um uns am Gehen zu hindern. Missachtet haben wir die Mutter, die sich entblösste und uns die Brüste zeigte, an denen sie uns genährt hatte. Über unsere Frauen hinweg haben wir uns losgerissen und sind trockenen Auges zum Banner des Kreuzes geeilt.

Wieder sitzen wir beisammen und einer erzählt von seinem Traum: „Wir alle sitzen im Hause bei Tisch beisammen und jeder nimmt der Reihe nach von einer wunderbar weissen, wohlschmeckenden Speise. Alle essen die Speise in grossem Glück und mit grosser Freude. Nur zwei aus unserer ganzen Schar haben keinen Anteil an dieser heilbringenden Speise, sondern gehen leer aus. Der eine nimmt sie überhaupt nicht auf, der andere verstreut sie wie ein unvorsichtiger Esser. Wieder spüre ich das Glück der Gemeinschaft mit den Freunden und das Glück der kommenden Gemeinschaft mit Gott in mir. Und nun spüre ich das gleiche Glück um mich herum, wie es in mich einströmt, wie es in mir wohnt. Da strömen neue Gefühle in mich herein. Es sind die Gefühle derer, die wir verlassen haben. Gefühle von massloser Trauer, Verlassenheit, Demütigung und Scham. Jesus, spricht es in meinem Inneren, König der Welt, durch dich wächst mein grosser Schmerz. Für dich hat mein Freund mich verlassen, der schöne, vornehme, tapfere und reiche. Mir bleibt nur grosser Schmerz, die Sehnsucht und Weinen ohne Unterlass. Du hast mir das genommen, woraus mir Freude erwachsen ist. Und mit diesen Worten wird mein Innerstes ein Tränenbecken der Sehnsucht. Ein Tränenbecken, das längst übergeflossen ist von bitteren, salzigen Tränen. Ich habe keine Tränen mehr, die ich noch weinen könnte. Mein Schmerz findet keine Worte mehr. Alles um mich herum ist verstummt vor der Trauer in meinem Innern. Langsam und schwer steigt mir die Klage in die Kehle. Ein dumpfes Gewimmer ohne Worte zwischen jedem Schlag meines Herzens. Und auch die Klage verhallt, meine Stimme wird ein zitterndes Schweigen. Und ich muss leben in diesem Schmerz. Stunden, Tage, Wochen und Monate.

21. Juli 1167

„Könnte ich alle Menschen auf der Erde sehen, könnte ich jeden einzelnen von ihnen sehen, wenn ich nur wollte?", frage ich den Engel, „Ich konnte schon bald nach meinem Durchgang durch die Pforte des Todes meine lieben Brüder, die Mönche in Clairvaux, sehen. Es dauerte lange, bis ich Geoffroi begegnet bin. Es dauerte lange, aber dann war ich wirklich mit ihm vereinigt. Kann ich nun alle Menschen auf der Erde sehen?" Der Engel schaut mich an. „Du bist glücklich. Du kannst sehr viele Menschen sehen, weil du so vielen Menschen auf der Erde begegnet bis und weil du ihnen mit so liebevollem Interesse begegnet bis. Ihr Menschen könnt nach dem Tode vor allem mit denen in Kontakt kommen, die ihr schon auf der Erde vor dem Tode kennengelernt habt. Und du bist doppelt glücklich, denn deine Liebsten auf der Erde sind Mönche, Nonnen, fromme Menschen. Sie sind mit Gedanken an Gott gefüllt. Eine Seele, die angefüllt ist mit spirituellen Vorstellungen, ist wahrnehmbar von hier aus. Du siehst die Menschen auf der Erde nur, wenn sie mit Gedanken an das Göttliche erfüllt sind. Du kannst einen Menschen auf der Erde geliebt haben. Du kannst mit ihm ein Leben lang zusammengelebt haben. Er kann dich geliebt haben. Er kann dich vermissen und in Gedanken nach dir suchen. Eure gegenseitige Sehnsucht kann noch so gross sein: Wenn die zurückgelassene Seele keinerlei Gedanken in sich trägt, die sie für dich wahrnehmbar machen, dann kannst du sie nicht sehen. Es müssen Gedanken an das Göttliche da sein. Eine Seele, die ganz ausgefüllt ist mit nur aus der materiellen Welt entlehnten Vorstellungen, Begriffen, Ideen, Empfindungen, kann von den Toten nicht wahrgenommen werden." „Wie kann das sein", frage ich, „ist nicht alles von Gott geschaffen, ist nicht alles göttlich?" Der Engel spricht: „Die physische Welt ist eigentlich das, was die Götter einmal gedacht und dann vergessen haben. Sie haben es aus sich herausgesetzt. Wenn Menschen die Augen vor dem Geistigen verschliessen, werden sie für das Geistige unsichtbar."

9. August 1167: Prophezeiung an Gérard

Ich stehe im Kreise meiner Brüder und rede voll Eifer auf meinen Bruder Gérard ein. Auch er soll mit mir kommen, der Welt entsagen und ins Kloster gehen. Bei so vielen meiner Freunde und Verwandten habe ich schon Erfolg gehabt. Gleich auf das erste Hören hin, gleich am ersten Tag, haben sie mir zugestimmt und versprochen mit mir zu gehen. Nicht so Gérard. Meinen heilsamen Rat, meine hehren Pläne weist er zurück. Er nennt sie leichtfertig. Er nennt sie unbedacht. Er nennt sie gar verantwortungslos. Da schlägt mein Glaubensfeuer und brüderlicher Liebeseifer plötzlich in rasenden Zorn um. Heiss steigt er in mir auf und führt mir die Zunge. „Ich weiss, ich weiss“, sage ich, „nein“, rufe ich, „nur Schläge geben dem Ohr Verstand.“ Und schon lege ich meinen Zeigefinger an die rechte Seite Gérards, gerade unter den Brustkorb, und rufe: „Es wird der Tag kommen, und gar bald kommen, wo eine Lanze dich hier in die Seite stösst und meinem verschmähten Rat, der dein Heil bedeutet, den Weg zu deinem Herzen führen wird. Du wirst wohl Angst ausstehen, aber sterben wirst du nicht.“ Ich sage das in vollkommener Sicherheit. Ich sehe in diesem Moment die Lanze ihn an genau dieser Stelle treffen. Ich sehe, dass er weiter lebt. Und während ich dies wieder sehe und wieder erlebe, ergreifen mich Gefühle, die ich damals nicht hatte. Nun halten Gérards Gefühle Einzug in meine Seele. Mein Stolz, mein Zorn, meine grosse Sicherheit werden verdrängt durch in Bitternis getauchte Demut, durch ärgerliche Sanftmut und durch ein immer stärker werdendes Zucken der Angst. Für gering, für ganz gering halte ich mich im Gegensatz zu diesem Wortführer, und bitter schmecken mir seine Worte auf der Zunge. Diese Bitterkeit liegt ganz hinten auf der Zunge. Ich schlucke sie herunter und nun erfüllt sie meinen Magen, meine Eingeweide und bald mein ganzes Inneres und wird zur Bitternis des Herzens. Diese Bitternis, sie mischt sich mit Beklemmung und Unbehagen, und hinein schlagen die Blitze der Angst.

19. August 1167

Ich frage meinen Engel: „Wo ist der Christus? Wo ist er hin? Wo finde ich ihn?“ Der Engel schaut mich ernst an: „Du bist noch nicht reif für die ganze Wahrheit“, sagt er, „Du kannst sie noch nicht erfassen. Nur so viel kann dir jetzt sagen: Der Christus war in unserem Inneren durch Äonen hindurch. Dort ist er nun nicht mehr. Er ist fortgegangen von uns. Nun glänzt er zu uns herauf von der Erde wie tausend Sterne aus all den Menschen, die ihn in ihren Herzen tragen. Da erkennen wir ihn wieder, da ist er aufgestrahlt seit dem Mysterium von Golgatha. Du selber warst einer der Menschen. Du selber hast dein Leben dem Christus geweiht. Immer wenn du *ich* sagtest, sagtest du auch *J*esus *Ch*ristus. Du hast in Christus gelebt und du bist in Christus gestorben. Darum kannst du jetzt so viel sehen, nachdem du durch die Pforte des Todes gegangen bis. Du schaust mit dem Seelenauge, das dir der Christus gegeben hat."

„Wann werde ich den Christus sehen, werde ich den Zorn spüren, den ich auf der Erde so oft gefürchtet habe?", frage ich weiter voll Erwartung, aber auch voll Angst. Gütiges Lächeln steht in den Augen des Engels. „Christus kennt keinen Zorn. Christus bringt die Bösen nicht in die Hölle durch seinen Zorn. Das war nie so. Das ist nicht so. Das wird nie so sein. Die Menschen verurteilen sich selbst, wenn sie in seine Nähe kommen. Durch das, was er ist, bringt er die Menschen dazu, sich selbst zu verdammen oder zu erlösen."

10. September 1167: Entschluss

Ich bin auf dem Weg nach Grancey zu meinen Brüdern. Sie sind wahre Ritter und Vasallen des Herzogs von Burgund. Ihnen will ich mich anschliessen und die Burg belagern. Doch je näher ich der Burg komme, umso mehr nagt der Zweifel an meiner Seele. Ich bin nicht zum Ritter geboren. Zu schmächtig bin ich. Zu schmal ist meine Gestalt. Ich bin nicht zum Ritter erzogen. Meine Mutter hat mich als Kind zuhause behalten und nicht als Pagen an einen fremden Hof gegeben. Niemand hat mir schon als Kind beigebracht, wie man mit Pferden und Falken auf die Jagd geht, wie man mit dem Schwert, der Lanze und der Axt kämpft. Ich durfte als Knabe nicht mit auf die Pirsch, nicht auf Hetz- und Vogeljagd. Ich konnte nicht einmal das erlegte Wild ausweiden und zerlegen. Bogenschiessen, Ringen und Steinewerfen hatte mir die Mutter verboten. Meine Mutter hat mich als Kind zu Hause behalten und nicht ins Kloster gegeben, damit ich dort für ihr Seelenheil beten sollte. Aber sie hat alles getan, um mich zum mönchischen Leben zu erziehen. Gewöhnliches und einfaches Essen hat sie uns Kindern gegeben, damit wir nicht von den Delikatessen des Teufels verführt würden. Hat mir der Herr selber nicht die Hölle gezeigt, hat er mir nicht die Martern, die Qualen und die ewige Verdammnis der Hölle gezeigt? Nun steigt die Hölle wieder vor mir auf wie die Sonne am fernen Horizont. Langsam reite ich zwischen den Bäumen. Im Leib liegt mir ein kalter Stein. Die Kälte breitet sich aus, fast erstarre ich in Entsetzen vor jener schrecklichen Majestät, in deren Hände zu fallen ewige Verdammnis bedeutet. Hier reite ich zwischen den Bäumen dem Kriege entgegen, doch in meinem Inneren findet mein Gericht statt. Als Zeuge steht mein Gewissen auf, als Richter sitzt dort meine Vernunft und als Henker steht grimmig meine Furcht im Schatten und bringt lähmende Angst über mich. Wie soll ich die fleischliche Begierde, die mich so quält, länger eindämmen mitten unter den Versuchungen der Welt? Wie soll ich dieser Begierde, die mich lockt mit ihren blauen Augen, mit ihrem blonden Haar, mit ihrer Rehgestalt und die mir die süssesten Freuden des Fleisches verspricht? Wie soll ich ihr widerstehen, auch wenn ich weiss, dass sie mich doch nur in die Hölle und ewige Verdammnis stossen will? Wie soll ich den Gegnern der Keuschheit widerstehen? Woher soll ich die Kraft nehmen? Diese Feinde der Keuschheit sind gross an der Zahl und sie kommen von zwei Seiten auf mich zu. Dort draussen sehe ich die Feinde in liebreizenden Gestalten und mit anmutigen Bewegungen mich locken. Sie versprechen mir paradiesische Freuden auf Erden. Doch sind sie in Wahrheit nur der Schlund der Hölle und der ewigen Verdammnis. Doch der grösste und stärkste und fürchterlichste aller Feinde wartet an einem anderen Ort. In mir selber sitzt er dieser Feind. Er ist mein eigenes Fleisch. Er ist noch der Stärkste aller Feinde. Es ist meine eigene Sehnsucht nach den Verlockungen der Sünde. Wie soll ich nicht in Sünde fallen, wenn überall Gelegenheiten dazu lauern? Es locken mich die Festmähler, es ruft die Gemeinschaft der Trinkgelage. Doch was nützen sie, wenn doch am Ende mein Leib den Würmern zur Speise gegeben wird? Ich ziehe zu meinen Brüdern. Ich ziehe in Kampf und Krieg. Wer aber seine Verwandten liebt und Gott vernachlässigt, wird darob angeklagt, wenn dann der Richter kommt, denn das eigentliche Leben liegt nicht in dieser, sondern in der jenseitigen Welt. Wer für Gott wacht, wird später gekrönt werden. Wer für Gott hungert, wird später ewig gesättigt werden. Ich höre die Stimme meiner Mutter. „Tiefer und tiefer ziehst du in den Sumpf der Sünde. Habe ich dir gar nichts beigebracht? Hast du vergessen, dass das wahre Leben nicht in dieser Welt ist? Verschliesst du die Augen vor den Freuden der jenseitigen Welt?“ Ich höre ihre Worte. Doch ich höre sie mit Widerwillen. Ich höre ihren Vorwurf. Doch ich höre ihn voll Lethargie. Da fällt mein Blick auf eine kleine Kirche. Sie steht etwas abseits vom Weg. Dorthin muss ich. Dorthin soll ich. Dort wird der Entschluss fallen. Ich lenke mein Ross zur Kirche. Ich halte an. Ich sitze ab. Ich trete ein in die Kirche. Ich knie ich vor dem Altar nieder und bete mit hoch erhobenen Armen. Dann breche ich in Tränen aus. „Mönch will ich sein, gewiss will ich Gott dienen“, rufe ich aus. Die Starre fällt von mir ab. Die Kälte weicht aus meinem Leib und meiner Seele. Widerwillen und Lethargie fallen in sich zusammen. Grosse, wohlige Wärme ergreift mich und hüllt mich ganz ein. Der Herr ist mir nahe. Ich kann seine Gegenwart spüren. Er vergibt mir meine Schuld. Und die Wärme ergreift mich mehr und mehr. Sie wird wie ein Feuer, das den Wald verbrennt, wie eine Flamme, die den Berg versengt. Dieses Feuer, das der Herr mir ins Herz gelegt hat, dass es brenne für ihn, ich lasse es in mir auflodern. Die Nachbarschaft soll es erfassen und in die Welt hinausziehen. Dieses Feuer ist das Feuer der Liebe für den Herrn, meinen Gott. Diese Liebe, sie soll alle erfassen, die mir nah sind. Diese Flamme, sie soll auch in ihren Herzen lodern.

18. September 1167

Ich schaue wieder auf meinen Tod zurück. Ich schaue wieder auf die Todesstunde zurück. Wie anders sieht der Tod aus, wenn man von der Erde aus auf ihn schaut. Der Anblick des Todes von der Erde aus gesehen ist immer auch der Anblick der Vernichtung. Nun schaue ich auf meinen Tod von diesseits der Pforte. Von hier aus sehe ich das Herrlichste, das Grösste, das Schönste, das Erhabenste, das ich jemals gesehen habe. Dieser Anblick bezeugt fortwährend den Sieg des Geistes über die Materie, die selbstschöpferische Lebenskraft des Geistes. Wieder fühle ich die selbstschöpferische Lebenskraft des Geistes und das gibt mir das Ich-Bewusstsein. Ich bin ich, und hier bin ich nur, wenn ich mich immerfort selbst erzeuge.

3. April 1168

Heute bin ich einem Erzengel begegnet, und ich kann diese Begegnung fast nicht in Worte fassen. Schon meinem Engel gegenüber habe ich mich gefühlt, wie das Schaf sich fühlen mag dem treuen Hirten gegenüber. Und noch weitaus grösser ist mein Abstand zu den Erzengeln. Ihnen gegenüber fühle ich mich, wie das Gras auf der Wiese sich fühlen mag, dem treuen Hirten gegenüber. Oder eher, wie die Blumen im Garten sich fühlen, dem sorgenden Gärtner gegenüber. Der sorgende Gärtner lockert den Boden um seine Blumen herum. Er entfernt das Unkraut ums sie herum und er gibt ihnen Wasser, wenn nötig. Der Gärtner mag manchmal reden mit einer seiner Blumen. Er schaut sie aber nie als seinesgleichen an. Wie die Blume lebt im Garten des Gärtners, so lebe ich im Umfeld des Erzengels. Mit meinen Gedanken und Empfindungen lebe ich in der Welt der Erzengel, und sie wirken in mich hinein mit ihrer Kraft und Stärke. Ja, sie geben mir Kraft und Stärke. Die geben sie in meine Gedanken und Ideen hinein. Das tun sie nicht erst jetzt. Das haben sie schon unten auf der Erde getan. Aber hier und jetzt tun sie noch mehr für mich. Ich spüre jetzt meine Bedeutung für die Welt, insofern ich französisch gesprochen habe, insofern ich Franzose war.

Hier stehe ich vor dem Erzengel aller Franzosen. Alles was ich auf Erden meinem Volk zu verdanken hatte, war seine Gabe. Es war seine Inspiration, die mir zukam, weil ich in mein Volk hineingestellt wurde. Ihm habe ich alle die geistigen Eigenschaften, alle die Gewohnheiten, die ganze Art meines Wesens als französischem Wesen zu verdanken. Das war seine Gabe. Die Seele der Franzosen ist sein Leib.

14. Mai 1168: Begierde

Nun lebe ich in der Zeit, in der ich ein junger Mann bin. Ich liege ich im Bett und schlafe ruhig. Ein nacktes Mädchen schleicht zu mir und schlüpft unter meine Decke. Als ich es bemerke, trete ich ihm schweigend in aller Gemütsruhe den Platz ab, den ich im Bett eingenommen habe, drehe mich auf die andere Seite und schlafe ruhig weiter. Doch nun spüre ich nichts mehr von Ruhe. Ich spüre nicht mehr die Süsse des Schlafes. In mir spüre ich alles, was das Mädchen damals gespürt hat. Das wird nun zu meinem Innern. Die Begierde hat mich hergetrieben. Mit wildem Druck erfasst sie mich mit ihren rohen Händen. Ich bin nur noch Begierde. Begierde nach Süsse, nach Sattheit, nach Rausch, nach Hemmungslosigkeit. Ich begehre nur noch diesen Leib neben mir, damit er mich immer süchtiger macht! Das tiefe Lodern spüre ich in mir, in meinem tiefsten Inneren. Die Bereitschaft, alles nach aussen zu kehren, zu entfesseln, loszulassen und auf ihn zu richten, den ich begehre! Ich bin dem Begehren wehrlos und vollkommen ausgeliefert. Ich möchte diesen Körper wecken mit meinen Händen, mit meiner Lust, mal sanft, mal zart, mal fordernd und rücksichtslos. Ich möchte diesem schlanken Leib mich öffnen, den Reiz bis zur Grenze treiben, mich in einer Explosion erlösen und unkontrolliert in ihr verglühen. Ich möchte an diesem Abgrund der Leidenschaft entlanggehen und bis zur eigenen, lustvollen Erlösung hemmungsloser Gier erliegen. Ich möchte mich in ihr winden und in ihr aufgehen. Ich möchte in Wahnsinn und Besinnungslosigkeit zerstäuben und ihn mit mir reissen. Ich möchte mich schutzlos treiben lassen und unter seinem Leib ertrinken.

15. Dezember 1168

„Die Fürstentümer", sagt der Engel, „stehen über den Erzengeln. Du kannst sie nicht fassen, denn dein Bewusstsein ist, verglichen mit ihrem Bewusstsein, wie das Bewusstsein eines Steines, verglichen mit deinem Bewusstsein. Lass mich dir nur so viel sagen: „Sie haben viele Aufgaben. Sie regeln den ganzen Lauf der menschlichen Geschicke durch die Zeiten hindurch. Sie werfen sich in die Wellen der Zeit von Epoche zu Epoche und bringen so die Menschheit voran. Dazu flössen sie manchmal einzelnen Menschen gewaltige Ideen und Geistesbilder ein."

30. April 1169: Tod der Mutter

Weiter und weiter lebe ich zurück. Nun bin ich noch jünger geworden. Nun wird mir noch weiter entfernte Vergangenheit Gegenwart. Ich stehe inmitten meiner Familie und der Geistlichen in ihren grauen Kutten um das Sterbebett meiner Mutter. Die Geistlichen singen die Psalmen. Meine Mutter liegt auf dem Bett, und sie singt mit. In ihren letzten Zügen noch, ihre Stimme ist kaum mehr hörbar, singt sie ein Lob auf Gott. Und nun psalmodieren die Mönche „Durch dein Leiden und Kreuz, erlöse uns, oh Herr", und da erhebt sie ihre Hand, bekreuzigt sich und gibt ihren Geist auf, so unmittelbar, dass die erhobene Hand erhoben bleibt. Ich stehe mit gesenktem Kopf neben meinem Vater. Nun bin ich schon fast so gross wie er. Schwarz ist die Nacht um mich herum. Ich weiss, dass oben am Himmel die Sterne kreisen, doch ich versinke immer tiefer in der kummervollen, trostlosen Schwärze der Nacht. Jetzt ist die Mutter fortgezogen. Alles um mich ist leer und tot. Ich möchte weinen, doch ich kann nicht. Beim ersten Schluchzer schon würde mir das Herz zerspringen. Darum weine ich nicht. Darum bewege ich mich nicht. Darum stehe ich starr und bleich und kalt. Beginnt es jemals zu tagen? Gibt es noch ein Morgenrot?

17. Mai 1169

Ich bin nun schon vor langer Zeit durch die Pforte des Todes gegangen. Doch Wille und Gefühl, so wie sie meinen Leib durchdrungen haben auf der Erde, sind immer noch vorhanden. Ich habe nun mein Leben fast vollständig zurückgelebt. Ich habe nun so lange in dieser Umgebung gelebt, die in so grossem Mass aus meinen umgewandelten Erinnerungen besteht. Sie sind wie der Grundton der Melodien um mich her. Ich lebe nun in einer Welt, die ich eigentlich selber bin, und ich weiss, dass mein Gefühl und mein Wille noch in mir leben. Sie haben jetzt selbst eine Art von Erinnerung. Sie selbst haben einen Zusammenhang mit dem letzten Erdenleben.

28. April 1170

Wieder bedränge ich den Engel mit Fragen: „Und wo ist dieser Ort, den ich so oft voll Schrecken schaute? Wo ist dieser Ort, bar jeder Ruhe?Wo ist dieser Ort, wo die Sünder vom Feuer verzehrt werden? Wann werde ich ihn erleben müssen?“ „Oh, du bist schon hindurchgegangen“, sagt der Engel, „unbemerkt bist du hindurchgegangen. Hast du nicht dein Leben zurückgelebt? Hast du nicht die Schmerzen und Freuden der Menschen gespürt, die durch deine Taten entstanden sind? Hast du nicht im Feuer deiner eigenen Begierden alle Begierden verzehrt? Hier wird kein Sünder vom Feuer verzehrt. Hier verzehren die Menschen ihre Sünden im Feuer der eigenen Begierden, zu deren Erfüllung sie keinen Leib mehr haben. Jeder Mensch schafft sich seine eigenen Schmerzen. Es gibt auch Schmerzen der Lüge. Du hast sie nicht kennengelernt, denn du kanntest die Lüge nicht. Hättest du sie gekannt, hättest du auf der Erde jemanden angelogen, dann wäre beim Zurückleben der Zeitpunkt gekommen, der Zeitpunkt der Lüge, und du wärest ganz erfüllt worden mit der Wahrheit, die du hättest sagen sollen. Und diese Wahrheit, sie wäre in dir gewesen und sie hätte dich furchtbar gequält. Diese Wahrheit, sie wäre vor dir gestanden und sie hätte dich umso mehr gequält, je mehr du von ihr abgewichen wärest. Sie hätte in dir gelebt. Sie hätte dich verbrannt und du hättest sie nicht ertragen können. Das Erkennen der Wahrheit wäre dein Leiden gewesen. Die Wahrheiten, die du im Leben gesagt hast, sie sind dir beim Zurückleben, Genuss und Erhebung, Lust und Freude geworden. Aber ohne Ruhe wärest du gewesen im Anblick jeder nicht gesagten Wahrheit. Vom Feuer der nicht gesagten Wahrheit wärest du gequält worden.

Und nicht nur der Anblick der nicht gesagten Wahrheit hätte dich gequält. Auch der Anblick des nicht geübten Fleisses hätte dich gequält. Wärest du im Leben bei einer Sache faul gewesen, gegenüber welcher Fleiss Pflicht gewesen wäre, dann wäre der Zeitpunkt gekommen, beim Zurückleben nach dem Tode. Dann wäre der Zeitpunkt gekommen, in dem der Fleiss, der damals Pflicht gewesen wäre, in dir gelebt hätte. Er wäre da gewesen, der Fleiss. Er wäre ganz sicher gekommen, wenn du einmal recht faul gewesen wärest auf der Erde. Dann hätte dieser Fleiss in dir gelebt beim Zurückleben. Dann hättest du erkannt, wie ungeheuer wertvoll er ist. Dann hättest du dich diesem Fleiss ganz hingegeben. Und er hätte dich gequält. Unendlich gelitten hättest du unter ihm.

Du hast dein Leben zurückgelebt. Du hast Lust und Leid erlebt. Du hast Freude und Schmerz erlebt. Es war aber nicht deine Lust. Es war nicht dein Schmerz. Es waren Freude und Leid, Lust und Schmerz, die du in deinem Leben auf der Erde bewusst oder unbewusst, absichtlich oder unabsichtlich bei Menschen und Tieren verursacht hast. Alles das hast du wieder getroffen beim Zurückleben. Nun denke an die Sünder. Denke an die Menschen, die ihre Frau, ihr Kind, ihren Hund gequält haben. Auch sie kommen zurück an die Stelle, den Ort und Augenblick, in dem sie den anderen Wesen Schmerz bereitet haben. Damals machten sie Schmerz anderen fühlbar, nunmehr müssen sie dieselben Schmerzen in der eigenen Seele erleiden. All die Qualen, die sie je einem anderen Wesen bereitet haben, müssen sie nun in der eigenen Seele durchmachen. Sie stecken in den Menschen, in den Tieren und lernen kennen, was die anderen Wesen durch sie gelitten haben, und nun müssen sie alle diese Qualen und Schmerzen selbst erleiden. Ihr Menschen lebt zurück in der Lust und dem Schmerz, den ihr anderen bereitet habt. Es kommt nicht darauf an, ob ihr es bewusst oder unbewusst getan habt. Es kommt nicht darauf an, ob ihr es in guter oder böser Absicht getan habt. Es kommt nicht darauf an, ob ihr es wolltet oder nicht wolltet. Ihr durchlebt, was die anderen durchlebt haben an euren Worten und Taten."

3. Februar 1171

So viele Jahre habe ich nun wieder und wieder diese Sehnsucht nach meinem Leben im Leibe gespürt. Ich bin in hohem Alter gestorben. Ich bin in einem schwachen Leib gestorben. So oft war der Leib fast nicht in der Lage, mich weiter zu tragen. Und doch habe ich immer wieder gespürt, ich hätte noch mehr leben können. Ich hätte noch mehr leiden können im Dienste Gottes. Ich hätte noch mehr tun können für Gott. Mein Leib war dazu fast nicht mehr in der Lage auf Erden, aber mein Fühlen, mein Wollen, sie konnten es noch und sie wollten es noch tief in mir drinnen. All das, was mein Fühlen und Wollen noch konnten im Zeitpunkt des Todes, hat weiter tief in meiner Seele gelegen in den vielen Jahren, seit ich durch die Pforte des Todes geschritten bin. Sie sind aber nach und nach verglommen. Nun sind sie fort. Die letzte Begierde nach einem Leben im Leib ist verschwunden. Sie ist nun ganz und gar überwunden. Sie ist nicht mehr da.

27. Mai 1173

Während meines Lebens auf der Erde habe ich die Schönheit von Gottes Schöpfungen gesehen. Das waren die Strahlen der Gottheit, die mir zeigten, dass er wirklich ist. Seine Schöpfungen haben mir aber nicht gezeigt, was der ist, der sie geschaffen hat. Ich habe etwas von ihm gesehen. Ich habe nicht ihn selbst gesehen. Sie haben mir nur gezeigt, dass er wirklich ist. Die unsichtbare Wirklichkeit Gottes habe ich an den Werken der Schöpfung auf dem Umweg über mein Denken wahrgenommen. Nun beginne ich Gott zu sehen. Ich sehe ihn aber wieder nicht in seinem Einssein. Ich sehe ihn wieder in der Vielfalt seiner Offenbarungen.

Mein Weg hier wird nun wie mein Weg auf der Erde. Gott hat sich mir auf der Erde in seinen Schöpfungen offenbart. Gott hat sich mir in der Natur offenbart. Ich bin jedoch nicht durch den Garten des Klosters gegangen und habe gesagt: „Hier ist Gott, dort ist Gott, dort hinten ist auch Gott. Gott ist gross." Sondern ich bin durch den Garten geschritten und habe mir gesagt: „Schau den schönen Kelch der Tulpenblüte. Schau das Blau des Veilchens. Schau das Sichwiegen des Grases im Frühlingswind. Im Wiegen des Grases hat sich Gott mir offenbart. Im Blau des Veilchens hat sich Gott mir gezeigt. In der Schönheit der Tulpe lebte die Schönheit Gottes."

So wie ich auf der Erde, Bäume und Blumen und Gräser unterschied und sie näher kennenlernte als Buche und Linde, als Rose und Salbei, als Weizen und Roggen, so lerne ich nun seine Wesen kennen als Engel und Erzengel, als Fürstentümer. So sehe ich ihn nun, den Bräutigam, wie ich ihn so gut kenne aus dem Lied der Lieder, den Bräutigam, der sein Antlitz verändert, der sich wandelt in der Fülle seiner Lieblichkeit vor der Geliebten. Der bald wie ein zuchtvoller Bräutigam die himmlischen Umarmungen der Seele sucht, der sich bald an den Küssen erfreut, der sich, wenn nötig, mit Öl und Salben als Arzt erweist, der sich ein andermal als Wanderer zu der Braut gesellt und sie mit seinen Reden die Mühsal des Weges vergessen lässt. Die glückliche Braut bin ich.

15. Juni 1174: Stillen

Ich liege an der Brust meiner Mutter Aleth. Sie ist sehr einfach gekleidet und stillt mich. Fromme Strenge formt ihre Züge, aber auch der Hauch einer leichten Verklärung. Sie beugt sich über mich. Sie schenkt mir ihre nährende Milch. Und sie will mir auch ihre Gottesfurcht einflössen, ihre Entsagung, ihre Sehnsucht nach dem klösterlichen Leben. Der Wunsch nach einem Leben erfüllt von Fasten, Wachen und Gebet steht ihr ins Gesicht geschrieben. Und schon wird mein Inneres erfüllt von dem, was ich in ihr bewirkt habe. Ein kleines Wickelkind war ich, unfähig auch nur die Hände willentlich zu bewegen. Doch unendlich Gutes habe ich ausgelöst in ihr. Das, was meine Mutter damals erfüllte, es erfüllt mich nun. Es lebt nun in meiner Seele. Eine zärtliche Liebe erfüllt mich. Eine zärtliche Liebe erfüllt mein Herz und breitet sich aus über meinen ganzen Körper. Mein Rücken, meine Fingerspitzen, meine Zehenspitzen, alles vibriert in Zuneigung und Liebe zu diesem kleinen Wesen. Ich möchte es nähren. Nichts soll ihm mangeln. Ich möchte es schützen. Ich möchte seine Seele erquicken und es führen zu Gott und einem Leben im Licht. In den finstersten Stunden möchte ich bei ihm sein und ihn trösten. Gutes und Barmherzigkeit soll um ihn sein immerdar. So vibriert es in mir und erfüllt mich und erwärmt mich. Es erstrahlt aus meinen Augen und pulsiert in meinen Lippen. Es ist in mir und um mich herum.

7. Juli 1174

Es ist mir, als hätte ich jetzt ein Band durchschnitten. Es löst sich etwas aus mir heraus. Eine Wolke aus Farben löst sich aus mir heraus. Und diese Wolke hat genau die Form, die mein armer schwacher Leib auf der Erde hatte. Alles, was mich gequält hat in diesen Jahren nach dem Tod. Alles, was diese Wesen um mich herum in mir zu Tage gefördert haben und aus mir herausgelockt haben. Alles, was in meinem letzten Leben an mir noch unvollkommen war, zieht nun aus mir heraus in der Form meines Erdenleibes. So etwas habe ich schon einmal gesehen. So etwas habe ich vor langer Zeit schon einmal gesehen. Gleich nach meinem Durchgang durch die Pforte des Todes habe ich gesehen, wie alle meine Erinnerungen mich verlassen haben und als grosse, gewaltige Bilder vor mir gestanden haben. Nun haben mich meine Unvollkommenheiten verlassen. Damals, bei den Bildern, konnte ich zusehen, wie diese Bilder sich aufgelöst haben und einverwoben haben in den Kosmos als ganz feine unendlich dünne Bilderfäden. Aber diese Leibeswolke, die ich nun sehe, löst sich nicht auf. Sie wandert von mir weg, aber sie löst sich nicht auf. Ich bin mir nicht ganz sicher. Fast glaube ich zu sehen, dass sie sich doch auflöst, sich auflöst wie eine Wolke unter der Sonne, unendlich langsam aber. Ich bin mir nicht ganz sicher. Es ist nichts Gutes an diesem Gebilde. Es enthält ausschliesslich all mein Schlechtes, meine Triebe, meine schlechten Leidenschaften, meine schlechten Gewohnheiten. Langsam entfernt sich dieses Gebilde von mir. Langsam verliere ich es aus den Augen. Ich frage mich, ob es nicht Unheil bewirken kann.

19. September 1174: Taufe

Weiter und weiter lebe ich zurück und bin nun schon fast angekommen am Beginn meines Lebens im Leibe. Es ist kühl hier. Meine Familie steht um das Taufbecken der Kirche St. Martin de Dijon. Meine Mutter reicht mich dem Priester. Erst kurz bin ich auf der Welt, und doch lastet die Sünde schwer auf mir. Ich bin mit dem Makel der geschlechtlichen Lust befleckt, die bei meiner Zeugung empfunden wurde. Der Schmutz der Ursünde kann nur durch die Taufe abgewaschen werden. Dreimal taucht der Priester meinen kleinen, nackten Leib ganz ein in das Wasser im Taufbecken. Anschliessend werde ich mit geweihtem Salz und Chrisma, dem wohlriechenden Öl, bestrichen. Und schon erfüllen mich die Gefühle der Eltern, der Paten und Priester um mich herum. Grosse Erleichterung durchflutet mich. Die Gemeinschaft der Christen hat mich aufgenommen.

20. September 1174

Wer bin ich nun? Was ist nun um mich herum? In welcher Welt lebe ich? Bisher habe ich in dieser grossen Wolke gelebt, die aus meinen eigenen Erlebnissen auf der Erde besteht. In diese Wolke war ich vollkommen eingehüllt. Und ausserhalb der Wolke spürte ich etwas anderes. Es war mir immer, als wäre ausserhalb dieser Wolke ein Glimmlicht, das diese Wolke meines Wesens erleuchtet. Dieses Glimmlicht legte sich um die Wolke meines Wesens herum. Es näherten sich mir höhere Wesen. Nun habe ich mein Leben zurückgelebt. Nun sind meine Erinnerungen fast vergangen. Nun wird das Glimmlicht stärker und stärker. Das Licht dieser Wesen löst die Wolke auf.

21. September 1174: Geburt

Druckwellen erschüttern meinen kleinen Leib. Zuerst waren es wenige, die in langen Abständen kamen. Nun werden es mehr. Sie kommen in immer kürzeren Abständen. Sie werden immer stärker. Sie drücken meinen kleinen Leib zusammen. Sie pressen alles Wasser aus meinen Lungen. Mein Kopf wird von allen Seiten zusammengepresst. Mein Kopf, mein ganzer Körper wird gedrückt und von allen Seiten geschoben von diesem Druck. Es ist nur noch Druck und Schmerz um mich herum. Pulsierender Druck und pulsierender Schmerz. Ich winde mich, ich drehe mich. Ich möchte diesem Druck entweichen – Kopf voran. Da lässt der Druck nach und schon ergreift mich anderer Druck, zieht und zerrt an mir. Und plötzlich hört aller Druck auf. Aber nun ergreift mich grosse Kälte. Es ergreift mich grosse, schmerzende Helligkeit. Alles Dunkel um mich herum ist verschwunden. Alles Flüssige um mich herum ist verschwunden. Quälend kalte Luft spüre ich überall auf meinem Leib. Mein Körper dehnt sich wieder aus. Mein Kopf dehnt sich wieder aus. Meine Lungen dehnen sich wieder aus. Nun füllen sie sich aber nicht mit warmem, wohltuendem Wasser. Sie füllen sich mit kühler Luft. Ich beginne zu schreien.

3—WEITERLEBEN

5. Oktober 1174

Seit ich durch die Pforte des Todes getreten bin, habe ich mein Leben zurückgelebt. Dabei habe ich erlebt, wie ich jünger und jünger geworden bin. Zuletzt bin ich immer kleiner und kleiner geworden. Und während ich das erlebt habe, bin ich gewachsen. Ich habe mich weiter und weiter ausgedehnt. Ich bin gewachsen und gewachsen. Nun habe ich die Bahn erreicht, auf der der Mond um die Erde zieht. Ich bin gewachsen bis dahin, wo der Mond kreist. Ich bin so gross, dass meine äussersten Grenzen zusammenfallen mit der Sphäre, die durch die Stellung des Mondes markiert ist. Ich bin nun so gross, dass ich durch die Mondbahn begrenzt werde, wie durch die Haut auf der Erde. Mein Inneres ist nun die ganze Welt bis zum Mond.

Ich blicke zurück. Bis jetzt war ich all diese Jahre wie eingeschlossen in die Atmosphäre meiner eigenen Seele. Ich war nicht mehr auf der Erde. Aber ich wünschte eigentlich immer noch, was ich mir auf der Erde gewünscht hatte. Ich hatte Interesse an dem, woran ich auf der Erde Interesse gehabt hatte. Das ist nun vorbei. Ich habe keinen Wunsch mehr, mit der Erde verbunden zu sein. Ich habe gelernt, auf Affekte, Leidenschaften, Verlangen zu verzichten. Nun habe ich keine Bedürfnisse nach materiellen Genüssen mehr. Alle die Seelenbegierden, die sich meinem Ich auf der Erde entzogen hatten, alle unkontrollierten Gelüste habe ich nun zurückgelassen. Meinen physischen Leichnam habe ich auf der Erde zurückgelassen. Er wurde der Erde zurückgegeben. Meine Erinnerungen habe ich der Welt einverwoben. Nur eine kleine Essenz davon habe ich für mich behalten. Nun habe ich auch die Begierden meiner Seele der Seelenwelt überlassen. Wie ein Schatten, wie ein Schemen, sind sie von mir abgefallen und fortgezogen. Eine neue, reine Hülle umgibt mich nun.

Jetzt bin ich rückwärts gegangen bis zu meiner Geburt, jetzt bin ich reif geworden, von meiner Seele alles abzulegen, was vom Irdischen durchtränkt ist. Jetzt bin ich vom Irdischen ganz frei geworden. Jetzt lebe ich drinnen in der eigentlich geistigen Welt. Jetzt fühle ich mich wie mit Geist innerlich durchtränkt und wie mit einem geistigen Gewebe innerlich durchwebt. Früher sah ich die geistige Welt äusserlich. Ich sah das Universum und darin verwoben die dünnen Fäden des Gewebes meines Lebens. Nun geht sie mir innerlich auf. Nun erlebe ich sie innerlich. Nun lebt der Lebensgeist in mir. Nun bin ich Geist unter Geistern.

17. Oktober 1174

Ich schaue zurück auf meinen bisherigen Weg. Auf der Erde unten war ich den Gesetzen der Erde unterworfen. Da musste mein Leib den Gesetzen der Erde folgen. Ich musste essen, ich musste trinken. Die Erde gab mir, was mein Leib brauchte. Dann habe ich diesen Leib zurückgelassen und bin durch die Pforte des Todes getreten. Da hat meine Seele nach dem Tode die seelische Welt betreten und war ihren Gesetzen unterworfen. Die Seelenwelt nahm mir, was meine Seele nicht mehr brauchte. Alles, was meine Seele noch zum irdischen Leben hinzog, war nun Quelle des Leidens und wurde von mir genommen. Ach, es gab viele verschiedene Quellen des Leidens. Einige wurden zu grossen Flüssen und einige wurden höchstens zu schwachen Rinnsalen. Und jede Quelle wurde so trockengelegt, wie es ihr entsprach. Denn sehr unterschiedlich waren meine Neigungen hin zur irdischen Welt. Und sehr unterschiedlich waren die Seelengebilde, die Seelenstoffe und Seelenkräfte, die diese Neigungen von mir genommen haben. Jede dieser Arten hat mich auf ihre Weise gereinigt und geläutert.

So wurde Schritt für Schritt, ganz allmählich in zwanzig langen Jahren, alles Antipathische in meiner Seele von den Kräften der Sympathie überwunden und diese Sympathie selbst bis zu ihrem höchsten Gipfel geführt. Endlich ist durch diesen höchsten Grad von Sympathie mit der ganzen übrigen Seelenwelt meine Seele gleichsam in dieser zerflossen, eins mit ihr geworden; damit war ihre Eigensucht völlig erschöpft. Sie hat aufgehört, als Wesen zu existieren, das dem irdischen Dasein zugeneigt ist: Der Geist ist nun durch sie befreit. Ich habe mich ausgedehnt seit meinem Tod von der Erde bis zum Mond. Je mehr ich mich ausgedehnt habe, desto mehr hat sich meine Seele geläutert, bis sie in der Region der vollkommenen Sympathie mit der allgemeinen Seelenwelt eins geworden ist. Und bis zu diesem letzten Moment der Befreiung war mein Geist an diese Seele gebunden. Wie schnell hat sich mein Leib von mir abgelöst. Im Augenblick des Todes hat er sich von mir gelöst. Wie langsam hat sich meine Seele von mir gelöst. Über einundzwanzig lange Jahre hat sie sich von mir gelöst. Während meines Lebens auf der Erde hat sich mein Geist ganz stark mit meiner Seele verbunden. Nun hat sich gezeigt, dass meine Seele auch nur Hülle war für mich so wie mein Leib. Auf Erden unten lebte meine Seele in der Hülle des Leibes, und ich lebte in der Hülle der Seele. So war meine Verwandtschaft mit der Seele viel grösser, als die mit dem Leibe. Denn mit dem Leibe war ich stets nur mittelbar durch die Seele verbunden. Darum konnte ich meine leibliche Hülle so rasch abwerfen. Darum konnte ich mich von meiner seelischen Hülle nur so langsam lösen.

2. November 1174

Nun habe ich die Mondensphäre verlassen. Nun bin ich weitergewachsen und habe mich weiter ausgedehnt, und kaum habe ich die Mondensphäre verlassen, höre ich Stimmen, die zu mir sprechen. Sie raunen mir Worte zu, immerwährend, wie die Sonne immerwährend die Erde bescheint:

„Es kämpft das Licht mit finsteren Mächten in jenem Reiche, wo dein

Wesen ins Geistesdasein dringen möchte. Du findest lichtwärts strebend, dein Selbst vom Geiste dir genommen. Du kannst, wenn Finstres dich verlockt, im Selbst das Selbst verlieren."

Und es ist mir wie kurz nach dem Tode. Da drohte ich zu versinken in der Überhelle des Bewusstseins. Da drohte ich aufzugehen als Tropfen im Ozean des Bewusstseins und mich selbst zu verlieren in der Überhelle des Bewusstseins. Hinter mir lag die Erde. Auf der Erde hatte mein Körper mir mein Selbstbewusstsein gegeben. Aber mein Körper hatte mich verlassen. Die Erde hatte mich verlassen. Ich konnte nicht zurück. Ich konnte den Körper, der mir mein Selbstbewusstsein gegeben hatte, nicht mehr erreichen. Die Rettung lag im Blick zurück auf mein Erdenleben. Die Rettung lag im Weben des Gewebes meiner Erinnerungen, die dann als gewaltige Bilder vor mir aufstiegen. Aber auch dieses Gewebe hat mich verlassen. Meine Seele hat mich verlassen. Worauf ist nun noch Verlass? Wie kann ich mich nun noch als Selbst erhalten? Ich muss ein Gegengewicht finden gegen dieses Übermass an Licht, dass es mich nicht aufsaugt und vergehen lässt in sich. Wo soll ich das Gegengewicht finden? Da höre ich die Antwort. Ich höre sie schon lange. Sie wird mir immerzu zugeraunt. Nun verstehe ich sie. Die raunenden Stimmen selber zeigen mir den Weg.

In dieser Welt, in der ich nun bin, ist alles wesenhaft. Es sind alles Wesen um mich herum, lebendige Wesen. Es kämpft das Licht mit finsteren Mächten. Das Licht ist ein Wesen, es ist eine ganze Heerschar von Wesen. Die Finsternis ist ein Wesen. Sie ist eine ganze Heerschar von Wesen. Licht und Finsternis sind real. Licht und Schatten kämpfen gegeneinander. Mal dringt das Licht vor. Dann wieder rückt der Schatten voran. Und es ist mir, als würde ich im gleissenden Sonnenlicht stehen und plötzlich merken, dass ich ja gar nicht in der gleissenden Sonne der Wüste verschmachten muss. Ich stehe ja am Rande des Klosters. Neben mir ist der dunkle Schatten des Klosters. Ja, da sind sie diese Lichtwesen, die mich ergreifen und nicht wieder loslassen wollen. Aber ich kann mich wehren. Ich muss nicht mit meinem Wesen ganz im Licht aufgehen. Ich muss mich nicht im Licht selbst verlieren. Ich muss nicht dem Ziehen dieser Lichtwesen folgen, mich ganz mit dem Licht verweben lassen und so mich selbst verlieren. Ich kann in den Schatten treten. Ich kann im Schatten Schutz suchen vor der Übermacht des Lichtes. Und so trete ich in den Schatten. Ich trete in die Finsternis. Doch der Moment der Erleichterung währt nur kurz. Schon ergreifen mich die Wesen der Finsternis. Sie wollen mich tiefer und tiefer hineinziehen in ihre abgrundtiefe Dunkelheit. Aber da muss ich ersticken. Da muss ich vergehen. Bin ich doch selber Licht, bin ich doch selber aus Licht gemacht. Aus mir selber kann ich aber nicht leuchten. Ich bin die Pflanze, die nur im Licht leben kann. Das Licht hat mich gemacht. Ohne das Licht wäre ich nicht. Ich will nicht vergehen in mir selber. Schon lockt die Sehnsucht nach dem Licht. Schon wird aus der Sehnsucht verzweifeltes Verlangen nach dem Licht.

Ich bin Mensch. Ich kann nur leben in dem kleinen Raum, der mir bleibt zwischen den Verlockungen des Lichts der Welt und der Ruhe der Finsternis meines Selbst. Im reinen Aufgehen im Licht verliere ich mich selbst. Und pendle ich aus dem Licht in die Finsternis, dann wird mein Selbst einsam, wird abgetrennt von allem übrigen Sein und vergeht in sich selber. Ich kann nur zwischen Licht und Finsternis leben.

Es ist gefährlich für mich, das reine Licht zu schauen. Es ist tödlich für mich, in die reine Finsternis einzutreten. Da legen die guten Wesen, die wirkenden Wächter meiner Wege, den Regenbogen vor mir aus. In ihm haben sie abgedämpft das reine Licht zum hellen Gelb, zur hellen Röte. Gelb und Rot verlocken mich nicht mehr im Erblenden. Da wird das abgedämpfte Licht des Geistes mir zur Farbe. Da wird die reine, schwarze, zerstörerische Finsternis mir aufgehellt zum Violetten und zum Blauen. Gelb und Rot singen mir zu: „Es wird das Licht dich nicht durch seine Verlockungen von dir selbst hinwegheben können." Violett und Blau trösten mich: „Es wird die Finsternis dich nicht in dir selbst begraben können als Seele. Du wirst dich halten können gegenüber aller Finsternis der Welt." So folge ich dem Regenbogen in die Welt des Geistes.

Pierre Le Trognon

23. November 1174

Seit einiger Zeit verändert sich etwas. Es ist schwierig zu beschreiben. Das Strahlen dieser Wesen ausserhalb der Nebelwolke meiner Erinnerung wird stärker und stärker. Dieses Strahlen wird in letzter Zeit sozusagen heller und heller. Ich werde aber nicht wacher und wacher wie beim Aufgehen der Sonne. Ich werde schläfriger und schläfriger. Mein Bewusstsein wird schwächer und schwächer. Ich sinke aber nicht in die Arme des gnädigen Schlafes. Mich erfasst eine Welle von Angst. Ich versinke in dieser Welle von fürchterlicher, panischer Angst. Je heller das Licht der Engelwesen strahlt, desto mehr schwindet mir das klare Bewusstsein und weicht namenloser Angst. Ich kämpfe darum, bei Bewusstsein zu bleiben. Ich habe ja schon die Erfahrung gemacht, dass meine Erinnerungen mir dabei helfen. Auch jetzt suche ich in meinen Erinnerungen Halt. Ich suche nach Erinnerungen an liebe Menschen, an böse Nachbarn, an Erlebnisse in der Natur, an harte Arbeit. Es hilft nichts. Das Bewusstsein schwindet weiter und die Angst wächst stärker. Ich muss wieder zur Besinnung kommen. Ich muss, sonst versinke ich im Meer der Angst. In diesem Augenblick denke ich an meine eigene Schrift „Über die Besinnung." Kaum begann ich daran zu denken, wird mein Bewusstsein wieder klarer, strahlt das Licht der Engelwesen mir wieder heller, und statt die Angst zu verstärken, verstärkt es nun die Zuversicht. So erfülle ich mich mehr und mehr mit den moralischen Vorstellungen aus meinem Leben und mit den moralischen Handlungen aus meinem Leben, und das hält mich bei Bewusstsein. Es stärkt sogar mein Bewusstsein und macht mich empfänglicher für das Licht der Engel.

Nun ist mir, als wenn die Sonne aufgeht und die Wolken vergoldet. Aber es sind nicht viele Wolken, wie ich sie auf der Erde gesehen habe. Es ist eine einzige Wolke. Und diese Wolke bin ich selber. Nun bin ich über die Sphäre des Mondes hinausgewachsen. Ich lebe nicht mehr in der Wolke meiner Erinnerungen. Ich bin nun selber zu einer Wolke geworden, die aus Geist gewoben ist. Und ich werde beleuchtet von geistigen Wesenheiten. Sie geben mir Schönheit. Sie geben mir Licht. Und nun erkenne ich die wahre

Bedeutung der Himmelsleiter, die über unserem Kloster in Clairvaux gehangen hat. Nun klettere ich auf ihr empor. Diese Himmelsleiter ist unsere wahrhaftig in Clairvaux gelebte Gesinnung. Sie gibt mir nun das Leben hier in der Sphäre der Venus.

9. Juli 1175

Auch hier in der Sphäre der Venus, auch hier jenseits des Mondes, lebe ich weiter in der Seelenwelt. Die Seelenwelt um mich herum hat sich aber geändert. Es gibt hier keine Antipathie mehr. Bisher war das Seelische immer eine Mischung aus Sympathie und Antipathie gewesen. Mal hatte die Antipathie überwogen, mal hatten sich beide die Waage gehalten, mal hatte die Sympathie überwogen. Aber immer waren beide zugleich da gewesen. Nun ist die Antipathie verschwunden. Und ohne die Antipathie gibt es auch keine Selbstsucht mehr. Es gibt keinen Egoismus mehr. Bisher hat jedes Seelenwesen nach etwas anderem gestrebt um seines Eigenlebens willen, um sich selbst durch das andere zu verstärken und zu bereichern. Das ist nun vorbei. Nun schweigt die Antipathie. Nun wird das andere nicht mehr egoistisch angezogen. Es wird als Kundgebung hingenommen. Es wird als Offenbarung empfangen. Diese Erkenntnis trifft mich hart. Ich selber bin ja eines dieser Seelenwesen hier. Mein ganzes bisheriges Leben war vom Egoismus durchzogen. Mein ganzes bisheriges Leben hatte in aller Liebe, in aller Sympathie, fast immer auch Antipathie in sich. Ich habe das nicht bemerkt. Ich brauchte das ja zum Leben, und doch konnte jedes Stück Brot, das ich ass, ein anderer nicht essen. Aber mein Leib ist schon lange von mir abgefallen. Ich muss nicht mehr essen. Ich muss nicht mehr trinken. Jetzt ist auch alle Antipathie von mir abgefallen, mit meinem Seelenleib ist sie in der Sphäre des Mondes geblieben. Langsam wird es mir klar. In der Sphäre des Mondes ist mein antipathischer Seelenleib von mir abgefallen. Mein antipathischer Seelenleib hat mich verlassen. Mein sympathischer Seelenleib ist mir geblieben.

Was ich bisher für mein Leben hielt, war in Wahrheit ein träges, dumpfes Weben im eigenen Innern, das sich durch die Antipathie abschliessen wollte von der Welt. Das Dasein, die Wesen der Welt, habe ich in mich aufgenommen um meiner selbst willen. Den Buchweizen habe ich gegessen, damit ich leben konnte, nur um meiner selbst willen. Vom Licht habe ich mich bestrahlen lassen wie die Pflanze, damit ich leben konnte, nur um meiner selbst willen. Nun werde ich zum wahren Seelenleben erweckt. Nun schliesst sich mein dumpfes Leben im Finstern nach aussen auf, leuchtet und strahlt selbst in den Seelenraum hin. Das träge, dumpfe Weben im Innern, das sich bis vor kurzem noch durch die Antipathie abschliessen wollte von der Welt, wird Kraft und Regsamkeit. Diese Kraft, dieses Licht, steigt aus meinem Innern auf, strömt nach aussen und ergiesst sich in die Welt.

Heute habe ich das erste Mal das Gefühl: „Jetzt bist Du eigentlich erst draussen, bist aus dem Irdischen heraus." Bisher war die Erde immer mehr und mehr von mir fortgegangen, aber ich hatte doch noch das Gefühl gehabt, dass ich sozusagen noch zum Bereich der Erde gehörte. Das lag auch an dem Licht. Im Bereich der Erde wurden ich und meine Umgebung von äusserem Licht beleuchtet. Nun ist dieses äussere Licht verschwunden, oder vielleicht nehme ich es auch nicht mehr wahr. Jetzt beginnt die innere Erzeugung des Lichtes. Nun kann es von mir ausgehen. Nun kann es sich von mir ausbreiten.

22. Januar 1181

Ich bin hier mit all meinen lieben Freunden, mit all meinen lieben Verwandten, mit so vielen Mönchen, mit so vielen Menschen zusammen. Sie sind alle wie ich durch die Pforte des Todes geschritten, und ich war mit allen im Leben eine Zeit zusammen. Mit ihnen habe ich mich wirklich wieder zusammengefunden. Es ist schön, dieses Zusammensein, es ist in gewisser Weise allerdings auch traurig. Es ist alles in einer Beziehung wie erstarrt. Ich lebe in den gleichen Beziehungen zu ihnen wie auf der Erde. Es ist keine Entwicklung darinnen. Ich kann es nicht ändern. Das zeigt sich schon an der äusseren Erscheinung. Alle diese Menschen erscheinen mir als Visionen. Sie treten als Bilder vor mir auf. Sie sind in Wolken von Visionen. Sie sind Visionen und ich weiss, dass sie Realitäten sind. Ich weiss, dass hinter den Visionen die wahren Menschen sind. Alle diese Visionen setzen sich aus Bildern der Vergangenheit zusammen. Ich sehe die Menschen so, wie ich sie früher gesehen habe. Sie sind eingeschlossen in die visionäre Wolke, die aus Bildern der Vergangenheit besteht. Und wie ich auf der Erde wusste, dass diese rote Farbe da vor mir von der roten Rose vor mir stammte und nicht einfach als Farbe im Raum schwebte, so weiss ich jetzt, dass die Vision da vor mir von einem Menschen kommt, der wie ich durch die Pforte des Todes geschritten ist. Ich erkenne ihn als geistiges Wesen. Ich weiss, wer es ist. Es ist Guillaume de Saint Thierry. Er ist es selber. Er lebt in dieser Realität drinnen, ich kann mit ihm verkehren. Aber es sind Visionen, die sich aufbauen auf das Gedächtnis an das, was wir auf der Erde zusammen getan haben. Und nicht nur das Bild entstammt aus den unveränderlichen Bildern der Vergangenheit. Auch unser Verhältnis zueinander ist eingefroren in dem Verhältnis, das wir auf der Erde zueinander hatten. Ich kann es nicht ändern. Liebe bleibt Liebe. Hass bleibt Hass. Und alle Zwischenstufen zwischen Liebe und Hass bleiben genau dieselben Zwischenstufen, wie ich sie mit meinem Tode auf der Erde verlassen habe. Ich kann sie nicht mehr ändern. Ich habe einen Menschen geliebt. Ich habe ihn aber zu wenig geliebt. Das merke ich erst jetzt. Das habe ich auf der Erde nicht bemerkt. Jetzt merke ich, dass ich ihm auf der Erde eigentlich Liebe entzogen habe. Das möchte ich nun gutmachen. Das muss ich nun gutmachen. Ich kann es aber nicht. Auf der Erde hätte ich es können. Hier kann ich es nicht mehr. Hier stehe ich ihm gegenüber und das einzige, was ich hier tun kann, erschöpft sich in der Erkenntnis: Dem einen habe ich etwas zuleid getan. Dem anderen habe ich Liebe entzogen, die ich ihm schuldig war. Ich will es auch wieder gut machen. Ich kann es aber nicht. Ich kann nichts hinzufügen. Ich kann nichts ausbessern. Ich bin im Reich der Schatten, in dem Odysseus weilte in der Unterwelt. Ich bin in dem Reich, in dem kein Wechsel, keine Veränderung möglich ist.

So anders war das auf der Erde. Wie anders war das mit Robert de Châtillon. Ich liebte ihn. Ich liebte ihn von ganzem Herzen. Aber ich liebte ihn anfangs nicht so, wie meine geistliche Funktion es eigentlich verlangt hätte. Meine Härte der Askese, meine Härte der Regel, waren stärker als meine Liebe zu Robert. Ich konnte das einsehen. Ich konnte dann beten und beten, und schliesslich liebte ich ihn mehr und mehr. Schliesslich liebte ich ihn so, wie es angemessen war. Das geht nun nicht mehr. Ich kann mich nicht fragen: „Wie soll ich ihn lieben?", und das dann tun. Ich kann mich nur fragen: „Wie habe ich ihn auf der Erde geliebt?", und das dann fortführen. Ich bin Gefangener meiner eigenen Gefühle von damals. Ich komme nicht heraus aus meinen eigenen Gefühlen von damals. Sie sind wie ein Nebel um mich herum. Der Nebel spiegelt mir nur meine eigenen Gefühle von damals. Ich komme nicht durch zum Wirklichen, das jetzt ist.

25. August 1188

„Für dich ist das Leben hier relativ arm an Entbehrungen", erklärt der Engel, „weil du schon auf der Erde so viel entbehrt hast. Etwas, das man nie wirklich gekannt und erlebt hat, kann man auch nie wirklich vermissen und entbehren. Du hast deine Augen vor der Welt verschlossen. Du wolltest deine Sinne geradezu ertöten. Darum hast du selten die Schönheit der Welt gesehen. Darum hast du fast nie die Schönheit der Natur erfahren. Aber viele Menschen haben das getan. Viele Menschen hatten reine, unschuldige Freude an der Natur. Sie haben die Sonnenblume gesehen und ihren Anblick genossen. Sie haben sich nicht auf den egoistischen Genuss der Sonnenblumenkerne gefreut. Sie haben einfach den Anblick genossen. Sie haben geradezu in Liebe zur Sonnenblume gelebt. Und an dieser Liebe leiden sie jetzt. Es war reine Liebe auf der Erde. Es war nichts Egoistisches darin. Es war nichts von Antipathie darin. Es war reine Freude und Lust an der Umwelt in ihnen. Nun leiden sie, weil es die sinnliche Umwelt nicht mehr gibt. Sie sind voll reiner, selbstloser Sympathie. Aber es gibt die vertrauten Objekte dieser Sympathie nicht mehr. Es gibt keine Sinnenwelt mehr. Daran leiden sie nun. Das bereitet ihnen nun Schmerzen. Aber diese Schmerzen werden vergehen. Sie werden lernen, ihre Sympathie auf anderes zu richten. Das Fehlen der Sinnenwelt wird diese Seelen heilen. Ihre Seelen werden allmählich erkennen, dass ihre Sympathie andere Wege nehmen muss. Sie werden diese Wege finden. Sie müssen nur ihrer Sympathie folgen und ihre Seele ausgiessen in den Seelenraum.

Auch all die deiner Brüder aus Clairvaux müssen leiden, die sich von der Welt abgewendet haben und brav nur ihre religiösen Exerzitien durchgeführt haben. Sie müssen leiden, wenn sie das aus Sehnsucht nach einem irdischen oder himmlischen Paradies getan haben. Hier finden sie dieses Paradies. Es hat aber nichts Sinnliches an sich, wie sie erwartet haben, und daran müssen sie nun leiden. Sie leiden und sie sind enttäuscht, weil sie sich über das Wesen des Paradieses getäuscht haben. Sie werden aber nur so lange leiden, bis sie die Wertlosigkeit ihrer früheren Vorstellungen durchschaut und die Wahrheit angenommen haben."

2. März 1190

Der Engel spricht zu mir: „Du führst hier ein geselliges Leben. Du triffst hier all deine Freunde und Verwandten aus deinem Leben wieder, die nun tot sind wie du. Das geht nur, weil ihr alle ein moralisches Leben geführt habt. Ihr habt alle als Menschen auf der Erde Liebe und Mitleid wahrhaftig gelebt. Die Menschen nennen das auch sittlich gute Eigenschaften. Diese sittlich guten Eigenschaften bestimmen nun, mit wem ihr verkehren könnt, mit wem ihr hier zusammenleben könnt.

Für alle anderen hier, für die Geldfälscher, die Mörder, die Verbrecher, die Betrüger, verläuft das Leben hier in unendlichem Schmerz. Es ist der Schmerz der Einsamkeit, den sie erleben müssen. Manche versinken in dunkelster, schwärzester, angsterfüllter Einsamkeit. Manche sehen ihre Mitmenschen, die jetzt ebenfalls die Pforte des Todes durchschritten haben, wie du. Sie sehen sie, aber sie können sie nicht erreichen. Sie sind wie durch eine Nebelwolke, wie durch eine Glasscheibe von ihnen getrennt. Sie können sie nicht hören, sie können sie nicht spüren. Und manchmal ist der Nebel für sie so dick, dass sie fast nichts sehen können. Sie können nur an der Trennung leiden. Sie brauchen ja den Zusammenhang mit den anderen. Sie brauchen die Geselligkeit und werden nur ihrer Einsamkeit gewahr. Ihre unmoralische Stimmung schliesst ihr Wesen wie in ein Gefängnis ein, so dass sie zwar das Wissen haben: Die anderen Wesen sind da. Sie sind aber gleichsam in einer Schale drinnen und können nicht zu ihnen. Und diese Schale haben sie sich selber geschaffen mit ihrem unsozialen, unmoralischen menschlichen Erdenleben. Und das ist furchtbar nicht nur für diese Menschen. Es ist ebenso furchtbar für die Welt. Denn nun arbeiten sie in ihrer Einsamkeit an der Zerstörung der Welt. Sie reissen ebenso grosse Löcher aus der ganzen Welt heraus, wie ihre Amoralität gross ist, wie ihre Abgeschlossenheit gross ist. Die Wirkung der unmoralischen Taten dieser Menschen ist für sie eine Qual und für die Welt eine Zerstörung."

27. Februar 1192

Es sind nicht nur die Beziehungen zu den Menschen, die hier unveränderlich sind. Das gilt auch für Irrtümer und Fehler. Mit meinen Gedanken auf der Erde habe ich Wesen geschaffen. Sie sind eigene Wesen geworden, denen ich hier wieder begegne. Was ich auf der Erde gedacht habe, ist hier eine Tatsache geworden. Und nun begegne ich grässlichen Tatsachen. Da ist mein Gedanke: „Das Fleisch ist nichts wert". Das war ein fehlerhafter Gedanke. Das war ein Irrtum. Nun steht er vor mir in all seiner Hässlichkeit und mit all dem Zerstörerischen, das er in sich schliesst. Dieser Gedanke steht da wie eine vereiste Masse, an der ich nicht rütteln kann. Ich hätte ihn innerhalb des physischen Leibes korrigieren können. Nun kann ich ihn als falsch erkennen. Ich kann ihn aber nicht mehr verändern. Ich kann ihn nicht mehr korrigieren.

15. Dezember 1194

Ich habe mich mehr und mehr ausgedehnt in den letzten Jahrzehnten. Ich bin mehr und mehr gewachsen. Nun bin ich so gross, dass ich bis zum Rand der Venus reiche. Bald werde ich die Bahn der Venus überschreiten und in der Sphäre des Merkurs leben. Die Welt beginnt sich schon zu ändern. Wieder beginnt die Welt um mich herum zu erstrahlen. Sie wird erstrahlt, wie der Horizont auf der Erde erstrahlt wird von der aufgehenden Sonne. Auf der Erde wusste ich, dass es die Sonne ist, die den Himmel erhellt und erstrahlen lässt, auch wenn die Sonne noch nicht aufgegangen war, auch wenn ich die Sonne noch nicht sehen konnte. So lassen hier Wesen alles erstrahlen. Doch ich kenne die Wesen nicht. Ich sehe nur das Strahlen, das heller und heller wird. Und wieder beginnt mir das Bewusstsein zu schwinden angesichts der neuen, ungewohnten Helle. Wieder ergreifen mich Wellen unsäglicher Angst. Es ist die Angst vor der Bewusstlosigkeit, und es ist die Angst in der Bewusstlosigkeit. Die Bewusstlosigkeit löscht die Angst nicht aus. Sie macht sie nur immer stärker. Ich kann es nicht aufhalten, dieses Versinken in der Bewusstlosigkeit der Überhelle. Die alten Methoden helfen nun nicht. Erinnerungen an frühere Ereignisse meines Lebens ändern nichts. Erinnerungen an die moralischen Gedanken, die ich auf der Erde gehegt hatte, ändern nichts.

Ich komme wieder zu Bewusstsein. Ich habe den Weg gefunden hinaus aus dem überhellen Meer der Bewusstlosigkeit. Wie konnte ich es nur vergessen, ich, der ich mein Leben auf der Erde Gott geweiht hatte. Ich habe es natürlich vergessen, weil ich im Reich Gottes war. Wer erinnert sich an die Wichtigkeit der Luft, wenn er doch atmet. An die Luft denken wir erst, wenn sie uns zum Atmen fehlt. Nach der Luft verlangen wir erst, wenn sie die Lungen nicht mehr füllt. Ich musste mich an Gott erinnern, um im Reich Gottes das Bewusstsein nicht zu verlieren. Mein Bewusstsein hellte sich das erste Mal wieder auf, als ich an meine eigene Schrift „über die Gottesliebe“ dachte. Die Erinnerung an meine eigenen religiösen Vorstellungen hielt mich wach, hielt mich bei Bewusstsein. Oh, gnädiges Schicksal. Es hat mir ein Leben im Kloster in ständigen Gedanken und Gefühlen an die Gnade Gottes ermöglicht. Nur das hat mir ermöglicht, hier bei Bewusstsein zu bleiben.

1. August 1198

Der Engel spricht: „Du bist wahrhaft gesegnet. Nicht umsonst hast du Clairvaux als das irdische Jerusalem bezeichnet. Du lebst jetzt gesellig. Du lebst zusammen mit deinen Gefährten aus Erdentagen. Du hast in der Welt gelebt und gefühlt in der Hingabe an den Heiligen Geist. Deine Gefährten haben auch so gelebt. Darum könnt ihr hier zusammen sein. Darum könnt ihr hier miteinander Umgang haben.

Die unreligiösen Seelen können das nicht. Sie können unten auf der Erde ein noch so moralisches Leben gelebt haben. Sie können unten auf der Erde in reiner Liebe ausgeflossen sein. Sie sehen nun die anderen, aber sie kommen nicht an sie heran. Sie wissen, dass ihre Freunde da sind, aber sie können sie nicht erreichen. Sie fühlen sich immer, als müssten sie eine Hülle durchbrechen und können es nicht. Sie leben in einer Kapsel abgeschlossen, und diese Kapsel ist ihre eigene Seelenwelt. Sie sind Gefangene ihrer eigenen Seelenwelt. Das ist die Kapsel um sie herum. Das ist die Mauer, die sie nicht durchbrechen können. Das ist das Gefängnis, in dem sie leben. Immerwährend haben sie Sehnsucht, die anderen kennenzulernen, und immerwährend können sie es nicht.“

„Das sind doch sicher die Heiden“, sage ich „das sind doch sicher die Ungläubigen.“ Doch der Engel schüttelt den Kopf. „Es kommt nicht auf das Bekenntnis an. Hier leben alle Menschen gesellig zusammen, die auf Erden eine religiöse Seelenstimmung hatten. Menschen, die im Leben auf der Erde eine Empfindung dafür erworben haben, dass alles Vergängliche in den Dingen und im Menschen selber in Zusammenhang steht mit einem Unvergänglichen, und eine Empfindung dafür, dass das Einzelleben mit seiner Seelenstimmung hinneigen soll zu einem Göttlich-Geistigen, solche Menschen finden Anschluss in dieser Sphäre.

Es kommt nicht auf das Glaubensbekenntnis an. Äusserlich gute Christenmenschen müssen hier in grenzenloser Einsamkeit leben, wenn ihr Sinnen und Trachten nur auf die Sinnenwelt gerichtet war. Wer auf der Erde nicht mit seiner Seele im Ewigen und Unvergänglichen lebt. Wer nicht mit seiner Seele im Göttlichen lebte, ist nun in Einsamkeit gebannt. Er lebt nun im Gefängnis seines eigenen Wesens, in Einsamkeit gebannt. Er kann das hier nicht mehr ausbessern. Er musste schon auf der Erde Verständnis und Hinneigung entwickeln zum Göttlichen. Hier kann er es nicht mehr. Nun ist es zu spät dafür."

„Lebe ich nun mit den Heiden zusammen?", wage ich zu fragen. Der Engel lächelt. „Die Menschen, die du Heiden nennst, leben auch hier. Aber du lernst sie nicht kennen. Du findest hier nur Zugang zu anderen Christenmenschen. Die Muselmanen leben hier untereinander und die Christen leben hier untereinander. Die Muselmanen haben auf der Erde mit ihren religiösen Empfindungen ihre Seelen so zubereitet, dass sie hier nun vor allen Dingen Verständnis, Hinneigung, Sympathie haben für alle die Wesenheiten, welche die gleichen Empfindungen haben, und ihre Seelen aus den gleichen Bekenntnissen heraus gebildet haben. Und den Christenmenschen geht es nicht anders.

Und auch in dieser hohen Region, in der so edle Seelen leben, findet noch Leiden, findet noch Läuterung statt. Gerade die tatendurstigen Seelen müssen hier leiden. Alle die selbstlosen Seelen, die immer noch tatendurstig sind, müssen hier leiden. Sie müssen auch dann leiden, wenn alle ihre Taten selbstlos sind. Jeder Tatendurst, der in der sinnlichen Befriedigung, welche die Taten bringen, sein Motiv hat, und sei es auch noch so tief in der Seele verborgen, muss hier leiden. Weil es hier keine sinnliche Befriedigung mehr gibt. Weil es hier keine Sinneswelt mehr gibt. Viele grosse Menschen, grosse

Idealisten, aufopferungsvolle Naturen leiden hier. Sie leiden immer dann, wenn es in den tiefsten Tiefen ihrer Seelen eben doch auf die Erhöhung des sinnlichen Lustgefühls ankam. Grosse Künstler, grosse Forscher müssen hier so lange leiden, bis sie alle Lust der Sinne abgelegt haben."

2. Januar 1203

Es beginnt mir wieder das Bewusstsein zu schwinden und ich versinke. Ich versinke in Dunkelheit und Schmerz. Und dieses Versinken wird mir zum Versinken des Christus in die Welt. Ich spüre seinen Schmerz. Ich spüre den Schmerz des Lichts der Welt, als es Fleisch wird. Aus der Welt des Lichts, das keine Grenzen kennt, ziehe ich ein in die Grenzen des menschlichen Körpers. Die Dunkelheit des Fleisches umgibt mich und peinigt mich. Mein Blick, der alles umfasste, wird zum Blick eines Menschen, der nur sieht, was vom Licht erleuchtet wird, der nur dorthin sieht, wohin sein Kopf sich wendet. Eingeschlossen in Menschenaugen ist mein Blick, und meine Augen werden mir zu tausend Nadeln, die mich stechen bei jedem Blick. Mein Leib, der stete Bewegung war, mein Leib, der stete Verwandlung war, mein Leib, der keine Grenzen kannte, schliesst sich ein in die Grenzen eines Menschenkörpers. Ich, der ich formlos war, werde Form, werde unveränderliche Form, und diese Form schmerzt mich. Ich bin erstarrt in der Form. Ich bin eingeschlossen in das Gefängnis der Form, die keinen Raum lässt für Bewegung. Ich bin nicht mehr Bewegung. Ich bin nicht mehr Veränderung. Ich werde bewegt vom Leib. Und jede Bewegung des Leibes ist mir ein Peitschenhieb der Sklaverei. Der Wohlklang der Sphärenmusik erklingt nicht mehr für mich. Ich höre ihn nicht mehr. Ich werde taub. Dumpf höre ich von der Welt aus dem Kerker meiner Ohren. Durch diese Ohren kommt nur noch der Lärm der Welt zu mir, das Jammern und Klagen, das Wüten der Macht. Und jeder Ton, jeder Klang, jedes Geräusch wird mir zum harten Schlag des Schmiedehammers auf den Amboss. Ich vermisse den Glockenklang der Liebe. Ich vergehe fast, weil der liebliche

Lobgesang der Liebe hier nicht ertönt und mir das Innere erquickt. Ich möchte sprechen das Weltenwort, das ich war. Ich möchte aussprechen das Weltenwort, das ich bin. Doch meine Worte werden eingeschlossen von meiner menschlichen Kehle. Worte, die schufen, Worte, die erzeugten durch ihren Klang, werden zu Menschenworten, die beschreiben, was sie sehen. Das lebenbringende Wort wird mir zum raspelnden Röcheln der Menschenstimme. Und in jedem Wort, das ich spreche, in jedem Satz, den ich sage, spüre ich den Schmerz des Lamms, das gehäutet wird bei lebendigem Leibe. Meine Kehle nimmt meinen Worten alles Leben. Das lebendige Denken, wird getötet. Es bleibt das rohe Fleisch der toten Gedanken. Die Wesen des Geistes, die lebten, die sich entwickelten, die sich verwandelten, die sich immer veränderten, sie zeigen hier nur die Schatten der abstrakten, leblosen Gedanken.

Dieser Schmerz, dieser unendliche Schmerz des Mensch gewordenen Christus, er erfüllt mich nun. Ich bin der Schmerz des Mensch gewordenen Gottes während seines Weilens auf der Erde. Dieser Schmerz erhält mir mein Bewusstsein. Dieser Schmerz erhält mich wach. Dieser Schmerz öffnet mir die Augen. Ich öffne die Augen und ich finde mich in der Sonne wieder. Und nun wird es wahr, das Wort des Herrn: „Ich bin die Auferstehung und das Leben. Wer an mich glaubt, wird leben, auch wenn er stirbt, und jeder, der lebt und an mich glaubt, wird auf ewig nicht sterben." Sterben ist ewige Bewusstlosigkeit im Reich des Herrn. Ich konnte mein Bewusstsein nur erhalten, weil ich in den Schmerzen des Herrn auf der Erde gelebt habe beim Eintritt in die Sonne.

Ich bin der Erde entrückt. Die Erde ist unter mir, weit, weit fort. Ich fühle, dass ich mich von der Erde befreit habe und in der Sonne angekommen bin. So, wie ich mich im Erdenleben mit der Erde vereinigt gefühlt habe, so fühle ich mich nun mit der Sonne und dem ganzen Kreis der Planeten vereinigt. Ich fühle mich in rein geistigem Licht. Vor mir steht das Bild des Christus. Er ist das Licht der Welt. Ich bin ihm nachgefolgt, und nun wandle ich nicht mehr in der Finsternis. Ich habe das Licht des Lebens, und ich wandle im Licht des Lebens. Ich bin da, woher er gekommen ist.

Ich lebe in seinem Licht. Ich sehe ihn in seinem Bild, und ich sehe in ihm den Vater, der ihn gesandt hat und den niemand sehen kann.

Vor meinen Augen sehe ich das Bild des Christus auf seinem göttlichen Thron. Er ist der Weg. Ich sehe den Weg vor mir. Ein in unendliche Weiten und in unendliche Höhen sich ziehender Weg. Auf diesem Weg werde ich weiterschreiten in die Reiche des Himmels. Und wie ich dem Weg folge und auf dem Weg weiterschreite, sehe ich am Ende des Weges wieder ihn, den Christus. Er ist die Wahrheit. Er ist in allen Dingen. Er schafft, und er ist in dem, was er erschaffen hat. Er ist innen, und er ist aussen. Er ist vor jeder Erklärung, und er ist Leben. Wachstum und ständige Veränderung ist er. Er dehnt sich aus und zieht sich wieder zusammen. Er lebt in allen Dingen, und er ist alle Dinge. Er ist Gegensatz, und er ist Einheit.

Vor mir sehe ich den Weinstock. Er ist der Weinstock. Seine Wurzeln durchziehen die ganze Erde bis in die tiefsten Tiefen. Mit seinen Wurzeln zieht er das Wasser des Lebens aus den tiefsten Tiefen der Erde, auch wenn oben der Boden schon vertrocknet ist und klaffende Risse sich auftun. Mit seinen Zweigen reicht er über die Erde hinaus. Mit seinen Zweigen ist er über der Erde und an seinen Zweigen sind seine Weinblätter. Er selber ist das Licht der Welt und mit seinen Blättern fängt er das Licht der Welt auf und lässt die Trauben wachsen auf der Erde. Ich sehe mich selber. Ich bin eine Traube am Weinstock des Herrn. Ich wachse durch die Gnade des Herrn. Ich bin vereint mit Christus als Traube an seinem Weinstock. Er versorgt mich mit dem, was ich zum Leben und Wachsen und Reifen brauche. Er und ich sind eins.

Vor mir sehe ich das Brot. Doch dieser Laib Brot, er hat keinen Leib. Ich sehe in unendlicher Helle das Brot seine Kraft vor mir ausströmen. Von diesem Brot habe ich gegessen, als ich in der Heiligen Lesung die Worte des Herrn verkostet habe. Und wieder ist vor mir die ganze Erde. Die Erde ist der Leib des Christus. Aus seinem Leib heraus ist das gewachsen, was mir zum täglich Brot wurde. Er ist in allem, was auf der Erde wächst und spriesst. Er ist in allen Samenkörnern. Er ist in jedem Weizenkorn, das wir zu Mehl mahlen und zu Brot backen. Er ist das Brot, das ich gegessen habe. Mit jedem Bissen Brot, den ich gekaut habe, hat er in mir gelebt. Er ist die Erde, auf der ich gewandelt bin und die ich mit meinen Füssen getreten habe. Auf der Erde habe ich gelebt in Mühsal und Plage. Sein Brot habe ich gegessen im Schweisse meines Angesichts. Nun aber bin ich hier. Nun esse ich dieselbe Speise, die der Christus isst. Denn seine Speise ist es, den Willen seines Vaters zu tun. Aber wer wird es brechen, dieses Brot? Niemand ist da, der es mir bricht. So breche ich selber dieses Brot mit den Händen des Menschen in der Kraft des Herrn.

Vor mir sehe ich die Tür. Er ist die Tür. Durch ihn werde ich nun hineingehen in die himmlische Welt. Ich werde selig werden. Ich werde ein- und ausgehen und Weide finden immerdar.